*la petite vermillon*

# Croquis de mémoire

## DU MÊME AUTEUR

### ROMANS

*Les Paroissiens* (Gallimard).
*La Pitié de Dieu* (Gallimard), Prix Goncourt.
*Le Meurtre d'un enfant* (Gallimard).
*Le Spectre de l'Amour* (Gallimard).
*Les Entrailles du Taureau* (Gallimard).
*Les Otages* (Gallimard).
*Une nuit à Saint-Germain-des-Prés* (Julliard).
*Le Grand Soleil* (Julliard).
*L'Innocent* (Flammarion).
*La Grande Maison* (Le Pré aux Clercs).
*Mon lieutenant* (Julliard).
*Le Roman de Carmen* (Fallois).
*La Rumeur de Mazamet* (Le Pré aux Clercs).
*Sévillanes* (Julliard).

### NOUVELLES

*Les Enfants* (Gallimard).
*Nouvelles du Paradis* (Gallimard), Prix de l'Académie française.
*Les Culottes courtes* (Le Pré aux Clercs).

### CHRONIQUE

*Les Oreilles et la queue* (Gallimard).

### ESSAIS ET PAMPHLETS

*Un testament de Staline* (Fasquelle).
*L'Agonie de la vieille* (La Table Ronde).
*Le pape est mort* (La Table Ronde).
*Les Écuries de l'Occident* (La Table Ronde).
*La Grande Prostituée* (La Table Ronde).
*Pourquoi la France ?* (La Table Ronde).
*Le Chevalier, la Mort et le Diable* (La Table Ronde).
*Lettre ouverte aux têtes de chiens occidentaux* (Albin Michel).
*Lettre ouverte à tout le monde* (Albin Michel).
*Discours de la décadence* (Copernic).
*Une passion pour Che Guevara* (Julliard).
*Proust, le chat et moi* (La Table Ronde).
*La Barbe et la rose* (La Table Ronde).
*Une rose à la mer* (La Table Ronde).
*Le Choc de 1940* (Fixot).
*Contre-attaques* (Le Labyrinthe).
*Fernando Botero : la corrida* (Bibliothèque des arts).
*La Folie corrida* (Gallimard).
*L'Ivresse des intellectuels : pastis, whisky et marxisme* (Plon).

### SOTIES

*Le Coup de Barre* (Gallimard).
*Le Tour d'un monde* (Gallimard).
*Tropicanas* (Gallimard).

### THÉÂTRE

*Les Parachutistes et le Maître du monde* (Gallimard).
*Les Yeux crevés* (Gallimard).
*Qui a peur de Virginia Woolf ?*, adaptation de l'ouvrage d'E. Albee (Robert Laffont).

Jean Cau

# CROQUIS DE MÉMOIRE

La Table Ronde
14, rue Séguier, Paris 6e

Première publication :
Julliard, 1985.


ISBN 978-2-7103-2889-6.

Croquis de mémoire. Il n'y a pas de chronologie, dans ce livre, parce que je ne sais pas, lorsque je m'assieds à ma table, pour évoquer quel souvenir au clair de la lune, mon ami Jean Cau va me prêter sa plume pour écrire des mots.

J'ai trié, c'est vrai. Ou, plutôt, je savais ce que je n'écrirais pas. Je savais, n'ayant aucun goût pour l'exhibition que *je n'exhiberais personne,* ni ceux ni celles que j'ai connus, rencontrés ou côtoyés. Ni moi-même. Décoller des masques, oui, à l'occasion. Trahir de *trop* confiantes confidences, non et jamais.

J'ai croqué, au hasard de la plume qui courait, des visages qui surgissaient de ma mémoire, en notant des « impressions » qui sur elle ne s'étaient pas délavées, des dialogues capturés jadis et naguère, des idées miennes sur les personnages qui ont traversé la scène, au cours de la comédie de ma vie et sur moi-même, principal acteur de celle-ci.

Des souvenirs morts se sont réveillés quand je les ai évoqués. Quelques-uns ont refusé de sortir de leur tombe. Beaucoup m'ont prié de les laisser dormir. Je remercie ceux qui ont accepté de revivre et laisse les autres se reposer en paix.

# 1

# MITTERRAND
(et JJSS)

δοκεῖ θεος ἀνήρ οὐδαμῶς εἶναι
(Platon, Euthyd., 272 d)

Un homme jeune, au cheveu noir solidement planté, au teint blanc, sur le trottoir, à Saint-Germain-des-Prés, et qui paraissait humer l'air chargé d'odeurs de femmes, doux pollens, de ce soir de printemps. « Tiens, me dit-on, c'est Mitterrand qui drague... » Il était garde des Sceaux, en ce temps-là. Jeune, je l'ai dit, et avec quelque chose d'avide et de chasseur de femmes, dans sa présence plantée sur le trottoir. On m'assura qu'il était un chaud lapin et avait, pour l'heure, les faveurs d'une danseuse célèbre. Comme j'admirais les danseuses en général et celle-là en particulier, mon regard, qui sans cela eût glissé sur une silhouette gardienne de sceaux – et donc sans intérêt – s'attarda sur l'homme aux cheveux noirs et au teint blanc qui patrouillait, cambré, devant le « Royal ». Et j'eus pour lui cette sorte de considération, mêlée d'un brin d'envie, que ma jeunesse accordait aux usagers de très belles personnes.

Et voilà pourquoi, à cause d'une danseuse, et parce que, sans doute, je devais chasser moi-même, ce soir-là, j'ai gravé dans ma mémoire ce premier souvenir de François Mitterrand.

Plus tard (je journalisais à *l'Express*) je le suivis, lors d'une campagne électorale, dans la Nièvre. Je n'avais jamais encore été spectateur de ce sport et fus surpris de voir quels exercices devaient pratiquer ses champions. Une voiture noire (elles avaient presque toutes cette couleur, en ce temps-là) qui s'arrête devant une cour de ferme. On descend. On serre la patte des croquants. On parle avec l'homme pendant que la femme apparaît sur le seuil et essuie ses mains rougeaudes à son tablier. On repart. On stoppe devant la mairie d'un petit village. On est reçu par quelques indigènes municipaux qui grisonnent, portent casquettes – qu'ils ôtent – et ont de la moustache. On s'assied derrière une méchante table et on parle. Infatigablement. C'est la démocratie électorale en campagne, à ras de bouse et de propos. « Seigneur! pensais-je, plutôt se suicider ou être poinçonneur de métro que faire ce métier. C'est cher payer la fréquentation, à Paris, des danseuses.. »

Sous une halle, « à la ville », Mitterrand clôtura son périple de séducteur électoral. Il y avait grand et gros public. Et moi. Et moi qui, stupéfait, vis et entendis, à la tribune, un extraordinaire *orateur* qui paraissait surgir d'une énorme coquille comme un énorme oiseau. D'abord, un œuf à la tribune. Puis des bruits étouffés. Des coups de bec sourds. Ce n'était qu'un œuf qui parlait, mais l'animal logeait à l'intérieur. Ensuite, les coups se firent plus nets, plus rapides – et la paroi fut percée –, plus rageurs et le bec de l'oiseau, sa tête, ses plumes, ses ailes s'arrachèrent de l'œuf qu'ils firent voler en mille éclats qui retombèrent sur toute l'assistance et sur moi-même qui avais ma veste criblée de fragments de coquille pendant que l'oiseau, maintenant, sur la tribune-perchoir roulait des trilles, poussait des cris, sifflait des anathèmes, du bec pinçait toutes les cordes de sa lyre. Je regardais, j'écoutais cette machine à parler, à tailler, couper, lacérer, froisser ou repasser, coudre ou découdre l'argument, de sa baguette lancer les violons ou, brusquement, déchaîner les cuivres... L'orateur! Les *spectateurs* étaient conquis. J'admirais mais en même temps me tenaillait une gêne car l'homme, à la tribune, usait, me semblait-il, d'un lyrisme uniquement fabriqué pour être projeté *à l'extérieur* avec une violence à la fois impudique et insincère. Je pensais que cet homme était étrange, qui dosait ses fougues à la commande et je n'aurais pas été étonné qu'en coulisses, après son numéro, quelqu'un s'avançât vers lui pour lui tendre, dans une enveloppe, un salaire d'avocat. « Alors, Mitterrand ? » me demanda-t-on à Paris. « Alors, dis-je, s'il ne s'agit que de manier des mots avec une virtuosité redoutable, c'est quelqu'un qui un jour ira loin. »

Et si je viens de dire « un salaire d'avocat », j'aurais pu aussi bien écrire le produit de la quête, effectuée par des enfants de chœur, et dont on aurait compté le montant, dans la sacristie. Des biographes (Catherine Nay par exemple) ont décelé ce côté « noir » de Mitterrand qui, si l'on applique bien la pointe du couteau, ouvre jusqu'à béer cette huître scellée. Bien avant eux – qu'on me pardonne – j'avais, depuis toujours, en intuition illuminée, deviné la cléricature du personnage et écrit sur tous les tons que cet homme était un prêtre. Une enfance pieuse dans un milieu provincial, catholique et réactionnaire de type rance, une adolescence que Dieu (genre « Dieu de Mauriac ») tourmente. Mitterrand va-t-il choisir le Noir ? Oui, mais ce sera celui de la robe d'avocat. Ensuite, à travers la politique, les femmes, les courses de haies, il se damnera au monde jusqu'à ce qu'un autre Dieu, le socialisme, au versant de l'âge, lui cligne de l'œil. Il comprend l'invite et qu'il peut être pape du socialisme français. Il communie, il prend la carte et le voici d'abord Premier cardinal, puis, élu par le peuple chrétien (alias « peuple de gauche »), pape, raide de plâtre et d'onction, en son Vatican élyséen. Tout, en lui, est d'un chrétien *démodé,* du XIX^e^ siècle. Tout : le goût des tombes et des nécropoles, les brûlures de la chair, les accommodements avec le monde, l'obsession mauriacienne, et bernanosienne, de Dieu ou de ses avatars, la tentation du « péché », la gravité à la fois solennelle et chafouine du comportement, la voix, la lippe en attente de l'hostie ou du baiser qui damne. Erreur à ne pas commettre : déclarer que nous avons affaire à « un personnage de Balzac », car c'est de Mauriac que Mitterrand est fils.

Quelque temps après, il me demanda de l'aller voir. Il animait un groupuscule, la FGDS, je crois. Il me dit qu'il portait attention à ce que j'écrivais, à mon ton, à mon style... Serais-je intéressé d'être mêlé à son environnement (il employa un autre mot que j'ai oublié car celui-ci n'existait pas à l'époque) politique ? Non, je n'avais de goût que pour l'écriture et que pour ses avatars, parmi lesquels le journalisme m'assurait de ma liberté. Nous en restâmes là et voilà pourquoi, à l'heure où j'écris ces lignes, je ne suis pas « un compagnon de la première heure de François Mitterrand ».

Octobre 59. J'officie à *l'Express* sous la conduite exaltée, clairon d'alarme aux lèvres, toupet de blonds cheveux toujours peignés en pope, démarche tricoteuse, souliers à épaisses semelles, la note maniaque, la phrase catégorique, l'assurance aussi nette qu'elle est, en brusque crochet, changeante, mais le rire est franc, le don d'entraîner (n'importe où) réel, le côté Tintin non sans charme, la culture générale nulle, la sensibilité poétique ou musicale extirpée dans les gènes mêmes, la vision politique cahotante, le goût de la précision horaire et du « culte du moi » extrêmement naïf, les admirations éperdues pour les derniers raisonnements qu'il a entendus et qu'il peut vendre sur un air scientifique ou apocalyptique de trompette, les idées pêchées au harpon qui tantôt ramène un vrai poisson, tantôt une vieille godasse mais peu importe c'est le lancer qui compte, l'ambition au pas cadencé se dirigeant vers des buts toujours mobiles, j'officie donc sous la conduite ronflante de JJSS. J'avais, bien entendu, à l'égard de ce vibrionnant personnage, sympathique et incohérent, d'abondantes réserves d'ironie et il m'était impossible de le prendre au *sérieux*.

Il faisait régner dans les bureaux du journal une atmosphère tout affairée de mystères et toute nerveuse d'apocalypses quotidiennes en laquelle je ne m'ébattais pas sans joie. Il arrivait, toujours pressé, lourd de secrets mettant en cause au moins l'avenir de la démocratie, le sort de la France et, car ses élans étaient irrésistibles, l'équilibre du monde qui se mettait à tourner, le temps d'une prophétie, autour de lui, quand il n'était pas arrimé sur les épaules de ce nouvel Atlas, mi-Tintin mi-Père Joseph de vaudeville, à la fois wonderboy et chef-bulldozer de la tribu SS (ces initiales signifient ici, évidemment, Servan-Schreiber), capable d'être émerveillé aussi bien par un projet que par n'importe quelle théorie apprise entre poire et fromage, faisant preuve de manière déroutante d'un sens réel et pète-sec de l'organisation, d'un flair commercial très aigu et, en même temps, d'une pathologique confusion d'idées ingurgitées à toute vitesse et jaillissant ensuite en foucades. Jean-Jacques, en vérité, ne s'était jamais relevé d'avoir été « brillant » à vingt-cinq ans et d'avoir fait l'objet d'une adoration familiale absolue. Il arrive en effet que pareil culte perturbe définitivement un jeune homme qui, pour avoir été habitué à briller dans le cercle familial, se croira plus tard appelé à éblouir le monde comme il éblouissait maman, papa et les petites sœurs. Sauf que son inconscience et son enfantin toupet, plus tard, ne recueilleront pas la même indulgence et que d'autres yeux ne seront pas aveuglés d'admiration mais s'écarquilleront à contempler, du personnage, les cabrioles et les « réceptions » – comme on dit en gymnastique – ridicules.

« A nous deux Paris! » Slogan trop timide, chaque matin, pour Jean-Jacques. C'était : « A nous deux la politique, l'Algérie, de Gaulle, la France, l'Europe, et, en pourboire, l'Amérique! » Allons-y. « Le jour sort de la nuit comme d'une victoire », a dit le poète, et Jean-Jacques, chaque matin, sortait de son logis pour se jucher sur un nouveau tréteau. Il avait vu Defferre, Mendès, un général, un savant, un économiste, un ambassadeur, un agent double ou triple, un banquier, une « personnalité », et donc, de Gaulle était perdu, il n'en avait que pour trois mois, une semaine, vingt-quatre heures, il fallait être « prêt », inventer quelque chose, n'importe quoi, Monsieur X..., de nouveau regonfler Mendès, surveiller Washington, ne pas perdre l'armée de vue. Que disaient Ben Bella, Belkacem, Ferhat Abbas, Bourguiba, Aïd Ahmed et les sino-Boudiafistes? Que pensait-on de De Gaulle, de Nasser, du roi du Maroc? O confusions! O sombres machinations et tortueux détours de De Gaulle exécré! Heureusement, Jean-Jacques était là, la France avait Jean-Jacques qui, à coups de conspirations patriotiques et d'éditoriaux tambourinants, allait mettre bon ordre à ce chaos. Il s'enfermait dans son bureau, mettait le voyant au rouge – ce qui signifiait : « Défense absolue d'entrer! » – et aux Français, aux Corinthiens, aux Éphésiens, aux Algériens, aux Américains, à l'univers, adressait son épître. Le prodige : il était sympathique! Enfin, l'ineffable côté « de chez Verdurin » de *l'Express* n'était pas dépourvu de chambres, boudoirs, greniers et couloirs romanesques. Ainsi beaucoup de jeunes femmes qui y tricotaient de la plume n'étaient pas insensibles, en tout bien tout honneur, au charme farfelu mais se voulant « tout dans le masque », comme disent les comédiens, de notre Jean-Jacques sur lequel Dame Giroud, reine de la ruche, sourire éternellement en batterie et voix flûtée, veillait d'un œil précis. Mon Dieu, c'était gai. Nous avions un spécialiste des affaires de l'Est qui ne devait son autorité tranchante qu'à son accent furibond d'outre-Vistule. Un responsable tous azimuts aux Belles-lettres dont la culture ne pouvait pas ne pas intimider puisqu'il avait, lui, l'accent d'outre-Danube. Jean Daniel, étant né à Blida, évidemment se trouvait chargé de « couvrir l'Algérie ». Il couvrait donc, Daniel, il couvrait mais à force de bondir d'Alger à Tunis, de Tunis au Caire, du Caire à Rabat, de Rabat à Bandoung, et de Bandoung à Paris, il se croyait investi d'une mission le transformant en une sorte de Mercure de la guerre et de Salomon de la paix. Il rêva même, élargissant le champ de ses avis, de réconcilier Kennedy et Castro! Bref, dans le genre « bons offices », l'âme scoute de ce bon Daniel recelait des trésors de dévouement qui faisaient s'attendrir d'indulgence sarcastique, dès qu'il avait le dos tourné, quelques membres de la rédaction. Jean-Jacques, lui, se méfiait un peu de Daniel. Non pas parce que celui-ci couvrait à tour de bras, de Washington au Caire et de La Havane à Tunis, mais parce qu'il craignait de se voir battu sur ses terrains de choix, c'est-à-dire en voyance et en extra-lucidité. Mais voilà-t-il pas que Jean-Jacques, lieutenant de réserve, fut rappelé en Algérie par l'ogre Guy Mollet? Grande indignation! Grande affliction! N'allait-on pas nous le tuer, cet enfant, ou en tout cas lui faire des misères? Non, il en réchappa heureusement et même nous revint des Aurès avec un gros livre, *Lieutenant en Algérie,* dans sa giberne. Guy Mollet avait raté son coup. Mendès et Defferre ouvrirent tout grands leurs bras pour accueillir le fils prodigue et tuèrent le veau gras. Dans un coin, Mauriac, malin, dosait la sauce et la goûtait – une larme! – en plongeant dans la marmite une longue cuillère.

On me dira : « Que faisiez-vous alors auprès de lui et dans son journal? » Je répondrai que je gagnais mon incertaine vie et agençais le puzzle de ma sensibilité et de mes idées – que le sartrisme avait failli souder mais heureusement j'avais toujours pris soin de ne coller les pièces qu'avec de la gélatine – au petit bonheur de mes jours, de mes passés anciens ou récents, de mes scepticismes, de mes ironies, de mes secrets cynismes, de mes fidélités et habitudes en amitiés, de tout cela qui fait qu'on met parfois longtemps à larguer les amarres d'une jeunesse. En vérité, je glissais sur des pentes intellectuellement confortables. Je le savais mais une certaine irresponsabilité était mon fort et je disposais en outre d'ironies de secours toujours prêtes à se transformer en lucidités si un écœurement me venait. En attendant que la coupe débordât, je la laissais se remplir. J'avouerai aussi que j'étais tranquille. Oui, comme le regard que j'avais sans cesse porté sur l'intelligentsia n'avait jamais cessé d'être froid (mes origines m'avaient aidé à lui conserver son tranchant), je ne doutais pas de mes capacités à claquer les portes de cette église pour aller faire mon salut ou me damner ailleurs. J'avais, de ce côté-là, grande confiance en moi et m'en administrai, plus tard, les preuves.

Retour en arrière. Octobre 59. Éclate « l'Affaire de l'Observatoire ». Mitterrand, lumière ou torche fumeuse (on ne sait pas très bien) de la Gauche, a été victime d'un abominable attentat et l'a échappé belle. A *l'Express* de JJSS, on tremble, on s'indigne et on se précipite sur les remparts de la patrie en danger pour y sonner l'alerte. Dans les jours qui avaient précédé l'Affaire, j'avais déjà écrit un article où, téléguidé par Mitterrand, j'annonçais quelles calamités allaient s'abattre sur la France : les paras qui tomberaient du ciel, des nervis qui déjà rôdaient dans l'ombre prêts à occire la République, des complots partout ourdis... « Les Assassins sont parmi nous! » : clamait *l'Express.* Pas étonnant, dès lors, s'ils avaient choisi Mitterrand comme première victime et l'article se révélait donc prophétique. *L'Express* publia. Patatras! Il y avait, à la poste de la rue de Tournon, une lettre antidatée et racontant autre chose : savoir comment, très exactement, allait se dérouler « l'attentat », avec un Mitterrand complice. Seigneur! Cela s'appelle, pour un journal, s'être mis dans une merde! Seigneur, comment rattraper ça? Je déclarai, au conclave de *l'Express,* que je plaignais les gens qui allaient devoir écrire un deuxième article. On me répondit que j'avais bien raison puisque, ayant rédigé le premier, je ne pouvais pas ne pas être l'auteur du second pour essayer de tirer Mitterrand hors de la fosse. Une importance me gonfla. Soit... Revenons chez le martyr mais, hélas, désormais faux. Qu'à cela ne tienne, avec de l'encre, une plume et du papier, on fait des miracles.

J'attends, ce matin-là, au café situé rue Bonaparte, à deux encâblures de la rue Guynemer. Un ambassadeur du journal m'a accompagné.

– Je vais d'abord le voir quelques minutes et te préparer le terrain.

Il revient au bout de vingt minutes.

– Il t'attend.

– Comment est-il? Bien?

– Mal. Au bord du suicide. Il t'attend.

J'y vais. Mitterrand m'introduit dans un petit bureau aux fenêtres fermées. Il s'installe derrière une petite table sur laquelle est posée une lampe à faible lumière qui l'éclaire en contre-plongée et donne à son visage des reliefs et un ton jaune et vert.

Dans le bureau, une odeur de veille, de désastre, de tristesse, de coup foiré. Le sentiment d'être auprès d'un homme traqué, au fond d'un trou que des torches brandies par des pisteurs pourraient brutalement éclairer. « Il est là! Il est là! On le tient! » Ils me diraient : « Vous, sortez! » et ils abattraient l'animal, tapi dans l'ombre. Est-ce qu'une pitié me vient? Je m'assieds. Il y a un temps. Je lui dis :

– Eh bien, nous sommes dans de beaux draps.

Il me dit :

– Je vous dois quelques explications.

Je lui dis :

– Ça ne va pas être facile. Est-ce que vous m'avez menti, la dernière fois ?

– Voulez-vous que je vous explique ?

– Je suis là pour ça.

J'étais là pour ça et pour l'aider à recoudre, toute déchirée, sa peau. J'écrivis donc, en l'enrobant de ma sauce, ce qu'il crut bon de me dicter mais ce ne fut pas une interview. A moi tout seul, en vérité, je jouais le rôle d'un immense public auquel s'adressait l'avocat Mitterrand défendant l'honneur perdu de son client Mitterrand. Il parle. Bientôt il se lève. Tantôt s'appuie à la cloison et au rayonnage chargé de livres, tantôt bascule en avant. Puis se redresse. Croise les mains. Se penche vers la table où j'aligne vélocement sa plaidoirie. Se redresse plus droit encore. Reste pâle, très pâle, malgré l'animation de son propos. Ce ne fut pas une interview car le brave lecteur aurait pu dire : « Mitterrand plaide sa cause » et se méfier des envolées et des arguments. L'article parut mais sans qu'il fût dit que j'avais, cette fois, rencontré le suspect. C'était donc moi qui parlais, démontais la machination avec une habileté extraordinaire, me transformais en avocat général débusquant les invraisemblances, démontrais une connaissance inouïe du Code, de la loi, des labyrinthes de la justice, des processus de levée d'immunité parlementaire, etc. Sur tout cela, ma science était infinie, mise au service d'une remarquable logique démonstrative digne à la fois d'un Sherlock Holmes et d'un juriste, dont personne jusqu'à ce jour ne m'aurait cru capable. Des soupçons qui pesaient sur Mitterrand, de leur contre-logique, je faisais du menu bois. Quel talent ! Sauf qu'il n'était pas le mien. Quelle habileté à défendre et convaincre ! Sauf qu'elle n'était pas la mienne. Pendant près de trois heures d'horloge, dans le petit bureau, j'avais sur mon perchoir de perroquet écouté l'oiseleur et mon article n'était que la chanson qu'il m'avait chantée et que je m'étais contenté, sur ma portée, d'inscrire.

Je ne suis ni honteux ni fier de ma conduite. Comme je l'ai écrit ci-dessus, il y avait grand amusement de ma part à regarder fonctionner de tels importants jouets. Et nous en revenons à mon cynisme qui, si j'avais continué dans cette voie, aurait pu se transformer en pourrissement, dans mon âge d'homme – ou en désespoir et honte pour n'avoir pas su à quel juste moment ce qu'il m'amusait de flairer pouvait, en rejet, donner mauvaise haleine au reste de ma vie.

Passèrent les ans et de François Mitterrand les fortunes diverses. Je le verrai souvent, à Saint-Germain-des-Prés, chez « Lipp » où il aime jouer au quidam, installé à la table près de la caisse. Je verrai son crâne se déplumer, son teint blanc tourner à l'ivoire, sa taille s'épaissir, sa démarche se faire plus lente et lourde et son menton se tendre, comme pour effacer les plis du cou et respirer, au-dessus des ambitions, l'air rare du pouvoir. Je le verrai, la nuit, tout de sombre vêtu, le feutre noir à large bord rabattu sur les yeux, sortir d'un immeuble de mon quartier où habitent de siens amis et s'engoncer, avec mouvements difficiles des jambes repliées, dans une voiture précisément surgie. Il s'écrase, de marbre ou de plâtre, sur le siège arrière. La voiture démarre aussitôt, suivie par une autre qui s'arrache du trottoir et dans laquelle se sont engouffrés trois hommes. Et je regarde s'éloigner à toute allure la voiture du président de la République suivie de son anonyme escorte. Il ne l'était pas encore, président, lorsque, toujours rue Jacob, une nuit, il allait à pied accompagné d'un ami. Déjà, il s'était dessiné son personnage au lavis noir coiffé du feutre à ailes noires et écharpe noire (ou bleu très sombre?) autour du cou. Pourquoi cette métamorphose du fringant chasseur de danseuses en Nosferatu auguste et sombre? Pourquoi ce goût, avec l'âge venu, de la ténèbre vestimentaire et cette haine de « tout mouvement qui déplace les lignes » d'un visage d'ivoire trop lisse? Pourquoi ce regard trop fixe, où passent comme de brèves lueurs hagardes, et ces canines limées afin qu'on oublie comment cet homme a déchiré ses proies? Les réponses à ces questions sont les secrets de M. Mitterrand, ses angoisses peut-être, les délires, sait-on jamais? d'un être traçant lui-même son portrait *pour l'Histoire* et qui appuie sur le fusain en espérant donner une netteté à des contours trop flous et une profondeur à ce qu'ils cernent.

Sur le trottoir, nous nous croisâmes. Il m'adressa, du feutre et du chef, un étrange et impassible salut. Je le lui rendis avec la même componction. Je pensai qu'il avait bonne mémoire et n'avait pas oublié, rue Guynemer, notre bref mais commun passé. Notre complicité lorsqu'il était « au bord du suicide ».

Tout cela explique, lorsque j'aperçois, sur un écran de télévision, M. Mitterrand déambuler, raide, et rose à la main, dans la crypte du Panthéon, escalader le Caillou de Solutré, méditer bucoliquement dans son Arcadie de Latché, passer en revue les troupes lors du 14-Juillet ou s'adresser, du haut du pinacle élyséen, « à tous les Français », tout cela explique pourquoi me voici en malaise et en recul. Il y a, à *mes yeux*, dans le fond du paysage sur lequel il s'autodessine, trop de nuit, de gris, de teintes passées, de perspectives trop fuyantes, là-bas; il y a trop de « sfumato », obtenu à l'estompe. Je regarde et bientôt mes lèvres produisent un murmure et ce murmure dit : « Comment est-il possible que François Mitterrand soit président de la République? »

## 2

## POMPIDOU

C'était une masse de sensualité paysanne. Le regard, lourd et bleu-noir, caressait d'abord mais pour posséder ensuite. Comme un paysan qui regarde la belle fille danser et sait que lorsqu'elle sera tout à l'heure rose et chaude, le moment sera venu de lui dire deux mots qui la rendront émue. Voix rauque et sensuelle. Force romaine d'un Vitellius sensuel mais capable de faire passer son plaisir après le salut de l'Empire. Et même de jeûner alors que les cuisiniers, désespérés, arrêteront les broches où rôtissaient les délicieux agneaux destinés au festin du maître. Il avait un « côté » ribaud, paillard, pinceur de fesses de servantes, maître d'auberge, fermier de terre grasse, maquignon aux chevaux à large croupe, amateur de daubes et de platées d'écrevisses au clair de la lune braconnière pêchées. Mais tout cela, magnifiquement écrasé sous une épaisse couche de vernis normalien, culturel, parisien que même un Balzac aurait eu quelque peine à gratter pour découvrir, par-dessous, la matière première servant à la marqueterie. Pompidou : génial ébéniste de soi-même. Fondeur et ciseleur de son propre bronze. Venu à la politique à pas lents, comme un paysan se dirige vers le champ de foire, dans son beau costume des dimanches, après avoir appris dans les herbages à regarder et à jauger les bestiaux. Je lui demandai un jour : « Giscard d'Estaing est-il de vos amis ? » Il me répondit : « S'il en était, il ne serait pas un homme politique. » Une autre fois il me dit : « Voyez-vous, il me faudrait, à ce poste, quelqu'un d'assez médiocre mais qui ne le paraisse pas... » Je lui citai un nom. « Oui, il fera l'affaire. Il parlera beaucoup et très bien et on ne s'apercevra pas qu'il est un imbécile... »

Élu président de la République, j'ai cet honneur d'être aussitôt invité à déjeuner en tête à tête avec lui

– Qui allez-vous prendre comme Premier ministre ?

– Qui voulez-vous que je prenne ? Chaban !

– Chaban ? Mais c'est un gandin, un patron de salon de coiffure, un marchand de chaussures de luxe et je vous assure que c'est du trente-sept qu'il vous faut, madame ! Un chef de rayon.

– Je sais, je sais, mais je n'ai personne d'autre. Il y aurait Chirac... Vous le connaissez ?

– Non.

– Il y aurait Chirac mais il est trop jeune... Et puis, les Gaullistes, si je leur sortais Chirac...

J'aimais, sceptique et aiguisée sur d'antiques meules, cette sagesse. Ou bien, plus tard : « Vous y croyez, vous, à cette " nouvelle société " de Chaban ? Mais qu'est-ce que c'est ? Qu'est-ce que ça veut dire ? » Comme un paysan – il faut toujours y revenir – à qui on aurait parlé d'une « nouvelle espèce » de veaux ou de moutons. Il lui voyait cinq pattes, à « la nouvelle société » chabanesque et haussait les épaules.

Il n'était pas, c'est un éloge, très intelligent. Il ne pensait vite qu'au terme d'une réflexion et toutes ses décisions étaient d'abord des jugements. Il se surveillait car, se sachant parvenu, ce n'est pas un blâme, il se souvenait d'anciennes ivresses qui avaient été les siennes lorsqu'il mesurait, de Montboudif aux salons rothschildiens, le chemin parcouru. Je me demandais parfois s'il n'était pas, profondément, d'ossature conservatrice et ne se disait pas : « Pourquoi changer un monde où j'ai si bien réussi ? Il était bon, ce monde, et ma vie le prouve. » Mais en même temps, une inquiétude le visitait qui lui venait de ses jeunesses normaliennes. Du coup, en alibi frondeur, il aimait l'art moderne. « Moi, conservateur, alors que j'aime Mondrian ? » Je pensais à un chêne sur lequel on aurait greffé des rameaux incongrus et qui, au lieu de glands, aurait porté des montres molles.

Il lui manquait (elle est d'ailleurs bien rare chez les hommes politiques) l'élégance qui ne va pas sans un brin de dégénérescence et de hauteur désabusée. Tout ce qui en lui était affiné l'avait été au prix d'un apprentissage, voire d'une éducation. Il ressemblait à son nom, si beau, si sonore, si heureusement français d'Auvergne et auquel il ne manquait, pour être noble, que la particule. Georges de Pompidou... Mais elle manquait et, du coup, noblesse ou épaisseur paysanne de ce nom se jouaient à quitte ou double.

Nous avions, ce jour-là, déjeuné à la Maison de l'Amérique Latine. « Si quelque chose arrivait à de Gaulle, je pose immédiatement ma candidature sans demander d'avis à personne. » (...) « J'aime vivre, voir des gens, leur parler. Le malheur, c'est la presse, une certaine presse qui, en répandant des insanités, m'oblige à ne plus aller ici ou là. Par exemple, j'aime Saint-Tropez, son climat, ses environs, sa situation. Mais il paraît que je ne dois pas aller à Saint-Tropez. Soit, je n'irai pas. » (...) « Dans la tempête du mois de mai, oui, j'ai été certain que j'avais un destin... » (...) « Je n'ai aucun complexe de gauche. Aucun. Contrairement à Malraux, par exemple, et même... au général de Gaulle. »

– Vous êtes à pied ? Ma voiture va vous raccompagner.

Avoir un chauffeur n'est pas simplement un confort ou un luxe mais un véritable délice poétique. Vous sortez de l'hôtel, du restaurant, du ministère et, le temps de saluer votre hôte qui vous a accompagné jusque sur le parvis, voici qu'un long animal, noir et luisant, vient se coucher à vos pieds et vous ouvre son flanc. Il suffit d'oublier qu'il s'agit d'une DS avec un chauffeur à l'intérieur et de penser qu'un requin apprivoisé obéit à votre regard ou, docile, nage vers vous dès que se manifeste votre présence.

J'avais, dans un opuscule, écrit que Pompidou possédait une voix très belle : pesante, grave, sceptique et, là était le prodige, convaincante sans être sincère. Paysan qui vend sa vache avec le ton de la sincérité. Il vous dit combien elle est belle et combien, au fond, il lui coûte de s'en séparer. Il a, pour la vache, une vraie affection et une vraie indifférence, etc. Je disais que c'était là ce que m'inspirait sa belle voix.

Il lut ces lignes. Lors d'une réception, il m'attira dans un coin de fenêtre. Il me dit : « J'ai lu, dans votre livre, ce que vous avez écrit sur moi. Il y a des idées justes mais je voudrais cependant vous assurer d'une chose : je ne vendrai jamais la vache. » Il mourut, on le sait, debout, au seuil de la ferme.

## 3

## GISCARD D'ESTAING

Je n'ai, de ma vie, rencontré un homme plus propre, *faisant* plus impeccablement propre, de mains, d'ongles, de chemise, de crâne, d'oreilles, de barbe et de tout. Qui imaginerait Giscard mal rasé? Quant à ses chaussures, je n'en parlerai pas. Des miroirs. Peut-être, lorsqu'il marchait dans des parcs, mains derrière le dos et tête légèrement inclinée, était-ce pour y voir s'y réfléchir sa méditation? Ses chaussures me fascinaient, qui n'avaient jamais marché dans crottes et poussières du monde. Et les mains, longues, non point dessinées pour tenir des mancherons mais pour pianoter la sonate d'une réussite et d'une vie. Sa surprise lorsque la partition lui fut arrachée. « Mais que se passe-t-il? Est-ce que je ne joue pas bien? » Il se retrouva debout, sans partition et sans piano. Certainement *vexé*.

On a dit grand oiseau, ordinateur monté sur échasses, « magnifique insecte, mais qui n'a pas d'antennes » (Alexandre Sanguinetti), surdoué ayant une case de trop, etc. On a tout dit, sauf qu'il était physiquement trop propre et croyait qu'il entraînerait la France derrière lui en laissant, dans son élégant sillage, un parfum délicat de savonnette. C'était oublier que les peuples, comme les chiens, aiment les odeurs de soudard (de Gaulle); de paysan (Pompidou); et même, troubles et d'aventurier, celles que dégagea Mitterrand.

J'étais l'un des rares « privilégiés », rue de la Bienfaisance (déjà, quel nom lourd de symboles! Bienfaisance!), ce soir de 1974 où il fut élu président de la République. Une foule scandait son nom, à l'extérieur, et il apparut au balcon pour y prononcer un petit discours. Cela fait, souriant, détendu, presque espiègle, il posa ses deux mains sur les hanches et, s'adressant à notre petit groupe – nous n'étions pas plus de quatre ou cinq, si je me souviens bien – déclara de belle humeur : « Eh bien, maintenant, qu'est-ce que nous allons faire ? » De belle humeur, et d'un ton qui eût été le même s'il nous avait demandé : « Qu'est-ce qu'on fait ? On va danser ? » Et, moi, qui crois, à cause de mes mémoires et dans un grand désordre de souvenirs, d'images, de drapeaux, de trônes, de sacres, de dais, d'histoire et, comme on le voit, de n'importe quoi, qu'être brusquement couronné doit faire sourdre en vous une émotion, une angoisse et une gravité, et moi qui n'avais pas oublié Pompidou me disant le soir où il fut élu et en réponse à ma question : « Qu'éprouvez-vous ? – je ne suis plus le même... », et moi, devant ce grand et un peu faux jeune homme aux mains sur les hanches et tout guilleret, j'eus la cervelle percée par une fine aiguille d'intuition qui me causa comme un malaise légèrement consterné. Quoi ? La pourpre était un slip de bain ? L'ondoiement un verre d'eau ? Être élu président de la République, la réussite à un concours et on lit son nom sur la liste des reçus, on est premier et on sautille ? Je n'en croyais pas tout à fait mes tristes yeux. Toutes mes images étaient déchirées. Plus tard, dans la nuit, je dis à l'ami qui m'avait introduit dans ce bureau : « Vraiment, crois-tu qu'il est... *dur* ? » Et j'entendais par *dur,* le contraire de mou. « Oui, oui, ne t'en fais pas, il est très dur. »

Chirac à Matignon – c'était prévu – mais j'apprends – et ça l'était moins – que Giscard a exigé que JJSS (Jean-Jacques Servan-Schreiber) et Françoise Giroud fassent partie du ministère. Tout s'éclaire. L'aiguille enfoncée dans mon crâne était une antenne. Quelques jours plus tard, dans les prisons, VGE ira se pencher sur les écrouelles des criminels. Tout, cette fois, s'illumine. J'avais raison : il y avait, dans cet homme, du mou. Divorçons!

Je divorçai pendant sept ans. Sept ans au cours desquels le « style Giscard » me râpa les nerfs. En même temps, je voyais cet homme marcher vers la défaite et, plus que l'assurance exaspérante de sa démarche, m'irritait son inconscience. Il se voulait heureux et j'ai toujours pensé qu'il y a, dans la confiance optimiste en ses bonheurs, une ignorance du monde et un manque de flair pour humer, apportées par le vent, les belles et bonnes catastrophes. Les gens trop entièrement heureux m'ennuient et je crois, en outre, qu'ils ignorent la joie. D'elle, jamais ivres. Parfois grisés par le vin blanc de la gloire (si être président de la République cela s'appelle la gloire...) mais d'une griserie courtoise, polie, maîtrisée et dont on sait qu'elle ne vous fera pas monter sur la table, au milieu de la vaisselle brisée, pour y pousser un chant d'orgueil. Giscard grisé? Oh oui. Giscard soûl à rouler? Oh non, Mademoiselle, Madame, Monsieur, c'est inimaginable.

Quinze jours avant l'élection de mai 1981, je revis, à sa demande, Valéry Giscard d'Estaing à l'Élysée. Après sept ans de divorce, je n'avais pas d'ailes pour me rendre à ce rendez-vous. Et j'entrai dans son bureau qu'il avait choisi, par idée gracieuse, de dimensions intimes.

– Vous avez l'air de mauvaise humeur, me dit-il tout de go mais avec un sourire.

– C'est que, lui répondis-je, monsieur le Président, quand on vient chez vous, on gravit des perrons, on monte des escaliers, on traverse des antichambres, on franchit des sas, si bien qu'avant de passer la dernière porte, on est un peu fatigué. Je vous ferai en outre observer que j'ai mis sept ans à effectuer ce trajet.

Je m'étais donc promis d'être insolent. En effet, sur le dos, mon rücksack était lourd de sept années d'irritations et me sciait les épaules. Je le déchargeai sur le fauteuil qu'on me désigna. Je m'assieds, il s'assied. Il croise ses longues jambes dans le bon tissu. Les souliers brillent. Il est propre. Je suis un peu sale car je ne me lave qu'en fin de journée. Il est maître de lui comme d'un univers. Il ne s'excite jamais. Il doit avoir un bon accordeur de nerfs. Il ne m'intimide pas. Personne – étrange vertu ou défaut – ne m'intimide. Pour ces raisons que j'énumère : 1) Parce que je suis trop *curieux* et que mon attention dévoreuse de détails, transforme mon interlocuteur – surtout s'il est un « personnage » – en détail aussi. Considérable mais détail parmi d'autres, à l'égal du fauteuil Louis-XV ou du bronze de Jean de Bologne dont je me demande, in petto, s'il est bon et que j'ai une irrésistible envie d'aller examiner. 2) Parce que j'ai des idées très personnelles sur la gloire et que je sais faire une différence entre ceux qu'elle éclaire avec des soleils ou avec des projecteurs. Il faut donc m'en *imposer* et, même en ce cas, mon admiration n'est pas intimidée mais... Mais quoi ? Mais pleine. Rassurée. 3) Parce que j'admire plus les caractères que les intelligences. 4) Parce que mon métier de journaliste m'a fait asseoir, sur fauteuils, canapés et chaises, devant tant de « personnalités » qu'à la fin, un blasement (néologisme) m'est venu et qu'ils sont rares ceux qui, après que l'on a écouté leur propos, résistent au traitement de l'écriture qui le fige. Séduction envolée, présence disparue, voix morte, ors des bureaux éteints, on est souvent consterné. On croyait avoir été intéressé et l'on s'aperçoit que l'on n'a entendu que des mots, parmi lesquels, désespérément, on essaie de pêcher la fameuse « petite phrase »...

– Je crois savoir, me dit VGE, que vous n'avez pas toujours compris mon action et j'ai donc souhaité vous voir pour essayer de vous l'expliquer. Si vous-même le souhaitez, évidemment. Eh bien, si vous voulez me poser des questions, c'est très volontiers que je vous répondrai.

– Voilà, dis-je, qui commence fort mal car je ne suis pas venu vous poser des questions. Je sais en effet que vous y auriez *automatiquement* réponse, et je préférerais vous dire pourquoi je ne vous ai pas compris.

– Eh bien, je vous écoute.

Je parlai. Je terminai en exprimant des doutes sur sa réélection. Il m'assura que les Français étaient « raisonnables ». Je lui répondis qu'ils étaient fort capables de ne pas l'être, que l'histoire n'était pas celle des raisons des hommes mais celle de leurs passions et qu'il s'agissait, dans une élection de ce type, au suffrage universel, de « courant ».

– Ça passe, je le crains, du côté de M. Mitterrand, ça grésille du vôtre.

J'avais tort, me dit-il. Dans l'isoloir, « la raison » l'emporterait. J'avais raison.

Je revis Giscard d'Estaing à Auton, dans un château blanc, et à Chamalières, dans une bâtisse grise. Il portait successivement, me dit-il, « toutes les couleurs du veuvage ». Du noir au violet, en passant par le gris. Oui, sauf que c'étaient les femmes qui naguère parcouraient le prisme de cet arc-en-ciel funèbre. Giscard était-il donc alors une veuve ? Une femme abandonnée par le peuple-époux ? De Gaulle veuf de la France, en 69. Giscard veuve du peuple. Voilà, pensai-je, la différence et qui donne des clefs.

Reste que l'élection du président de la République au suffrage universel fait de tous nos locataires de l'Élysée des personnages romanesques (je ne discute pas de la qualité des romans...) sur lesquels, dans tous cénacles, salons, cafés et dîners, dans toutes conversations, on ne cesse de *s'interroger.* Qui étaient de Gaulle, Pompidou, Giscard ? Qui *est* Mitterrand ? Devenue suprême, la fonction attire tous les regards. Subséquemment, comme disent paraît-il les gendarmes, elle provoque toutes les questions et emmêle toutes les réponses. Pourtant, du gigantesque alambic à distiller ne sort finalement qu'une goutte à laquelle un mystérieux « on » donne une couleur unique de simplicité. Alors de Gaulle est « grand homme », Pompidou « paysan », Giscard « très intelligent mais... » et Mitterrand « habile politicien ». Dans la forêt des signes, « on » troque l'aiguille de la boussole que rien ne fera bouger et, derrière « l'image » simple, « on » marche. Ou « on » déserte.

## 4

## KHROUCHTCHEV

Je dirai de Khrouchtchev qu'il m'a marché sur les pieds. J'ai eu cet honneur. C'était au cours de son voyage en France et, journaliste, je haletais après lui. Je ne sais ce que veut dire « paparazzi » en italien. Il faudrait dire « mouches » lorsqu'on parle des journalistes qui volent autour d'une « célébrité » et se heurtent du coude – de l'aile – pour se poser sur le frontal, le flanc ou le garrot du bœuf Apis. Les bouviers gardes du corps protègent l'animal sacré, mais les mouches se faufilent partout, passent sous les aiguillons, évitent – pas toujours – le brutal contact des cornes, percent le rideau... « Monsieur le Président, peut-on vous demander... » « Johnny, vous êtes, dit-on, la star n° 1... » Le bœuf tourne la tête vers la mouche hardie.

Dans le wagon-restaurant du train spécial eut lieu un petit déjeuner de presse avec Monsieur K. Il était obsédé par les rendements comparés du maïs en URSS et en Occident. Dans ses discours, il parlait également de cette graminacée et le mot « koukourouza » revenait sans cesse. Regard bloqué sur K. je n'écoutais pas l'interprète. J'écoutais, ravi, le gros petit homme chauve et à verrue, roucouler son délicieux « koukourouza ». Adorable Russie! Son maître tout-puissant passait son temps à roucouler comme une colombe. A la fin, pourtant, je demandai : « Mais que veut dire koukourouza? –

« Maïs! » Le gourdin de la prose s'abattit sur ma nuque.

Ce qui prouve – et ce « croquis » alors n'est qu'une courte fable avec sa moralité – qu'il ne faut jamais traduire, en mots, une musique. Il n'empêche : quand je pense à Khrouchtchev, je vois un gros pigeon aux pattes emplumées (par l'immense pantalon aux tuyaux flottants), aux petits yeux ronds et mobiles et qui, jabot gonflé, roucoulait ses koukourouzas.

# 5

# DE GAULLE

Il n'avait pas d'os. Ses vêtements paraissaient flotter sur lui. Le regard, la peau du visage, les mains au bout de longs bras, ça flottait. Il flottait sur la France, à coups de miracles, comme l'Autre marchait sur les eaux. Il y avait, en lui – cela a été dit –, de l'éléphant aux oreilles battantes et à la trompe ballante. Mais aussi du monstre aquatique échoué, la moitié du corps encore immergée et qui dort ou rêve – ou guette – la tête posée sur la rive du marécage. Qui, de temps en temps, pesamment, remue et grogne; parfois avec une agilité surprenante s'agite, donne deux ou trois coups de queue et replonge sous les eaux. Nous étions gouvernés par un animal préhistorique, d'espèce disparue et dernier représentant surgi du fond des Amazonies françaises. Lorsqu'on était en face de lui, on le regardait comme un monstre et il fascinait. Je comprenais qu'il fît merveille à la télévision. Lorsqu'il y apparaissait – les télespectateurs ne le savaient pas mais cela voyageait dans leur inconscient, je n'en doute pas –, on ne voyait pas un homme mais un hippopotame, un énorme poisson, une baleine, un fabuleux saurien, un phoque en train de pâmer dans son naturel et glauque élément. On voyait, dans un aquarium, un animal extraordinaire. Et qui parlait! Et qui parfois agitait ses palmes, ses pattes, ses nageoires et même les dressait en l'air! Qui s'ébattait, en somme, avec dans la lourdeur une étrange grâce. Mais oui, c'est le commandant Cousteau qui aurait dû filmer les interventions télévisées de De Gaulle. Alors les Français se souvenaient, grâce au cerveau reptilien, qu'ils étaient nés, comme tous les animaux, des eaux et des lymphes originelles et reconnaissaient, sur l'écran, derrière la vitre de l'aquarium, leur premier ancêtre et le monstre vénérable d'où était sortie, à l'origine des temps, leur race. Ils effectuaient, à rebours, une brusque mutation biologique. Leur papa-grenouille, otarie et cœlacanthe leur parlait et leur disait les mystères des vraies et premières profondeurs... On entendait *la Marseillaise*. L'écran s'éteignait. Le monstre venait de disparaître et de replonger sous les eaux. « Il n'a rien dit... » murmurait une voix. Oui mais, là était le fabuleux miracle, *cet animal avait parlé*.

Si j'ai, au cours de nombreux voyages, « accompagné » de Gaulle, je ne lui ai en revanche, face à face, dans un salon, jamais parlé. Je n'en éprouve aucun regret tant j'ai pu l'approcher et, de très près, à un ou deux mètres, repaître longuement mon regard de sa présence majestueusement exotique. J'éprouvais pour lui une admiration tout à fait curieuse. Exotique, c'est le mot. J'étais ravi qu'on l'applaudît, mais il m'était, *en même temps*, complètement étranger. Pourquoi cela ? Parce que, je crois, mon admiration ne venait pas d'une foi mais d'une conversion. J'étais, en somme, comme un chrétien converti à Bouddha – ou un Chinois au Christ, c'est comme l'on veut – et, du coup, illuminé mais non aveugle. En outre, je l'ai dit, cet animal ne ressemblait à aucun autre exemplaire de sa race et tout de lui, tête, corps, allure, voix, gestes, était singulier. L'homme rit, on le sait. Or, de Gaulle, l'imaginez-vous riant ? Et, allons plus loin dans l'inimaginable, riant aux éclats ? Donc, ce n'était pas un homme mais une étrangeté de la nature, de l'espèce et de l'histoire. Que si j'avais donné, même léger, un coup de pouce à mon admiration, et je l'aurais trouvée, cette étrangeté, ridicule. Je me gardais de ce sacrilège ou, plutôt, ne l'accomplissais qu'avec remords, dans le secret de mes caves fermées à double tour. En vérité, il alimentait en moi une inlassable *curiosité.* Comment pouvait-on être de Gaulle, crocodile, hippopotame, éléphant, phoque, dromadaire, et etc. Au zoo, j'ai de ces questions en contemplant les animaux devant lesquels je m'attarde. Sauf qu'un éléphant n'est pas la France et ne se prend pas pour elle. (Pour la savane ? Cela arrive peut-être aux « solitaires »...) De Gaulle, oui. D'où mon impression, en l'observant à trois pas, au cours de nos pérégrinations, d'être mis en présence, en pleine campagne française, d'un animal – unique – échappé d'un mystérieux cirque.

Pourquoi lui aurais-je parlé ? D'autres suffisaient largement à cet office qui rapportaient ses « mots ». Avaient-ils au moins rencontré de Gaulle ? Non, hardis voyageurs, ils revenaient d'une exploration et, comme des trophées, brandissaient ses « mots ». On les admirait, on les tournait et retournait en tous sens, comme des fétiches. Un doute me vient, alors, comme j'écris ces lignes : et si de Gaulle n'avait jamais existé ? Cette hypothèse, à condition d'être émise par un fou, en aucune façon ne serait folle.

6

# GASTON GALLIMARD
# ANDRÉ GIDE
# WILLIAM FAULKNER

χαίρω διαλεγόμενος τοῖς πρεσβύταις
(Platon, Rép., 328 d)

Un nœud papillon, une tête rose et bleu de bon meunier. Pourquoi meunier? Je n'en sais rien. A cause des très fines pellicules qui brillaient sur le col de la veste du costume toujours sombre? Je l'imaginais avec des sabots, une ample blouse et regardant calmement ses meules tourner. Un riche meunier, cependant. On lui apportait le grain. Il devenait bon pain sous la croûte blanche de la couverture, galettes de livres, grâce à Maître Gaston. J'ai toujours connu Gaston le même et éternel. On me disait, à la fin de sa vie : « Tu vas voir Gaston? Il est très fatigué... » J'entrais dans le vaste bureau. Je le trouvais, comme d'habitude, à la fois prodigieusement endormi et éveillé, voix toujours douce et bon sourire. Éternel Gaston. J'ai vu, dans les couloirs et bureaux de l'auguste NRF, vieillir les troupes et la garde du patriarche. Paulhan, grande chouette aux gros yeux toujours écarquillés et qui marchait en sautillant curieusement sur les pointes. Aucun contact. Ni avec mon humble personne, ni avec le sol. On le disait pape. Pape dansant dans d'intimidantes allées de la littérature, au sable blanc et bordées d'un fin liséré de fleurs rouges. Quand il publiait un livre, je croyais avoir en main une Bible. Il parlait avec une politesse toute ronde, comme son écriture aux lourdes lettres, noires et dessinées, sur la ligne, en un impeccable rouleau. Il parlait doucement comme dans une chambre de malade située dans une clinique de luxe. Comme dans un temple. Mais il y avait ces deux gros yeux, globuleux, attentifs et où, pourtant, je croyais voir flotter comme une folie. Il y avait Brice Parrain, le nez plongé dans de redoutables manuscrits. « Il connaît le russe... » Jacques Lemarchand, que la fréquentation des théâtres (il assurait une critique théâtrale) et la lecture de quintaux de manuscrits avaient rendu littérairement stérile. Le teint violet, Lemarchand, à force d'ingurgiter des hectolitres de boissons fortes, mais à qui l'alcoolisme donnait une voix profonde, une grave dignité et de beaux yeux bons et bleus. Queneau dans son trou à livres. Camus dans quelque empyrée. Etc. Mais le maître du moulin, le roi de la farine, le grand peseur des blés, c'était, au sommet, Gaston le finaud, le bonasse, le rusé, Gaston-le-Fondateur à qui le Seigneur avait dit : « Gaston, tu es Gaston et, sur cette pierre, je bâtirai la NRF. »

– Vous lisez, Gaston ?

– Oui oui, je lis.

– Beaucoup ?

– J'ai beaucoup lu.

Nous parlions d'Untel :

– Ses livres ne se vendent pas.

– C'est normal, vous savez, ils sont très bons. Ce qui est bon peut se vendre. Ce qui est très bon... c'est très difficile. Par exemple, j'aime beaucoup Michaux. Mais qui le lit ? Et Genet... Entre ce qu'il me coûte et ce que je vends... pas de rapport.

Il était, profondément, « blasé ». Il en avait tant vu passer, dans ses bureaux, des « talents », des « gloires » et des glorieux, des « génies » et des cinglés. « Céline... c'est quelqu'un et c'est un personnage. Il entrait. Il m'injuriait. Il gueulait. Il met trop de points de suspension dans ce qu'il fait, maintenant. »

## *Gaston Gallimard, André Gide, William Faulkner*

Le très grand âge venu, Gaston avait certains jours des somnolences d'attention encore qu'on ne sût jamais exactement, avec lui, – comme avec certains vieillards madrés – si elles étaient feintes ou s'il se *détachait,* par vraie fatigue. Un jour il était *bien*; un autre, il était las et de présence vague. A la fin de sa vie, il trônait, souvent solitaire dans son bureau trop vaste soudain.

Ce jour-là, ses quatre-vingt-douze ans sont en belle forme. Dans le bureau, à travers les baies qui donnent sur le jardin, le jour d'automne le cède à la nuit qui descend et le vieil homme, amical, me dit qu'il est « heureux de bavarder » avec moi. Je lui dis : « Gaston, pourquoi n'avez-vous pas écrit vos Mémoires ? Pourquoi ne pas les écrire ? – Parce que je ne veux pas ruiner ma maison en disant tout ce que j'ai vu, tout ce que je sais... (un geste doux). Et puis... bah !... » De Malraux, il me dit : « C'est un cabot ! » C'est de notoriété secrète et publique : Gaston déteste Malraux. « Un cabot, un esbroufeur. Il arrive que ça réussisse, vous voyez... » Sur Aragon : « Il n'a aucune personnalité. Voilà la *vérité* sur Aragon. Il a toujours suivi quelqu'un, Drieu, Breton... ou (petit rire) Staline. J'aimais beaucoup Drieu. Il était généreux. Il n'a écrit aucun livre qui soit achevé mais il était généreux. Il aimait. Malraux, Aragon, ils n'aiment personne. On a été très cruel avec Drieu. Il avait raté deux fois son suicide – avant de le réussir une troisième – et Mauriac avait écrit : " Drieu qui rate tout, même sa mort... " J'espère qu'il réussira la sienne, Mauriac. » Sur Proust : « Gide était entré dans une grande colère lorsque Charlus apparaît dans l'œuvre. " Vous retardez la question de cinquante ans ! " Proust avait répondu : " Mais ce n'est pas une question, pour moi, c'est un personnage ! " La première fois que je l'ai vu, c'était, je crois, à la mer, en Normandie et en été. J'ai vu s'avancer sur la plage un petit bonhomme qui paraissait avoir endossé une dizaine de manteaux trop longs. J'étais stupéfait. Il y avait de quoi, je vous assure. Tout le monde le regardait, tant il était étrange, et j'ai pensé lâchement : " Zut! Tout le monde va *nous* regarder... et se demander ce que je fais avec ce fou. " Dans les quatre dernières années qui ont précédé sa mort, Proust avait quatre amis, Léon Daudet, Reynaldo Hahn, (j'ai oublié le troisième, J. C.) et moi. Je le voyais au moins trois " nuits " par semaine. J'arrivais vers une heure du matin et il y avait toujours un souper magnifique de servi. Il m'envoyait le mari de Céleste, pour me chercher. Il était dans son lit, vêtu d'une sorte de redingote. Parfois il se levait pour aller déterrer un livre, une lettre, une épreuve, mais, comme il portait un nombre incroyable de chaussettes de laine blanche, il semait ces chaussettes, qui lui glissaient des pieds, dans toute la chambre. S'il mangeait lui-même au cours de nos soupers nocturnes? Mais comment donc! le Proust picorant est une légende. Il attrapait une cuisse de poulet et crac! et puis une autre et crac!... (Gaston mime). Il avait des dents magnifiques, blanches, magnifiques. Et il buvait du vin, de la bière, du champagne, sans se soucier des mélanges. En vérité, il avait une santé fantastique qu'il a donnée, oui, donnée à son œuvre.

« Jamais je ne l'ai vu en proie à une crise d'asthme.

« Au Ritz, nous arrivions... Dans un Ritz où l'on soupait et où froufroutaient des femmes du monde, du demi-monde, et des " noms ". Proust, fébrile, interrogeait le maître d'hôtel pour savoir qui était qui et etc. Un soir, je me souviens, oubliant même que le maître d'hôtel était un simple employé, il lui dit : " Mais asseyez-vous donc, voyons... " Et le bonhomme, dans le feu et sous le charme dc la conversation, s'est assis avec nous, oubliant lui-même qu'il était maître d'hôtel.

« Il était gentil, rieur, lucide, très critique, connaissait son charme, pas dupe de ses grâces... »

– Dites-moi, Gaston, est-ce que, s'il n'était pas mort, il aurait continué d'écrire ? Car enfin, après *le Temps retrouvé, la Recherche* donne l'impression d'être une œuvre close, terminée...

Gaston s'étonne et sourit.

– Mais elle l'a toujours été, terminée ! C'est une œuvre telle qu'il pouvait l'arrêter quand il lui plaisait ou la continuer indéfiniment. Et, s'il n'était pas mort, il aurait continué. Indéfiniment.

– Comme ces univers dont on dit qu'ils sont toujours en explosion.

– Oui, toujours. Toujours terminée et jamais. Comme sa conversation...

– Brillante, évidemment...

– Mieux que ça. Claudel, je ne sais plus où, parle de « l'argumentation rotative » qui, comme un chien à la poursuite de sa queue, tourne autour de l'argument avant de la mordre. Proust pouvait faire ça... Tourner, mordre, se relancer dans sa rotation... Il était capable de ne jamais s'arrêter.

Gaston qui *me* parle de Proust dans le vaste bureau où ni lui ni moi n'avions pensé à allumer la lampe. Et le soir d'automne, presque une nuit maintenant, engrisaille la pièce, dévore nos silhouettes, celle du fils dévot qui écoute et celle du père-patriarche qui parle à voix basse mais vive de se souvenir.

– Et quand il s'en est allé, Gaston ?

– Ah ! sur son lit de mort, il avait une barbe qui avait poussé au cours des quatre ou cinq derniers jours de souffrance, les cheveux noirs et abondants et, de profil, sa bouche était légèrement entrouverte sur le filet des dents éclatantes. De profil, il avait l'air d'un archer d'Artaxerxès.

« Rivière et moi avons demandé à Dunoyer de Segonzac de venir pour fixer les traits de Proust sur son lit de mort. La famille n'était pas contente, a protesté, mais a été ensuite très heureuse d'avoir ce portrait... »

– Déjà, dans les premiers *Cahiers* qu'il me déposa rue Saint-Lazare, où j'habitais, il était question du « Temps retrouvé » oui oui... C'est Schlumberger qui a lu ces *Cahiers* et c'est lui, ensuite, rue Madame, qui nous en a parlé. Il y avait là Gide, Ghéon et moi-même. Gide a demandé à Schlumberger : « Tu as lu ? » et Schlumberger, je m'en souviens parce que ça m'a frappé, a répondu : « C'est plein de duchesses, c'est dédié à Calmette et ce n'est pas pour nous. » Quant à Gide, il n'avait pas *lu*! Et ce n'est pas lui qui a ironisé sur les duchesses, c'est Schlumberger.

– Et vous, Gaston, lorsque vous avez lu, enfin?

– Je me suis dit : « Je me perds, je me perds, mais c'est peut-être dans un chef-d'œuvre... »

Je suis resté longtemps près de Gaston, ce soir-là. Le temple avait dû se vider de ses prêtres. Personne ne nous avait dérangé. Au fond, tout le monde devait être content que je sois venu distraire le vieillard. Au moins, pendant qu'il me parlait, il n'avait pas erré, le vieux meunier, l'auguste roi Lear, dans les bureaux.

Quand il mourut, de moi se détacha un bloc de mon jeune âge d'homme, un grand morceau de ma jeunesse éblouie par la « littérature » et ses demi-dieux, encore, n'est-ce pas, que cet éblouissement fût filtré par ma qualité de lévite de Sartre dont j'étais *vaguement* le représentant en tous ces lieux où il n'allait jamais parce que... « J'ai pas le temps et ça m'emmerde, Cau, ces sauteries... »

(Donc, les demi-dieux, à mes yeux, étaient tout de même mortels lorsque je promenais, sur leur visage, la lumière de l'énorme lanterne sartrienne.)

Ces sauteries étaient notamment les fameux « cocktails Gallimard » qui étaient donnés, au printemps venu, dans les salons (on entrait par la rue de l'Université) de l'hôtel de la NRF, et où nous allions, jeunes « intellectuels » germanopratins piquer l'assiette et, si possible, l'alcool aidant, emballer une belle, troublée par la littérature, la douceur de l'air et le printemps complice. Cette deuxième possibilité était, pour ce qui me concernait, mon premier souci car, du grand homme, j'en avais quotidiennement à me mettre sous la dent et sous l'admiration, au quatrième étage du 42, rue Bonaparte.

Pourtant, un jour, on annonça, à un cocktail, l'arrivée de Gide. Il apparut, chapeau cabossé. C'était un Chinois. Le pape, mais chinois. Grand, maigre, et derrière lui, un sillage bruissant de gloire. Un regard vif et noisette derrière des besicles en fer, la peau patinée et rasée de près, une peau plaquée-bronze. Un visage prêt pour le moulage. Tout de même, je le dévorais du regard. *Je voyais Gide* que j'aurais tant désiré, à seize ans, *voir,* approcher, toucher, du temps où les écrivains, pour moi, n'étaient que des photographies et une voix qui, en secret, me parlait à l'oreille et m'enfiévrait beaucoup. *Je voyais Gide.*

D'ailleurs, il m'avait une fois reçu, rue Vaneau (et

m'avait, à la fin – le tabac était rare – offert un paquet de « Lucky Strike »! Générosité inouïe de la part de ce très célèbre pingre!). La veille, mon ami Alexandre Astruc, avait organisé, au cinéma « La Pagode », la projection du film que quelques happy-few considéraient comme le chef-d'œuvre du siècle : *Citizen Kane.* Astruc bravement, avant la projection, s'était avancé sur la scène et, dans un nuage de postillons adorateurs, avait prévenu l'assistance qu'elle allait voir ce qu'elle allait voir et que la position à genoux, et non assise, eût été la plus décente pour que nous puissions recevoir la Révélation. Il y avait, dans la salle, déguisé en vieux pâtre des montagnes (cape et chapeau cabossé) Gide accompagné de son « fidèle Pierre Herbart ». Au beau milieu de la projection, brusquement, le pâtre se leva, dérangeant toute sa rangée de fauteuils et sortit, Herbart sur ses talons. Il y eut dans la salle un remous étonné, puis l'onde redevint plate.

– Je vous ai vu, hier, à la présentation du film d'Orson Welles... Vous vous êtes levé...

L'œil brilla mais la voix resta sereine.

– C'était insupportable... C'est insupportable. C'est mal. La première fois que j'ai vu du Wagner j'ai eu pareille réaction. Je me suis éloigné... J'ai crié (il ne criait pas) : « C'est le diable... » et, hier, j'ai eu la même impression. Il y a le diable, dans ce Welles...

Le diable? Quel diable? Je ne posai pas la question tant l'affaire, pour Gide, paraissait claire et entendue. J'y ai réfléchi depuis. Le diable, c'était « l'ubris », le lyrisme, la démesure. En un mot, la barbarie. Et le pire, dans son impudeur, la barbarie en atours baroques.

Autre « Cocktail Gallimard ». Un colonel de l'armée des Indes, au teint rouge brique, aux yeux d'un bleu délavé, abondante chevelure drue poivre et sel, relevée en « pope ». Raie sur le côté. Il est assis sur une bergère et regarde la danse nègre des invités, autour de lui. C'est William Faulkner.

Son gilet à carreaux m'émerveille. C'est que j'avais (je l'ai toujours) devant *la gloire* (elle ne m'intimide pas : elle m'intéresse, quelle qu'elle soit, celle d'un sportif ou d'un chef d'État) une curiosité fureteuse, une curiosité-laser, dirais-je aujourd'hui, du regard en quête de je ne sais quoi... de *signes*? Du personnage-réceptacle, j'examine tout, les chaussettes comme la cravate, les mains comme les oreilles. La *forme* du vase qui contient cette gloire, cette réputation, cette célébrité ou cette richesse, passionne mon regard. Et toujours un détail me saute aux yeux qui m'aide à capturer des secrets. (Souvent dérisoires.) Un petit détail, un petit trou dans la digue et je m'engouffre dans l'Autre, dans l'Être, avec voracité. Il y a parfois crépitement de détails qui va jusqu'à faire tourbillonner en tous sens ma réflexion. Je suis possédé comme par une méchanceté du regard, par une cruauté, par une angoisse aussi. L'angoisse, oui, est-ce que ce n'est pas l'agrandissement du minuscule ou le rapetissement du grand?

Je ne parviens que rarement à « accommoder » ma vue sur le monde. Quand cela m'arrive, je suis alors toute *raison,* mais alors, dans la monotone mesure, je m'ennuie et surtout, d'idées et d'actions, me voici inerte. Parlons d'autre chose...

Le Moi qui se parle est haïssable. Il n'est digne d'être écouté que lorsqu'il y a en lui un chant; que lorsqu'il se chante, en solitaire secret, mais n'avoue aux autres qu'une musique. Parlons vite d'autre chose et que tout soit *pudeur*.

## 7

## BORIS VIAN
(et Saint-Germain-des-Prés)

Dents éclatantes. Lèvres rose pâle, presque violettes. Des yeux bleus. Une longue tête de cheval mélancolique. Il était grand et cardiaque. Il souriait, souvent, d'un sourire un peu tordu, sur le côté droit de la bouche. Il aimait, on le sait, jouer de la trompette dans les caves de la Rive Gauche où transpirait et virevoltait une jeunesse, corps jetés l'un contre l'autre (mon Dieu! pensais-je, quels heurts! Et les seins des filles, sous le choc!) et rejetés en arrière. Et bras tendus. Et jambes ployées. Et les filles balancées sur les reins et expédiées au loin, comme des sacs mais qui retombaient miraculeusement sur leurs pattes et retricotaient à toute allure leur danse et se ployaient et se recassaient en saccades. Je regardais ça d'un regard froid avec, au fond de l'œil, les éclairs qu'y avait naguère allumés ma province sceptique. Vian soufflait, col tendu et tête levée, dans sa – disait-il – « trompinette ». A mon avis, les filles étaient faites pour être séduites, caressées et « aimées » et non pour être secouées à distance, à bout de bras. Je croyais au slow, pour arriver au bout de mes entreprises, et point du tout au be-bop. Vian soufflait, pâle, dans sa trompinette. Il aimait le jazz, l'Amérique, Jarry, Alphonse Allais, Queneau, les « Séries noires » de Marcel Duhamel et les contrepèteries. Il appelait Sartre Jean-Sol Partre et Merleau-Ponty Ponty-Merleau ou

Merly-Ponteau... Il écrivait des romans. On les qualifiait de « marrants » et c'était là tout. *L'Écume des jours?* Ça, c'était « pas mal ». Une nouvelle, *les Fourmis,* publiée dans *les Temps modernes*? Ça, c'était « bien ».

Comme ennuyé de parler sur le monde sérieux, il se mettait aussitôt à nasiller, en tordant la bouche, de petites phrases brèves et se cuirassait d'un humour auquel j'étais assez insensible. Un humour de « mots », sans esprit, qui tenait à distance par timidité. Ancien élève de Centrale, il avait, pour mon goût, l'humour « taupin ».

Mais, si je dis trois mots de Vian, aussitôt déboulent quatre autres : Saint-Germain-des-Prés.

Saint-Germain-des-Prés? Serai-je le seul à dire aux générations futures que ÇA n'a jamais existé? Qu'aucune existence ne précéda son essence mythique et qu'il en est de certains mythes comme des mayonnaises pour restaurants aux prix imbattables : moins il y a d'œufs et plus on fait monter. Médias (comme on dit aujourd'hui) – c'est-à-dire en première ligne deux journaux, *Samedi-Soir* d'abord, *France-Dimanche* ensuite –, et quelques échotiers, n'ayant rien à se mettre sous la dent dans le Paris affaissé de l'après-guerre, ville aux lumières éteintes, de toute pièce fabriquèrent une légende en papier et découpèrent une couronne, en papier également, toute marquée de signes cabalistiques qu'ils perchèrent sur la bonne tête de ce brave quartier où le bougnat mouillait encore son vin et où la mercière en mitaines allait sagement à la messe. Ils allumèrent, entre le Flore et l'église, le Royal et les Deux-Magots, quelques cassolettes remplies de soufre, et annoncèrent à des millions d'exemplaires la renaissance de Babylone aux rues parcourues par une secte se vautrant dans le stupre, la crasse, l'anarchie, le sexe et la révolte : les Existentialistes! Encore fallait-il en débusquer les membres tapis dans des caves nocturnes où, seuls, d'intrépides Stanley et d'héroïques Livingstone lancés à la curée (par Max Corre, directeur de *Samedi-Soir* et à qui devrait revenir, en toute justice, aux yeux de la postérité, l'honneur d'avoir « inventé » le mythe germanopratin, je l'assure, avec la complicité d'une adorable et mutine musaraigne et son nom est Anne-Marie Cazalis) osaient s'aventurer. Trois trompettistes, un clarinettiste, un quarteron de danseurs vite appelés « rats de cave », un batteur de jazz, un gentil négrillon, une poignée de jeunes noctambules, une patrouille d'alcooliques, quatre ou cinq journalistes à la dalle en pente et, enfin, Juliette Gréco qui avait le teint pâle et le noir cheveu long, firent l'affaire. Et Vian, avec sa trompinette. Et c'est là tout. Et c'était ça Gomorrhe et Suburre, Sodome et Babylone. Cette géhenne, ce gouffre de débauche, cet enfer peuplé de démons, ce cratère d'où jaillissaient l'angoisse, le vice, l'anarchie, le talent, l'invention, la folie et la saine immoralité d'une jeunesse, c'était ça, paraît-il, c'était cette minuscule casserole, ce dé à coudre posé sur l'imaginaire réchaud de « l'Existentialisme ». Savez-vous que Gréco, un jour, traversa pieds nus, la place Saint-Germain-des-Prés? Ce fut un événement! Les journaux en parlèrent. Les « Existentialistes » revenaient à l'état sauvage!

Jamais mythe ne fut gonflé de plus de vent. Jamais souriceau n'accoucha de pareille montagne. Jamais petits pétards ne firent, grâce à la chambre d'écho de la presse, pareil bruit de bombes. Quant à ce gigantesque laboratoire de création, de vie, d'invention, qu'aurait été Saint-Germain-des-Prés, après la guerre, ho! qu'en reste-t-il? Quels romans, quelles peintures, quelle musique, quels opéras, quel théâtre, quelle poésie, quel cinéma, quelles œuvres et quels chefs-d'œuvre, quelles « révolutions »? Désert. Néant. A preuve, près de trente-huit ans plus tard, qui, les plongeurs de la nostalgie ondoyant de la palme pour retrouver l'épave merveilleuse du mythe enfoui dans les profondeurs, qui allèrent-ils pêcher ? Et qui dans leurs immenses filets ramenèrent-ils ? Les galions de l'Armada ? Les trésors d'une Atlantide ? Qui ? Ce cher Boris Vian que sa gloire posthume eût stupéfait. Et rien qu'une trompinette.

## 8

## COCTEAU

« Tu comprends, mon chéri... » « Ce qui est très drôle, mon chéri... » La Terre était tout entière peuplée de « chéris » aux ailes greffées – à la cire – par Cocteau et tous les interlocuteurs, du jeune homme à l'ami en passant par la simple connaissance, devenaient des anges. C'était très agréable. On voletait, sous le regard de Cocteau, et lui-même, chef acrobate de l'escadrille, volait en tête. On décollait, on oubliait la terre sur laquelle on abandonnait ses lourds souliers et on était à la fois surpris et ravi d'avoir été, par l'enchanteur-bricoleur, attifé d'une paire d'ailes même s'il s'arrangeait, malin, pour qu'elles soient toujours un peu moins grandes que les siennes. En effet, s'il adorait qu'on fasse, sur la piste du salon ou de la salle à manger, des numéros, il aimait que le sien soit le plus applaudi. « Tu comprends, mon chéri... Moi, je construis des tables, aux autres de les faire tourner. Hein? Quoi? » Il pointe l'index paratonnerre lorsqu'il dit « du mal » d'un « monde » qu'il adore et il a un rire qui fuse, aigre, avec un bruit de crécelle, un rire de tête sec, cassé, cruel, élégant. Oui, car tout est élégant dans ce mince marquis osseux qui croise et décroise sans cesse des mains célèbres. La bouche mince, au passage, pince les mots. Et le nez, tranchant, piqué sur le visage comme un nez de gisant. Et la voix qui susurre, zézaie, boule et roule et catapulte les phrases, les mots, les idées, passe du coq à l'âne, de l'âne au coq et de l'ange à l'arlequin; la voix qui, au milieu d'un groupe ou au haut bout de la table s'élève soudain, mais un ton au-dessus de toutes les autres, et installe un silence où elle déploie ses arabesques. Tout est élégance dans ce prince de peau et d'os, tout est politesse. « Tu comprends, mon chéri... » Il pointe l'index-antenne, lorsqu'il s'agit de capter, dans une atmosphère, des ondes. On l'a comparé à un équilibriste, un jongleur, un funambule, un prestidigitateur. Je dis aussi que c'est une chauve-souris. Ses interlocuteurs sont des murs. A grands coups d'ailes, il vole et virevolte à toute vitesse, comme ce bizarre et double animal que ses radars empêchent, en pleine nuit, de se heurter aux murs qui l'entourent. On a vanté sa « gentillesse ». Je dis qu'il est *aussi* d'une méchanceté très sûre. Qui griffe. Jamais de coups de massue mais d'épingle trempée dans son curare personnel et qui, dans la seconde, foudroient « l'autre ». Cet autre, certes, il le ranime aussitôt... Que faire alors sinon lui pardonner et redoubler à son égard d'une tendresse que, comme un enfant, il exige sans jamais la demander.

A table où nous étions une dizaine de convives, nous parlions, je crois, de politique, de rien et du général de Gaulle. Il n'écoutait pas. Il était voûté, les coudes largement appuyés sur son fauteuil d'archevêque, et il regardait... Quoi? Rien. Cela a duré dix secondes peut-être mais je n'oublierai jamais le regard terrible de cruauté et de désespoir dans ce visage abandonné. Le même regard qu'a Voltaire sur le buste de Houdon. J'ai eu peur de cette statue mais il s'est aperçu, en un éclair, que je l'observais et que j'allais, peut-être, lui dérober un secret. Alors, il s'est

« repris », s'est redressé et, comme la phrase de l'un des convives tombait sur le mot « généraux », il a dit : « Les généraux sont des particuliers » et tout le monde a ri.

« Tu comprends, chéri, si les châteaux ne sont pas vrais, s'ils sont fantômes, les fantômes perdent leur pouvoir d'effrayer. C'est ça, la poésie : des fantômes qui hantent la vérité... Hein ? Quoi ? » Il sème, sur les sentiers sinueux de sa conversation, les cailloux étincelants de ses « mots ». « Comme j'ai soixante-dix ans, je suis absolument libre d'être jeune... » Angoisse de ne plus l'être. « Tu connais le mot de Picasso : " On met longtemps à être jeune " et Greta Garbo me disait : " On voudrait que je fasse aujourd'hui ce que j'ai déjà fait pour dire que je ne peux plus le faire... " C'est l'époque! Tout ça est très compliqué. David m'a raconté l'histoire d'une Américaine qui lui a téléphoné de New York :

– Vous avez des Picasso?

– J'en ai trois.

– J'achète le plus cher.

– Ils valent tous le même prix.

– Je les achète tous les trois.

– Mais, madame, vous ne les avez pas vus!

– Quand j'achète de la Shell, est-ce que je vais voir le canal de Suez?

Ça, mon chéri, c'est l'époque. »

Il m'a invité, aux Baux-de-Provence, à assister au tournage du *Testament d'Orphée*. Une petite fille, dans le film, le traite de violoniste. Elle doit dire : « Jean Cocteau joue sur un violon d'Ingres » mais elle hésite. Elle a oublié. « Jean

Cocteau joue sur un violon d'In... » Il lui souffle. Alors elle s'écrie, radieuse : « Sur un violon dingue ! »

« Marcel parlait comme ça, une main devant la bouche. Il m'a lu *Sodome et Gomorrhe* en gants blancs parce qu'il voulait cesser de se ronger les ongles. Il éclatait tout le temps de rire. " J'espère que personne n'y comprendra rien... " et il riait plus fort encore. Apollinaire, lui, se désespérait de ne pas écrire comme Anatole France et Rousseau aurait voulu peindre comme Bouguereau. Marcel ? Mais c'est une blague ! Mais non, il n'a jamais lu Bergson ! Hein ? Quoi ? Sais-tu avec quoi Modigliani a exigé que je le paie quand il a fait mon portrait ? Avec une piqûre d'épingle. Il m'a dit : " Puisque tu es une guêpe, pique-moi ! " Je l'ai piqué ! C'est drôle, hein ? » Oui... « Un jour, avec Salmon, Apollinaire, Cendrars, Picasso, vingt autres, nous nous sommes mis à descendre la rue Lepic en hurlant et en brandissant des pancartes. Les gens étaient très effrayés. Ils croyaient que nous étions des rouges, que nous faisions la révolution. Des policiers sont arrivés. Mais ils ne sont pas intervenus. Nous hurlions : " A bas Laforgue ! Vive Rimbaud ! " et, comme aucun ministre ne portait ces noms-là, ils n'ont pas roulé leurs pèlerines et se sont contentés de nous prendre pour des fous inoffensifs. » La guêpe bourdonne, infatigable.

C'était Cocteau. Coque tôt. Coquette tôt. Coc, Coc, Cocteau. Caquette tôt. Bel oiseau sec au long bec. Cabot, touche-à-tout, touche-à-rien, dessinateur, pastelliste, imitateur, copieur, spécialiste en farces et attrapes avec pile électrique dissimulée dans l'objet et qui expédiait, oh ! c'est très drôle, tu vois, mon chéri, la décharge imprévue, mondain, snob, dandy, homo, roi de royaumes de carton et de celluloïd, empereur-ludion entouré de gardes musculairement doux, inquiet, nerveusement, à fleur de peau, inquiet de sa gloire dansante et évitant de faire, sur la corde, le faux pas; éblouissant mais tirant ses feux d'artifice pour n'importe qui, pour la duchesse fausse comme pour le vrai gigolo; répétant ses prouesses parce que ayant connaissance de leurs effets sûrs, radotant « histoires », paradoxes et sentences sur « le poète » passe-miroir et mensonge qui dit toujours la vérité, mauvaise et gentille « langue »; poursuivant les modes et les attrapant au vol sans abattre trop lourdement son filet, jaloux, de Picasso et de Genet par exemple, mais célébrant leur génie avec chaleur, d'une voix qu'il avait merveilleusement maigre; pas un gramme de graisse dans les idées, la conversation, la réplique et le goût enlevé du « trait »; enchanteur de femmes, ébahisseur de jeunes gens, haut couturier de la littérature travaillant à la main (main célèbre jaillissant de la chemise aux poignets retournés et cassés) mais aussi dans le prêt-au-poème; architecte roué et expert en trompe-l'œil et cloisons mobiles; virtuose de la pirouette, des « pointes » et, devant lui, parfois, on se sent si lourd qu'on voudrait en oublier ses ailes rognées par une autre vie, oubliée dès qu'on le rencontre, et s'essayer à voler comme lui. Sauf que Cocteau s'entraîne sans relâche, devant ses miroirs, et exécute en professionnel des exercices que vous ne pratiquez qu'à l'occasion, en amateur. Il se croit, il se veut, il est le Poète. Il se *dessine* tel. Il joue à l'être et y joue, mais avec filet, son Être. Que s'il rate son coup, trébuche et chute, n'ayons point de souci, il s'arrangera pour que nous applaudissions ses rebonds dans le filet. Il aimerait, il en a la nostalgie lancinante, être « profond » mais comment le bombardier en lequel il souhaite parfois se transformer pourrait-il effectuer des loopings ou comment un ange pourrait-il, sous ses ailes, accrocher des bombes? Casse-tête, casse-Cocteau chinois. « Difficulté d'être » Shakespeare. Ou Racine. Et de renoncer au plaisir aigu de plaire en brandissant, tenues à deux mains, les lourdes armes du génie, cette impolitesse.

Il n'empêche qu'il marchait, accompagné dans le ciel par une étoile, même si celle-ci était en carton. Il n'empêche qu'il rayonnait, même si les rayons étaient comme ceux qui entourent un miroir, en bois doré. Il n'empêche que Coquette tôt, Caquette tôt, a chanté « Je n'aime pas dormir quand ta figure habite, la nuit contre mon cou, car je pense à la mort, laquelle vient trop vite nous endormir beaucoup... » Et le cœur de l'aimé bat, « délicate forge » qu'un jour on n'entendra plus.

J'aimais que le magicien maigre m'apparût accompagné d'Adonis, noblement silencieux et boudeurs, comme s'ils étaient hantés par la nostalgie d'une virilité de paradis perdus peuplés d'athlètes michelangelesques, dont ils auraient été les descendants en veston, égarés dans notre siècle. Ils boudaient ou s'ennuyaient, on ne savait pas, mais arboraient de délicates gourmettes et de belles montres. Et c'est d'ailleurs toujours poétiquement très satisfaisant que de voir un vieil homosexuel glorieux ainsi escorté d'une garde de jeunes colosses aux muscles doux, aux yeux rêveurs et vides. Je les préfère, pour ma part, aux vibrionnantes petites folles dont la présence électrise les fins de dîners encore que leur méchanceté griffeuse ne manque pas de charme et leur agilité fiévreuse de séduction. Allons, soyons franc, au fond je les « adore » – pour employer leur vocabulaire toujours exalté – et, après tout, comme l'a dit Heiddegger, « l'Être se révèle à l'horizon des ustensiles détraqués ».

C'était sur la côte normande, il y a des siècles. Un palace, sa terrasse, l'été, le grand soleil riche. L'accord parfait du luxe, d'une insouciance, d'une beauté – et de ma jeunesse. Des femmes, sous les parasols du jardin, jolies quoique très belles. Un monde et son harmonie. Il y a des « malheureux », autre part ? Bah! comme dit le lift au narrateur, dans *la Recherche* : « Si tout le monde avait aussi bon cœur que vous, il n'y aurait pas de malheureux. Mais, comme dit ma sœur, il faudra toujours qu'il y en ait pour que maintenant que je suis riche je puisse un peu les emmerder. » J'étais là. Je n'emmerdais que des souvenirs de ma vie passée. A ce prix, lorsqu'on est un « parvenu » (j'en suis un de la culture et de manières apprises dans « la bourgeoisie », j'en serai toujours un à cause de mes rudes origines et j'ai longtemps éprouvé, dans les « salons » une connivence complice plus grande avec les domestiques qu'avec leurs maîtres. J'étais en outre, parmi des aînés, « parvenu » de la jeunesse. Pour toutes ces raisons, dans l'entourage d'un Cocteau, les gigolos prolos, aux gestes économes parce qu'ils craignaient qu'on n'en repérât l'absence de grâce polie, m'étaient plus proches, en race, que les membres de la « société »)... à ce prix, disais-je, on trouve à certains bonheurs des goûts de sels inconnus. On est heureux *contre* un passé qui ne vous fut ni aussi indulgent et doux que ne l'est, même pour un temps au vol suspendu, dans un jardin, le présent. Ici, à me souvenir, j'évoque comme une musique en attente de son accord.

Cocteau s'assit à la table où nous allions déjeuner et nous pria d'excuser « Jeanot ». « Il arrive... Il vient tout de suite. Excusez-le. » Il arriva, dix minutes plus tard, et je vis, qui descendait les marches de la terrasse et s'avançait, oui, je vis un dieu. Un dieu qui déferlait vers nous, dans le soleil, sur cette terre, et c'était Jean Marais. « Beau comme un astre... » et, donc, puisque cette expression existait, il avait dû être incarné en des temps très anciens « quand le ciel, sur la terre, vivait et respirait dans un peuple de dieux ». Et nous le regardions, *accablés* d'admiration devant sa perfection solaire et il était tranquille, lui, et il souriait de toute sa crinière blonde, de toutes ses dents, de toute sa force de lion, et il était, dans son corps, en état rayonnant de certitude et de bonheur. Je m'étonnais qu'il fût « gentil » tant la beauté, à son faîte, me paraît parfois redoutable et parce que je sais qu'entre Vénus et Gorgone, entre le doux lion et le fauve, il n'y a qu'une colère. Mais peut-être savait-il cela et n'était-il si « gentil » que pour ne pas faire peur. Cocteau, dompteur génial, avait évidemment perçu, grâce à ses antennes d'insecte en perpétuelle alerte, quel « effet » avait produit sur nous l'apparition d'Apollon, mais il en rajoutait dans le non-étonnement comme un propriétaire se donnant l'air blasé devant le chef-d'œuvre que son hôte, dans le château, découvre. L'hôte, foudroyé, murmure : « Mais c'est un chef-d'œuvre... » Alors, le châtelain dit d'une voix distraite : « C'est assez agréable de vivre avec... » Un garçon en veste blanche s'avança.

– Que veux-tu, mon Jeanot? demanda Cocteau. Un pastis? Une orangeade?

– Un verre d'eau, un grand verre d'eau.

– Vous mettrez une longue feuille de menthe dedans, dit Cocteau au garçon.

# 9

## MARIE BELL
(et Paul Claudel)

Marie Bell, dans sa loge de directrice du « Gymnase » inondée de roses qu'elle s'envoie à elle-même, souvent me parle.

– Regarde, mon chéri (elle appelle tout le monde « mon chéri »), on n'arrête pas de m'envoyer des roses. Enfin... C'est gentil.

Diva. Déesse. Grande ex-Fatale. Myope et souvent les yeux se plissent pour que le regard vous dessine. Une main qui serait moins belle si ne la terminaient pas de magnifiques griffes, longues, courbes et luisantes, avec lesquelles elle a dû déchirer des hommes et la vie » – et des femmes – porte aux lèvres minces une cigarette qui donne à cette reine un air canaille de courtisane 1925 attendant que saute le bouchon de la bouteille de champagne offerte par le « riche Argentin » pendant que l'orchestre joue un black-bottom. On pense : « Eh bien, chère Marie, vous n'avez pas dû être une maladroite chasseresse, du temps de vos splendeurs... » Elle rit (très fort) mais toujours un peu à la cantonade, elle marche, elle vit, elle se drape dans capes, châles et manteaux avec des allures d'un autre siècle et de princesse de théâtre. *Démodée* mais c'en est grandiose d'allure. Décidément, certains êtres, en eux, *conservent le temps.* Quand on voit Marie, quand on lui parle, quand on boit avec elle le champagne (toujours le champagne évidemment), un *monde* entre dans la vaste loge qui se peuple, en désordre, de milliardaires, de présidents du Conseil radicaux à la barbe fleurie, de comédiens, de diplomates, d'élégantes descendant d'un tableau de Boldini, de demi-mondaines fardées rose, blanc et mauve par Van Dongen, de « messieurs » à tube, à gants ocre pastel et à fières moustaches en croc, d'auteurs célèbres mais à gilet, de gigolpinces calamistrés, de magnats sortant le cigare d'un étui de galuchat cerclé d'or. De grands ducs ? Non, ils étaient déjà ruinés. Devant le palace, ne doutons pas que nous attend une Hispano-Suiza décapotable et que les passants et le jeune Jean Racine resteront bouche bée de voir Mlle Marie Bell y monter, déguisée, aujourd'hui, en « garçonne ». Marie de quel siècle, Marie de quel passé, Marie de tant de belles époques, Marie Champagne et III^e République des fins soupers et des chambres, le lendemain, envahies de gerbes de roses, Marie garce, garçonne et Phèdre. Soudain de la gouaille dans la voix, un déhanchement, un mot d'argot et c'est comme si la Reine, avant de monter sur le trône, voulait vous rappeler qu'elle a aussi fréquenté la barrière. Disons, en somme, une « sacrée bonne femme » la Marie. Et Mlle Marie Bell le sait et se marre. « Je me marre... Oui, prince, je languis, je brûle pour tézigue... C'est merveilleux... »

Ce jour-là – champagne, cigarette, griffes courbes, hauts talons, gourmette d'or à la cheville fine – après m'avoir dit, tu comprends chéri, les acteurs, aujourd'hui, ne savent pas respirer, ils ont une caisse en bois blanc, ici (elle se touche la poitrine), c'est pas un Stradivarius, chéri, mais du bois blanc. Marie, elle dit : « J'étais à Monte-Carlo lorsqu'on m'a appris la mort de Claudel. La famille, et j'en ai été extrêmement touchée, m'invitait aux obsèques. J'ai pris ma robe et, vite, une paire de chaussures. J'arrive à Brangues et, là, je vais m'habiller pour la cérémonie. Or j'ai l'habitude, la manie, d'acheter toutes mes chaussures en double ou triple exemplaire. Quand j'aime, moi, il faut que je double ou triple les choses. Et, à Brangues, je m'aperçois avec stupeur que j'avais emporté deux « pied gauche » de la même chaussure. Que faire ? Avec mille peines, je réussis à entrer dans la chaussure dépareillée. Et je portais une robe bleue pour faire plaisir à Claudel qui adorait cette couleur. Céleste, hein ! Et nous suivions le char funèbre... Mais j'avais si mal au pied... une torture... Je ne pouvais plus marcher. Alors, tant pis, j'ai ôté ma chaussure et j'ai marché, soulier à la main. Boiteuse. Alors, brusquement, j'ai pensé au *Soulier de satin.* Oui, incroyable, c'était comme dans *le Soulier de satin.* Et je marchais et tout le monde, même Mme Paul Claudel, s'est mis à pleurer. Et souviens-toi, dans *le Soulier,* de Prouhèze qui dit : « Si je vais vers le mal, que ce soit d'un pied boiteux. » Et moi, comme Prouhèze, moi qui avais été Prouhèze, je boitais... » Des larmes lui montent aux yeux. « Mon Dieu, quelle étrange, horrible et belle coïncidence... quelle mystérieuse chose... » Je dis, banalement, que c'est en effet extraordinaire, alors que je suis, poétiquement, *enchanté* par ce récit.

– C'est donc que Claudel vous aimait, Marie.

– Beaucoup, je crois. Il m'envoyait des lettres, des poèmes. Je t'en montrerai quelques-uns, de sa belle écriture massive. C'était un roc, trapu, sans cou. Et un poète.

– Le plus grand de notre siècle.

– Qui le sait ?

– Au moins vous et moi.

Parlez-moi encore de Claudel, Marie.

« Il hachait les mots. Il cassait les mots. Il par-lait co-mme ça ! Il est venu, un soir, dans ma loge, alors que je jouais

*Phèdre.* J'ai vu entrer un taureau. Moi, Claudel, je connaissais, je saluais mais de loin, je l'admirais un peu dans le vague, tu vois... Il m'a dit : " Ma-dame! Si vous acc-ep-tiez de jouer *le Soulier de satin,* je donne-rai l'au-to-ri-sation! – Mais je ne l'ai pas lu, Monsieur... – Je vous fe-rai dé-poser le tex-te! ". Rompez. Le surlendemain, il m'a téléphoné. " Vous avez lu, ma-dame? " Oui, j'avais lu la pièce et lui ai dit que je n'y avais rien, mais absolument rien compris. " C'est peut-être très bien, Monsieur, mais, je suis désolée, je n'y comprends rien. " Alors, j'ai entendu à l'autre bout du fil, un colossal éclat de rire. " Eh bien vous, au moins, vous osez le dire! Je suis enchanté, ravi, et vous avez raison! C'est in-com-pré-hensible! " Il m'a demandé si j'accepterais qu'il me fasse une lecture. " Oui, bien sûr, Monsieur... " Il est venu, a ouvert son livre et m'a dit : " Vous allez voir. C'est une affaire de respiration, d'arrêts, de temps et de rythme. Je vais vous lire et vous allez *tout* comprendre. La poésie ce sont des mots avec de la musique *à l'intérieur* mais qui sort, de cet intérieur... Vous allez *tout* comprendre. " Il a lu. J'ai compris et j'ai accepté de jouer la pièce. »

Et parlez-moi toujours de Claudel, Marie. Gigantesque, chaleureux, radin. « Il me téléphonait chaque matin. Il m'appelait Prouhèze. J'entendais sa voix : " Prou-hèze! Comment vas-tu? " On riait ensemble. Il me donnait rendez-vous sur des bancs publics. On s'asseyait, comme deux collégiens bien sages. Le drame de sa vie, c'était sa fille illégitime. Vomie par la famille. Le secret. La honte. Jamais on n'en parlait, dans la famille. Claudel la rencontrait clandestinement dans l'église de la place des Victoires et se débrouillait pour lui donner de l'argent en se livrant à des acrobaties comptables pour que la famille aux aguets n'en sache rien... J'ai déjeuné avec lui, quinze jours avant sa mort.

J'ai encore réussi à le distraire et à le faire rire mais il n'était déjà plus là. Il était déjà absent. J'ai compris, de façon certaine, qu'il allait mourir... »

Je n'ai jamais osé demander à Marie si, par hasard, Claudel n'avait pas été amoureux d'elle. Question vaine. Normal que les poètes, à leur façon, soient amoureux de Phèdre, actrice, reine, égérie, idole et pécheresse. « Comédienne et mar-tyre! » eût dit Paul Claudel, avare d'envois de fleurs, prodigue de poèmes. « Ils lui poussaient dans la tête, ils lui perçaient le crâne. Ils en jaillissaient comme une jungle. »

Libations au champagne sur la tombe de Claudel.

# 10

# MALRAUX

οὗτοι οἱ λόγοι καί μαλιστα ἐνδύονται ταἰζ ψυχαῖζ των ἀκουόντων.

(Xénophon, Cyr., 2, 1, 13)

Il était l'hôte d'honneur de ce dîner. On l'attendait. On avait dressé l'imaginaire trépied sur lequel on ne doutait pas qu'il grimperait pour vaticiner à nos oreilles éblouies et qui, pour ne rien perdre de ses prophéties, s'agrandiraient comme des pavillons. Et demain nous serions fiers de dire : « Hier, j'ai dîné avec Malraux... – Et qu'a-t-il dit ? – Il a été éblouissant. » Rude tâche, Malraux était condamné à être « éblouissant ». Mais ces travaux forcés ne paraissaient pas lui causer grande peine. L'eau est humide, le feu est brûlant, le chien aboie, le rossignol chante et Malraux, *naturellement*, est éblouissant. Je ne l'avais jamais rencontré, je l'attendais et m'étais fait une tranquille raison. Il serait « éblouissant ». Il arriva. Un manteau bleu, presque noir, romantiquement froissé et jeté sur les épaules. Une mèche savamment indocile barre le grand, l'énorme front bulbeux. Il doit y avoir des orages, là-dessous. Les yeux noirs, un brin féroces. Le teint d'ivoire, blanc cassé par les veilles. La bouche aux lèvres minces, avalées presque. Il est entré, arrivant tout droit et éternellement de Chine, d'Espagne, de quelque maquis ou de quelque révolution dont il s'est enfui par une surprenante porte dérobée donnant sur un musée. Il s'assied sur le trépied qu'on lui avance et, aussitôt, il parle. Il noue, brise, joint et torture de belles mains dessinées par Dürer.

Des mains du XVIe siècle allemand. Il grogne, il éructe. Des tics. Il parle d'une voix basse et douce qui parfois s'empâte et s'empêtre dans le râtelier mal arrimé. Il croit tout ce qu'il dit, tout ce qu'il rêve, tout ce grand désordre d'idées et de mots qu'il chevauche. Il commence volontiers ses phrases par : « Voyez-vous, ce qui est très curieux... » et le voilà parti dans une cavalcade insensée au cours de laquelle il se demande gravement pourquoi on a portraituré si tard des chats dans la peinture occidentale. Des lévriers, des levrettes et bichons, d'accord. Mais des chats? Et ce qui est très curieux, c'est que le chat de Manet a la queue dressée et est très en colère, n'est-ce pas? Il froisse ses mains. Je me demande, en effet, pourquoi le chat de Manet est en colère. Formidable problème. Terrible question que je ne m'étais jamais posée, de vrai, avant de rencontrer Malraux. « Dans la statuaire... On dira l'Égypte... Mais ce qui est très curieux c'est qu'il faut attendre les Ming, en Chine, avant d'avoir des chats de porcelaine... Et, en Europe, Steinlen... » Nous écoutons, respectueux. C'est « éblouissant ». Les fusées partent sans interruption mais quelle nuit éclairent-elles? Et pourquoi? Et de quelles lueurs? Voyons, me dis-je, et si tu te jetais hardiment dans ce flot? Et si tu essayais de ramer en remontant le courant? Et si tu l'interrompais? L'assistance me regarde avec réprobation. J'ose couper le sifflet à Malraux. De mémoire de vivant, on n'avait jamais vu pareille effronterie. Mais cet homme est très bon, très doux, très naïvement pur. De cela je m'apercevrai et qu'il ne recèle, ce qui est d'une infinie rareté, aucune méchanceté et aucune violence. Il est tout sonore de pureté et de naïveté. Mais il ne rit jamais; il a le sérieux de l'inspiré qui porte cape ténébreuse et dialogue avec les dieux, même lorsqu'ils sont de plâtre armé de fils de fer. Je le reverrai en d'autres occasions et n'hésiterai pas, toujours impie, à lui couper la parole, ce qu'il tolère avec une bienveillance pensive comme si on était en face de lui un autre augure. Il écoute, le front lourd, regard fixé sur la table ou le tapis, un doigt sur la tempe, puis... « Oui mais ce qui est très curieux... » Je m'avouerai, ce que je savais, qu'il n'entend rien à la politique et à l'art car ne l'intéresse que le grand homme, non pas l'art, cette chose qui se regarde, mais l'artiste qui a vécu – et qui est mort. Du coup, l'histoire est roman et l'art pictural histoire coloriée de l'homme. Fût-il entré dans l'atelier de Michel-Ange ou de Léonard qu'il eût jeté un rapide regard aux tableaux, dessins ou sculptures puis, aussitôt *parlé,* vélocement parlé à l'artiste « ébloui » (ce n'est pas sûr...) qui en serait resté ciseau ou pinceau en l'air. Et si Léonard avait soupiré : « Ah, cher André, la peinture n'est pas ce que l'on croit... », Malraux, en commentaire de ce soupir, eût écrit vingt pages de feu. La prophétique souris aux cheveux teints et au teint blême accouchait en gémissant à petits coups de montagnes lyriques...

Alors je me souviens de Merleau-Ponty qui, pour plaire à de jeunes bécasses, les écoutait, l'œil philosophe, lui caqueter n'importe quoi. Quand elles en avaient terminé, il déclarait : « Ça va loin, ma chère X..., ce que vous venez de dire... » et, brodant tout un discours autour du stupide propos, enchantait la bécasse, ravie de se trouver si intelligente. Aussi avec Malraux : tout allait loin. Une pierre, une stèle brisée, un chat à la queue dressée, un Bonnard dont il ne s'apercevait pas qu'il n'était qu'une croûte barbouillée par un faussaire, la manière qu'avait eue de cracher Mao dans une jarre disposée à ses pieds... tout allait loin et Malraux, visionnaire lancé sur un scenic-railway, sur son toboggan de mots, en éprouvait des vertiges.

Il avait le « snobisme » de la tragédie et de la grandeur. D'où son attachement à de Gaulle, son emportement à fréquenter chez les Borodine, Tchang Kaï-chek, Gandhi, Mao et chez les Vinci, Rembrandt et Goya, toutes gloires défilant dans les salons de l'histoire et du génie; et composant le gotha malrauxien dans lequel il est aussi difficile de pénétrer que dans celui de Charlus lorsqu'il accable Morel de sa morgue généalogique. De Gaulle, Mao, etc., les Guermantes de Marcel Malraux et d'André Proust.

Suis-je cruel ? Je ne veux pas l'être. Cet homme, matamore de mots, n'aurait pas fait de mal à une mouche et possédait une bonté à la fois naïve et égotiste de cœur. Il y avait aussi, en lui (« C'est très curieux... ») du dandy orageux. Un vieil amoureux des « royaumes farfelus », un frère jumeau du baron de Clappique. C'est cela : le baron de Clappique, mais à la fin ne doutant plus de son *personnage* et le vivant jusqu'à la transe. Ce qui explique que Malraux était totalement dénué d'humour, cette « politesse du désespoir » puisqu'il ne se voulait pas désespéré mais...

Mais tragique.

(Important post-scriptum : j'allais oublier de dire que lorsque Merleau-Ponty déclarait que ça allait loin, il n'était pas dupe et n'avait que désir de séduire en appliquant une très ancienne recette qui consiste à faire croire à des péronnelles et à des Bovarys que s'entretenir avec vous les rend intelligentes. Et d'une intelligence que nul avant vous n'a, criminellement, pas remarquée. Ça va loin et j'espère jusqu'au lit, pensait Merleau-Ponty. Malraux, lui, n'avait pas ce cynisme séducteur. Que tout allait loin, il le croyait vraiment. Du moins son discours le croyait-il à sa place.)

11

# NOTES GRÊLES SUR UN VIEUX PIANO

ὅπως προτρέπω τὸ μειράκιον ἐπί φιλοσοφίαν.

(Platon, Euthyd., 306 d)

Je sais ma pudeur et c'est d'un doigt prudent, d'un seul doigt, que je viens ici tapoter trois ou quatre notes sur le piano de mon adolescence. Celle-ci – et mon enfance – je l'ai parfois évoquée dans d'autres livres mais comme à la sauvette, en brefs éclairs, et comme si je ne tenais pas à ce que l'on vienne, d'un pas lourd, se promener dans les jardins d'une vie dont je serais le guide empressé et bavard. J'ai écrit de mes jeunes années, c'est vrai, mais masqué (dans des « Nouvelles ») ou en ne balisant mes sentiers qu'avec quelques cailloux, quelques minces plaques de mica brillant à peine dans l'herbe profonde. Dans les espaces trop découverts, je n'ai pas dit ma trace. C'est ainsi.

Je sais trop, en effet, quelle complaisance à soi – malgré soi ? – fait souvent dériver l'esquif des souvenirs vers des mers aux vagues complices qui vous portent où votre gré, menteur, veut aller. Je me défie des autobiographies, des aveux écrivains, des enfances débitées en chapitres impeccables (un ami, éditeur et cynique, me dit un jour : « Vous voulez gagner beaucoup d'argent avec un livre ? Vous voulez devenir best-seller ? Très simple : vous écrivez le récit de votre enfance mais, attention ! il faut impérativement qu'elle soit celle d'un enfant malheureux et qui ne sait pas pourquoi. Recette garantie. Ça marche toujours. Le petit pauvre, le petit orphelin, le petit juif, le petit bâtard, le petit infirme, le petit qu'on ne comprend pas et qui n'y comprend rien, disons en somme l'éternel petit Poucet, ça marche à tous les coups »), des mémoires fonctionnant avec une précision de bottin téléphonique, des souvenirs emboîtés en puzzle par des mains d'adulte et coloriés en trompe-l'œil et trompe-sincérité selon de nostalgiques humeurs, je me méfie de cela. Et, alarme ! le gâtisme n'est pas loin lorsqu'on commence à évoquer « le vieil instituteur », la première amourette et la blonde fillette qui sautait à la corde et votre cœur sautait aussi, « le maître admirable » et ce Noël qu'on n'oubliera jamais et la mort du petit chat. (Si on est fils de riche, la mort du poney peut faire l'affaire. On peut y ajouter celle de l'innocence, à quatorze ans, avec une bonne moustachue et qui n'était plus jeune...) J'ai trop lu de récits biographiques « à thèse » dont le seul but inavoué – ou inconscient ? – était de prouver combien la merveille, combien le diamant d'innocence que l'on était, eut une enfance douloureusement incomprise ou (variante !) d'une rayonnante insouciance malgré les orages qui grondaient autour d'elle. Alors, *j'ose à peine me souvenir* et, dès qu'il s'agit de remuer dans les malles du passé de trop personnelles affaires, mon crochet hésite. Pourquoi ramener ci, pourquoi exhiber ça ? Est-ce que c'est bien *vrai* ? Est-ce que tu ne vas pas blesser un mort, un être que tu aimes, une mémoire, l'un des cent et mille personnages que tu as été, mort lui aussi ou bien dont tu inventes aujourd'hui comment il fut vivant ? C'est difficile, très difficile de se retourner sur *sa* vie...

Soit, il y a Rousseau. Et Proust. Et Céline. Oui mais ils ont élevé, eux, des monuments de mensonges *vrais*, des cathédrales de souvenirs d'une impossible méticulosité *mais* cimentées par le génie et dressant vers le ciel de l'imaginaire pur leurs flèches folles. Soit, il y a ces monstres. Pour eux, tous les pardons. Sur leur passage, les yeux baissés, ma révérence.

Je n'écrirai donc jamais mon autobiographie. Par pudeur. Peut-être aussi par manque de grand souffle menteur, parce que je n'ai pas, comme un Rousseau, la folie de la persécution, l'homosexuel « regret de la chaleur du sein » (Vigny) d'un Proust, la vocifération bâtisseuse de ruines d'un Céline. En serais-je doté – et doué – qu'une barrière se dresserait, infranchissable, devant moi.

N'aie pas de regret. Ignorerais-tu que toute *littérature,* si on sait en lire l'avers, est autobiographique ? Sois tranquille – ou inquiet – tu as tout avoué de toi. « On engage le sort du monde en choisissant une cravate » a dit Sartre. Oui... Oui, sans doute, voici un acte insignifiant, de nulle importance, qui naît et meurt le temps d'un caprice, voici donné le choc le plus léger qui pourtant ébranle d'une vibration l'immense toile d'araignée du monde, voici un choix infime mais singulier autour duquel s'irisent des milliards de choix et qui déclenche, emboîtées, les roues dentées, au sein d'un tout, d'une histoire. Sois tranquille : si une cravate engage le sort du monde, le choix d'une phrase a dû t'engager et te dénoncer tout entier. Quelle phrase ? Tu n'en sais rien mais il y a grande chance pour que ce ne soit pas celle grâce à laquelle, toi, tu as cru abattre la digue pour que déferle l'aveu.

Là où l'on avoue le moins, c'est là où l'on prévient qu'il y a aveu. Et je viens de prononcer une « moralité ».

Sur le piano aux touches jaunies, je vais pourtant frapper – sur les blanches, pas sur les noires – quelques notes grêles. D'une part, pour donner un « la » sur les anarchies de mon caractère (même si celles-ci, après tout, n'intéressent que moi mais la littérature me pousse en traître à quêter une auto-explication de ma « personnalité », me permettant, à usage intime, de relier entre elles certaines conduites de ma vie et de me révéler à moi-même pourquoi, malgré les passerelles franchies, mon chemin intérieur fut d'un tracé fidèle) : d'autre part pour raconter, comme on va le lire, comment un professeur célèbre m'injecta involontairement, sur la philosophie, une overdose de scepticisme.

Ôtons la housse poussiéreuse du piano et jouons...

– Vous devriez faire khâgne, à Paris, m'avait dit Benda.

Va pour la khâgne de Louis-le-Grand où j'arrivai, traînant une énorme valise en bois que mon père avait fait fabriquer, à bas prix, par un copain menuisier. Va pour Paris où j'arrivai, vrai loup capturé et mis dans une cage noire. C'était comment, Paris ? C'était noir. Va pour Louis-le-Grand où je découvrais, ébahi, des condisciples bien élevés, puceaux, propres et nullement bandeurs à quelques rares exceptions que j'eus tôt fait de repérer parce que, fils d'instituteurs, ils n'étaient pas, du coup, tout à fait éloignés de ma roture. Les autres... Du « fils de famille » – bourgeoise ou, ce qui ne valait pas mieux, à mes yeux, « petite-bourgeoise » – et qui, à n'en pas douter, tracerait dans la vie, le droit sillon de la réussite. C'est-à-dire deviendrait professeur.

– Bizuth, on te donne quarante-huit heures pour perdre ton accent. Et, pour commencer, on va te khûler ! (Exercice qui consistait, pour les anciens, à se saisir du nouveau par bras et jambes et à lui taper le cul par terre en psalmodiant une chanson où il était question d'une « bête du Gévaudan qui avait tant, tant bouffé de monde, qu'elle en était devenue toute ronde », etc.).

Me khûler ? Moi ? Méridional ? Sauvage ? Dur de vergogne et de vigueur ? Me faire khûler par cette bande de guignols forts en thème ? Je débouclai mon ceinturon de soldat de la Wehrmacht dont je m'étais emparé lors de la « Libération » de ma petite ville et en fis tournoyer la boucle sur laquelle était gravé : « Gott mit ûns ! » Dieu avec nous.

– Le premier qui s'avance, je lui fous ça à travers la gueule.

Dieu avec moi! Les anciens, stupéfaits, reculèrent. Ils n'avaient jamais vu bizuth pareil et déclarèrent solennellement qu'ils me mettaient, pour me châtier, en quarantaine. Je leur répondis que, leur quarantaine, je l'emmerdais. Cet acte impie, bousculant toutes traditions et hiérarchies, me valut aussitôt la considération d'autres bizuths – martyrs auxquels je conseillai vivement de refuser tout khûlage et toute marque de respect aux anciens. L'année suivante, ayant cessé d'être hypo pour devenir à mon tour khâgneux, je pris souverainement les bizuths terrorisés sous ma haute protection et leur enjoignis, s'ils ne voulaient pas être khûlés, de s'adresser à ma personne. Aussitôt j'eus une cour de bizuths que mon autorité protégea mais qui avait installé, dans la khâgne, une véritable atmosphère de révolte qui n'était pas sans me donner de profondes satisfactions car la révolte était dans mon caractère. Elle y est, d'ailleurs, toujours et il m'arrive encore de la faire tourner à mon doigt, comme un joyau précieux enchâssé dans un anneau, et que je contemple avec un doux plaisir pour lui être resté, malgré l'âge et des sagesses, fidèle. (Ce trait de mon caractère n'a pas été, ensuite, sans déconcerter quelques-uns de mes « ennemis » qui, lorsque je désertai, gambadant ma liberté haut proclamée, les herbages de « la Gauche », claquai la porte des sacristies de l'Intelligentsia et tournai le dos à ses thalas respectueux, n'arrivèrent pas toujours à me suivre à la trace et à faire de moi le traître, le « salaud » et le crétin bourrelé de remords et bondieusant de nouveaux credos « de Droite », qu'ils eussent souhaité que je devinsse. Virtuose à effectuer certains crochets de lièvre, à coups de révolte et de passion intacte, je les laissai sur place, molosses essoufflés et fort marris de me voir échapper à leurs crocs déchaussés. Ne citons personne et passons car cela m'entraînerait trop loin et dans des polémiques usées jusqu'à la corde. Disons, pour nous résumer, que je n'avais pas une « sensibilité de gauche » comparable à celle que portait, en pieuse bandoulière, l'Intelligentsia. J'en avais une autre, plus secrète, et le jour où, enfin, je me décidai à l'affirmer, j'éprouvai, dans la liberté, une délivrance. Mais je l'ai échappé belle. J'ai failli tout perdre. Quoi ? Un ton, ma révolte, ma sincérité, ma voix. J'ai failli vivre truqué. J'ai failli *adhérer.* « Comme une huître », disait Valéry.)

A propos d'adhérer... l'un de mes condisciples, en khâgne, s'appelait Poperen. Il surgissait, infatigable, dans sa blouse grise, sur le promenoir longeant les salles de cours, et n'avait de cesse qu'on fût « inscrit ». Où ça? Aux « Jeunesses communistes »! Quel militant nous avions là! Un vrai morpion. Impossible de se l'arracher des chausses. « Alors, tu adhères ? » et il brandissait la carte. Un jour, épuisé, enfin j'adhérai aux « Jeunesses ». J'y restai quarante-huit heures. Poperen, lui malgré l'âge, n'a pas désarmé et est aujourd'hui une considérable personnalité. De gauche, bien entendu. En souvenir de nos heures militantes, salut, camarade, et excuse-moi.

Autres avatars de mon incertaine personnalité, en ces jours de « Sturm und Drang Periode » comme disent les Allemands? Autres aveux que je murmure... Je tournais en rond dans la cage khâgneuse. Et la guerre continuait.

– Si on s'engageait?

Le copain, au sang vif mais frappé en khâgne des mêmes langueurs que moi, accepta d'enthousiasme. Mais s'engager dans quoi sinon dans les parachutistes? Tout le reste était, n'est-ce pas, sans aucun parfum d'héroïsme. Manque de chance, les unités de parachutistes étaient rares et les engagements clos. Nous retournâmes, la queue basse, dans la cage. Adhérer alors? A quoi? Au « Parti »? Aux JC (Jeunesses communistes)? Non, c'était à la portée – de masse – de n'importe qui. Nous eûmes – mon copain était communiste mais du genre lyrique et non-poperenien – une idée lumineuse.

– On va écrire à Thorez et lui demander de nous envoyer à Moscou dans une école d'agitation du Parti.

Lumineux. Nous écrivîmes à Thorez une belle lettre où nous lui disions notre ardent désir de devenir des Templiers de la Révolution. Prodige, Thorez nous répondit. Déception, il nous disait de continuer nos études et nous conseillait vivement de nous doter d'une solide culture qui ne manquerait pas, plus tard, de faire de nous de bons communistes utiles au Parti, etc. Une lettre de père de famille et nous fûmes attristés.

Et voilà pourquoi, aujourd'hui, je n'occupe pas le poste de Georges Marchais.

Nous avions dix-huit ans. Jeunesse se passait, cahotante et rêveuse. Jeunesse s'enfuyait, désordonnée et généreuse.

Deux mots de quelques maîtres. J'ai eu, à l'école primaire, un instituteur de vieille race auquel j'ai porté une vénération absolue. Pédagogue merveilleux et qui essayait, avec un dévouement aujourd'hui inconcevable, de faire lever la pâte – pauvre – que nous étions en répandant sur nous un levain d'amour et d'attention. Il était d'humble origine et ancien combattant, il avait un front haut, des yeux bleus mouchetés de vert, un stylo superbe (à mes yeux éblouis) et une belle écriture. Il s'appelait M. Castel. Je l'ai aimé et admiré plus que personne au monde. Mais il faut ici que je mette un frein au souvenir à peine d'écrire des lignes pour biographie édifiante de bon élève à blouse noire et à la recherche de temps perdus et républicains. Au lycée, trois professeurs m'éveillèrent encore. M. Saury, qui paraissait ne vouloir jamais cesser d'être un étudiant ascète amoureux du latin et du grec; M. Grenade, en classe de première, qui était jeune, très pâle et secouait sur son front une mèche romantique et noire. Dès la première semaine d'octobre, il nous lut *la Maison du berger,* de Vigny. A peine avait-il lancé les premiers vers que la classe, composée des jeunes brutes que nous étions, commença à être soulevée par une vague de rire. Mais, perché sur sa chaire, il continua, possédé, jeté à corps et à âme perdus dans le poème. Alors, ô miracle, la vague s'apaisa, la vague mourut, nos yeux devinrent brillants, nos bouches s'ouvrirent toutes rondes et, en quelques minutes, nous découvrîmes, extraite de sa gangue, la poésie. Enfin, en philo, M. Roubaud. Un colosse sportif et qui nous initiait à la philosophie avec une santé de champion; et qui réussissait à nous parler de Descartes comme d'un athlète qui aurait hésité entre jouer au rugby et écrire *le Discours de la Méthode.* Du sport, avec Roubaud, la philo. Un joyeux exercice pour soulever, comme haltères de plume, les concepts. Un matin d'hiver, je ratai, avec ma grosse boule de neige, dure et tassée, le copain que je visais et la boule vint s'écraser sur la tête de M. Roubaud. Pile.

– Je dois vous punir. Mais choisissez la punition.

– Un sonnet, Monsieur.

– Très bien. Faites-moi un sonnet. Voici le titre : *Boule de neige.*

Je composai le sonnet. Et, à partir de ce jour, à chaque fois que je chahutais en classe, la sanction tombait :

– Cau, vous me ferez un sonnet. Mallarméen, cette fois? Essayez.

En khâgne, il y avait M. Pons (Lettres), Gaulois à tête ronde et littéralement soulevé d'enthousiasme pédagogique.

(Le professeur Pierre Chaunu, aujourd'hui, lui ressemble assez.) Doué d'une monstrueuse mémoire, il était capable de réciter, en chapelet, des centaines et des milliers de vers français et latins avec une fougue non pareille ponctuée de cris et de rugissements, dans un délire véritablement sacré, qui le transformaient en Pythie. Le matin du concours, il m'aperçoit déambulant sur le promenoir.

– Mais que faites-vous là, malheureux ?

– Rien, Monsieur, je me promène.

– Et le concours ? Et le concours ? Vous vous êtes endormi, misérable ?

– Non, Monsieur. Je ne le passe pas.

– Et pourquoi, individu ?

Il battait l'air de ses bras. Il étouffait.

– Parce que je ne veux pas être professeur, Monsieur.

– Ho !

Ses bras, ailes d'oiseau frappé en plein vol, mollement retombèrent. Je venais de porter un coup terrible à sa *foi.*

Il y avait aussi, en philosophie, M. Hippolyte, hégélien fameux, fumeur de cigarettes qu'il roulait en provoquant à chaque fois, en les allumant, un incendie sous son nez. Hippolyte, doux personnage, Cosinus détaché de ce monde, voyageant là-haut, très haut, au ciel de la philo sur les tapis volants de l'abstraction. Le philosophe-caricature qui ne se serait pas aperçu le 31 mai qu'on lui avait accroché un poisson d'avril dans le dos l'année précédente.

– Dites-moi, Cau, on m'a dit que vous n'étiez pas intéressé par Hume...

Qui m'avait joué cette farce ? Je comprenais évidemment qu'un copain l'avait ourdie et s'était amusé à alarmer le bon philosophe.

– Je suis plus intéressé par Berkeley, Monsieur.

– Ah ? Oui ? Je comprends, mais, voyez-vous, c'est tout de même Hume qui, à partir de Locke...

Et Hippolyte, nez incendié, de me dévider doucement combien, certes, il approuvait ma dilection mais...

Et le copain de rigoler, derrière un pilier et de filer jouer au basket, dans la cour, et le copain ravi de m'avoir collé Hippolyte – et Locke, et Hume et Berkeley, derniers de mes soucis – sur le dos.

– Dis-donc, je vais sécher la compo de philo mais ça m'emmerde à cause du bulletin. Tu pourrais me rendre un service ?

C'était mon copain dandy, cheveux noirs, très latino tango aux allures de danseur mondain et dont on se demandait par quel hasard il avait égaré ses pas glissants sur la piste de Louis-le-Grand.

– Quel service ?

– Voilà... si tu as le temps, est-ce que tu pourrais, après avoir pondu ta copie, rédiger la mienne. Une ou deux pages, te casse pas les couilles... Juste pour que je ne sois pas porté absent. J'aurai 1 ou 2, je m'en fous, mais j'aurai pas séché. Tu remets les copies en même temps. Hippolyte n'y verra que du feu. Ça marche ?

– D'accord.

D'accord et, après avoir terminé ma copie, en quelques minutes je rédigeai à la volée, ravi de l'explosion de stupeur qui n'allait pas manquer de foudroyer Hippolyte à leur lecture, trois ou quatre pages de pur délire philosophique complètement hors du sujet, de verbiage surréaliste obscurément automatique, de pastiche de n'importe quoi. Et je me promettais, cruel, d'ouïr le rire du siècle lorsque Hippolyte commenterait les résultats et demanderait au copain, tout de même, quelques explications en lisant en classe des extraits de sa (de ma) prose.

Il arriva ceci que le copain eut 13 avec en prime un petit éloge. Et moi, un 10 chétif. Voilà, qui, définitivement, m'apprit à me méfier des profondeurs de la philosophie et m'invita à ne parcourir que d'un œil sec les sommes intimidantes surgies, brumeuses, des forêts d'Allemagne – et d'ailleurs. Quant à mon très-bon, très-cher, très-savant et très-hégélien M. Hippolyte, je fus à partir de ce jour convaincu que la philosophie n'était pour lui qu'un immense et ténébreux discours, qu'une berceuse qui, sur n'importe quelle musique, faisait pâmer son innocence. Heureusement, mon copain, pour me remercier de m'être « défoncé » avec une si amicale abnégation, m'offrit trois paquets de cigarettes « Lucky Strike » dont je regardai s'effilocher la fumée en minces volutes qui m'invitaient, insouciantes, à danser avec elles au lieu de me débattre, aveuglé par Hegel et éborgné par Locke dans les nuits et brouillards de la philosophie.

Pourquoi ai-je tapoté ces quelques notes sur le clavier jauni ? Est-ce que s'y insinue une complaisance de l'adulte que je suis à l'égard de l'adolescent que je fus ? Je me méfie pourtant, je l'ai dit, des caresses louches que l'on fait glisser sur son passé et préfère pincer celui-ci d'un pouce et d'un index nerveux. Mais, comme ils sont rusés, les souvenirs, et habiles à se vêtir d'oripeaux qu'ils décrochent eux-mêmes, sans vous demander s'ils sont à la taille exacte des fantômes que vous convoquez dans les salles ruinées de vos anciens châteaux. Rusés, l'œil qui larmoie, la voix plaintive, ils vous abordent avec des mines de mendiant qui implore la charité. Autrefois, il disait : « Pour l'amour de Dieu ! » Aujourd'hui : « Je suis chômeur... » Me suis-je assez tenu sur mes gardes pour n'être point chômeur de ma jeunesse ? On n'est jamais très sûr de ses dons de voyance lorsque, penché sur la boule de cristal, on voit surgir hors de brumes laiteuses, des visages qui furent les vôtres et qu'on les interroge pour qu'ils vous révèlent le passé. On doute. « On », aujourd'hui, c'est moi. Cette voix – qui écrit – est-elle *juste*? C'est toute ma question.

12

# RAYMOND QUENEAU

Un bon gros phoque capturé sans résistance sur les banquises vertes de Normandie par le trappeur Gaston Gallimard, lui aussi natif de ce Grand Nord, mangeait attentivement des quartiers de manuscrits dans son minuscule bureau de la NRF. Sur la porte, le nom sacré – pour moi – de l'animal : Raymond Queneau.

– Tiens, bonjour, ça va ?

– Oui oui, ça va.

J'ajoutais n'importe quoi. Que je venais voir Papa Gaston. Alors Queneau hennissait de son rire fabuleux comme si j'eusse prononcé la plus formidable plaisanterie du siècle. Oui mais quoi dire quand le rire s'éteindrait ? J'en avais une angoisse brève et cherchais désespérément à provoquer deux ou trois nouveaux hennissements du bon gros phoque.

Il portait hublots et, derrière, il y avait deux yeux bleus dont je redoutais, quand l'animal ne riait pas – parfois aux larmes – le silence globuleux.

Heureusement, rue Casimir-Perier, quand pour déjeuner je débarquais de l'ascenseur très lent, Jeanine, adorable et maligne petite otarie, était là, avec son phoque. Et j'étais honoré, immensément, de déjeuner « chez les Queneau », et de flatter le petit chien, objet de leur dévotion. La cage était bourgeoise mais, sur les murs du petit salon, ricanaient des

Dubuffet près de cauchemars gris de Tanguy et de Max Ernst pétrifiés. Sur les étagères vitrées de la salle à manger, en ordre maniaque, une bibliothèque d'ouvrages et de revues surréalistes, les plus rares et de grand prix. Si un amateur distingué était venu cambrioler les lieux en ignorant l'identité du propriétaire, je l'imagine méditant et interdit. « Mais qui donc peut habiter un appartement si méticuleusement bourgeois troué de si dangereuses toiles ? Quel hybride de conservateur des hypothèques et de poète fol ? »

Jeanine adorait Raymond. Raymond adorait sa Zazie. Elle était son imprudence, ses aveux, sa curiosité potinière qui vous fouillait à coups de petites questions étonnamment indiscrètes, elle était ses gaffes à la fois innocentes et rusées qu'elle balançait d'une voix menue. Alors, tonitruant, le rire du phoque qui s'ébattait, à table, sur les banquises maintenant rompues. « Raconte, Jeanine... – Je peux, Raymond ? – Mais oui, ce n'est pas ton récit, chère amie, qui est grave, c'est ton acte... » Rire. « Bon, eh bien je vais tout vous raconter... » Suivait le récit pointu d'une gaffe. Et Queneau, aux anges, beuglait son rire. « Je crois que Raymond n'était pas content... – Mais si... – Tu t'étais reculé. – Hi ! (rire) je cherchais la porte pour fuir lâchement. »

A Saint-Tropez, Queneau vient de publier *Zazie dans le métro* qui « fait » un beau succès de librairie. Jeanine dit à l'amie :

– Surtout évite de parler de *Zazie* à Raymond. On lui a trop dit : « Bravo ! » « Félicitations ! » « Ça marche, hein ? », comme si, de sa vie, il n'avait publié que ce livre. Alors, cette espèce de gloire de débutant qui vient pour de mauvaises raisons et si tard l'exaspère et le rend triste. Tu comprends ? Je t'en prie. Ne prononce pas le mot « Zazie ».

L'amie promet.

On dîne. La petite chienne adorée folâtre et quémande autour de la table. L'amie lui donne quelques aumônes. Jeanine la réprimande mais elle continue, à petits coups de patte, d'en appeler au bon cœur de l'amie qui, à la fin, la gronde :

– Sois sage, Zazie!

C'est la catastrophe. Le lapsus. L'amie devient toute rouge. Jeanine est consternée. Je pique dans mon gâteau, l'air dégagé. Queneau, au quart de tour, a compris le complot des deux femmes que la gaffe a dénoncé. Il les regarde.

– Oh! Raymond! s'écrie l'amie.

Mais déjà Queneau est secoué d'un grand et bon rire.

La conversation pouvait aussi être plus sérieuse. (Sérieuse?) mais Queneau, dont l'œil devenait lourd, écoutait plus qu'il ne parlait. Pourtant, à la qualité changeante de son regard et de son silence, on devinait s'il s'ouvrait au propos ou baissait prudemment des herses.

Zazie mourut avant lui. Le rire s'éteignit. Cher Queneau. Queneau mon ami.

« Il était né au Havre un vingt et un février
« en mil neuf cent et trois
« sa mère était mercière et son père mercier
« ils trépignaient de joie...

# 13

# FRANCIS PONGE
## (et « L'Œuvre »)

Il s'était fait une sorte de célébrité de cénacle, grâce à un livre, *le Parti-pris des choses,* où il méditait sur le savon, le caillou et autres objets, ravis d'accéder à l'honorabilité littéraire. C'était *curieux* et non sans intérêt cette volonté de ciseler des natures mortes avec le pinceau exact des mots. Du matérialisme à ras d'humble matière mais sauvé – et spiritualisé ? – par un regard maniaque et un style qui recelait des harmonies précises et chaleureuses. Comme un forçat qui s'ennuie et sculpte un morceau de savon ou peint un galet, Ponge donnait aux « choses » des vies inattendues. Le cénacle était heureux.

Je me souviens d'un petit homme chauve, râblé, rose qui me parla de son « œuvre ». Mais oui, dix fois « mon œuvre » fit orgueilleusement surface dans son propos. Et tant, me dit-il, travailler à cette « œuvre » lui échauffait le cerveau et sous son crâne provoquait des tempêtes qu'il était parfois obligé de travailler – d'œuvrer – avec les pieds plongés dans un bain de moutarde. De la tête, le sang refluait vers les pieds et il échappait ainsi à l'apoplexie créatrice. Il souleva un pan du tissu qui recouvrait sa table de travail. Dessous, en effet, je vis une bassine. « Holà, me dis-je, voilà qui est impressionnant. » Ou comique ? J'hésitais. Que le fait d'écrire sur la savonnette ou le caillou provoquât pareille fièvre me faisait balancer entre le respect et, gravement contenue, une hilarité. Après tout, pourquoi un Chinois sculptant une boule d'ivoire à l'intérieur d'une autre boule d'ivoire, ou un marin mettant en bouteille son vaisseau avec gréements et sabords, n'aurait-il pas des migraines? C'est le mot « Œuvre », et sa majuscule, qui m'inquiétait, car il était, à mon ouïe, gonflé de quelque excès. Par habitude encore scolaire, il m'intimidait et j'estimais que seuls les livres des grands morts avaient le droit d'être frappés de ce label. Depuis, ce mot redoutable a été apprivoisé par notre temps et par mes confrères qui, sans aucune retenue, le font passer dans leurs cerceaux. On écrit trois ou quatre méchants livres et, invité d'*Apostrophes,* lorsque M. Pivot déclare : « Pourtant, X..., lorsqu'on considère votre œuvre... », on ne bronche pas mais l'on se rengorge. On s'élève, on se retrouve perché – sans aucun vertige sinon celui dont la vanité enivre – comme si M. Pivot venait d'appuyer sur la pédale d'un fauteuil de coiffeur en faisant de celui-ci un trône et de l'apostrophé un roi. A ce jour, je n'ai entendu personne répondre : « Ne dites pas " mon œuvre ", monsieur Pivot, mais " vos livres ", " ce que vous avez écrit "... D'une œuvre, c'est la postérité, les purgatoires, les enfers, c'est la mort qui décide et un Dieu qui hors de la tombe, fait renaître Lazare et les livres par lui noircis. " Votre profession ? " demanda le tribunal de l'Inquisition au Véronèse. " Lavoratore " (travailleur) répondit le peintre. Dites " votre travail ", en parlant de mes livres, monsieur Pivot. » Personne ne tient ce discours. Tout le monde, jabot lissé, est fort aise, en l'air, sur son fauteuil à pédale. Que si M. Pivot déclarait à X... (et à Y...) : « Jusqu'à ce jour votre génie nous avait habitués... », eh bien, point de protestation du barbouilleur. Notre époque sans orgueil ne produit que des vanités et notre aujourd'hui sans pudeur ne voit naître que des « œuvres » qui seront décédées demain. J'ai dit sans pudeur. Vrai, nous vivons aussi dans la pornographie non seulement du corps transformé en viande, mais de la gloire secrète devenue vanité bavarde.

*Francis Ponge*

– Accepteriez-vous d'être l'invité d'*Apostrophes* ?

– Ventre à terre, monsieur Pivot. Mais puis-je emmener ma bassine et mes sels de moutarde ?

– Pourquoi donc ?

– Parce que je crains, lorsque je parlerai de mon Œuvre, d'être victime d'une congestion. C'est à cause de mon génie, n'est-ce pas...

14

# LE DOCTEUR LACAN

οὐ κίνησις ἅπασα ἀποδοκιμαστέα, ἀλλ'ἡ φαύλων.

(Aristote, Poét. 1, 462 d)

« L'œil farouche, l'air sombre et le poil hérissé,

« Terrible et plein du Dieu qui l'agitait sans doute », il montait l'escalier intérieur de l'Institut de Gymnastique et, ô stupeur à chaque fois renouvelée, redescendait vêtu d'un foudroyant survêtement couleur lie-de-vin. Et se mettait, sous la conduite d'un professeur superbement athlétique, à agiter les bras en ailes de moulin. Et à sautiller en s'arrachant de deux centimètres au-dessus du tapis. Et à pousser des grognements effrayants. Et l'on eût dit d'un ours sorti d'un tonneau de vin qui tache et dans lequel il avait été plongé jusqu'au cou et se secouant, et s'ébrouant de toute sa fourrure. Et il grognait, gémissait, émettait des râles d'épouvante et faisait preuve d'une incoordination de mouvements jamais vue depuis les gymnases de la Grèce antique jusqu'à nos jours. En vingt-cinq siècles, du jamais vu. On n'avait pas affaire à un homme exécutant des mouvements de culture physique mais à la plus étrange des créatures se débattant de manière bizarre dans une cage aux barreaux invisibles. Le professeur-dompteur, d'une patience rémunérée et donc angélique, disait : « Coordonnez! Coordonnez! » puis renonçait bientôt, y perdait ses « Un! deux! trois!... », ses « Respirez! Soufflez! » et laissait finalement l'animal se dépêtrer tout seul du filet en lequel, enfermé, il paraissait se débattre.

La première fois que je fus témoin de ce spectacle prodigieux, j'en oubliai, médusé, mes bonds et mes sauts. Où était le cameraman, le hardi reporter coiffé d'un casque colonial, l'intrépide correspondant de guerre, le photographe avide de « scoops » payés à prix d'or qui allait surgir et fixer, filmer, immortaliser le docteur Lacan, à la cervelle immense, chantait la renommée, en train de faire de la gymnastique? Hélas, seule ma rétine a enregistré les mouvements sacrés et les gestes primitifs du docteur Lacan à la cervelle immense faisant de la gymnastique. Hélas, ce spectacle est perdu. Hélas, à l'évoquer d'une faible plume, je mesure quelle distance il y a parfois entre la vision vraie et l'imaginaire le plus fou. Je mesure aussi ma chance d'avoir été le témoin de ces transes orphiques, de ces danses secrètes, de ces soubresauts d'épouvante qui désordonnaient le corps mortel du docteur Lacan à la cervelle immense croyant faire de la gymnastique. « Coordonnez! Un, deux... », murmurait tout de même encore le professeur, effrayé peut-être à la pensée que ses autres élèves, attendant la fin de l'exhibition lacanesque, ne désertent la salle en voyant son impuissance à maîtriser la créature préhistorique et en se demandant qui, du professeur ou de cet élève, était un dément. « Coordonnez... » suppliait le professeur, mais le docteur Lacan à la cervelle immense lui jetait un regard de feu – quoique noir – et continuait à brasser l'air, des bras et des jambes, comme un dragon asphyxié et aux portes de la mort. Enfin, il s'arrêtait. « Je fais des progrès, n'est-ce pas? – Oui, docteur. – Je sens que mon corps m'obéit. – Oui, docteur. – Il me répond. – Oui, docteur, il vous répond. – Je veux que mon corps me réponde absolument. – Oui, un corps doit répondre, absolument, docteur. – Mon cher ami, disait le docteur à la cervelle immense, en s'étendant sur la table de massage, la culture physique n'est rien d'autre que d'interroger son corps pour lui intimer l'ordre mystérieux d'être beau. N'est-ce pas? – C'est tout à fait ça, docteur... » répondait poliment le masseur en oignant d'huile parfumée ses vastes battoirs. « Un beau corps, mon cher ami, un corps beau. Un corbeau... » Mais le masseur massait et, vaincu, le docteur Lacan à la cervelle immense, d'aise maintenant grognait.

Ainsi, après avoir expulsé hors de lui les démons ataxiques, le docteur Lacan, crinière grise et l'œil toujours farouche, derrière les lunettes, revenait parmi les hommes auxquels il dispensait ses soins et son savoir. Les bonnes gens de l'Institut de Gymnastique, eux, le prenaient pour un simple mais parfait dément. Cette *división de opiniones*, comme on dit sur les gradins tauromachiques, prouve que, tant qu'on n'avait pas vu le docteur Lacan à la cervelle immense devenir corbeau pris au piège en croyant se livrer aux disciplines de la gymnastique, on n'avait qu'une idée de ce fameux personnage plus vénéré qu'un gourou. Mais qu'eût dit le peuple des disciples si, comme moi, il avait assisté à la transformation du maître en corbeau englué pour devenir corps beau ? Qu'auraient dit les disciples, en Galilée, si Jésus s'était soudain mis à faire de la gymnastique sur les mêmes rythmes que le docteur Lacan à la cervelle immense ? Ils auraient lacé leurs sandales, relevé leurs toges, se seraient éloignés sur le chemin brûlé de soleil au bord duquel se tord désespérément l'olivier – et le christianisme n'aurait jamais existé parce qu'il en serait resté là : aux gestes et aux gémissements d'un fol.

Bien des années auparavant, Sartre est au sommet de sa gloire et le docteur Lacan n'est pas encore gourou. Il téléphone, il doit voir Sartre le plus vite possible, c'est grave. Il n'a pas tout à fait sombré dans ses délires contrepéteurs et ses triples sauts langagiers avec réception sur la tête et ne passe, en ce temps-là, que pour raisonnablement atteint. Ce n'est qu'avec ses prédications dans les caves de la rue d'Ulm qu'il perdra (à mon avis) complètement la boule et naufragera, devant ses disciples, dans le culte de la personnalité, à l'École Anormale Supérieure. (Moralité : le disciple dingue fait le maître fou et réciproquement...) Il déboule dans le petit bureau, au quatrième étage du 42, rue Bonaparte. Quand il en ressortira, je dis à Sartre :

– Il avait l'air agité.

– Vous savez ce qui l'a amené ? Il me dit : « Sartre, ce qui m'arrive est horrible. Vous n'imaginez pas ce qui m'arrive. C'est horrible. Vous connaissez ma fille, hein ? Vous savez comment je l'élève, vous savez avec quel soin, quelle attention, je l'observe, hein ? Oui, hein ? Eh bien, vous n'imaginerez jamais ce que, ce matin, j'ai surpris cette enfant en train de faire. C'est horrible. Elle avait glissé ses petits pieds dans mes grands souliers et marchait dans sa chambre ! Effrayant ! Elle me tuait, hein ? Elle marchait avec ses pieds minuscules dans mes chaussures et riait. Elle me hait, c'est un meurtre, Sartre... »

– Vous l'avez calmé ?

– Difficile. Si je lui avais dit que sa gosse s'amusait, il m'aurait pris pour son complice. Ensuite, il m'a débité dans son emportement toute une théorie, sur les sabots de Noël dans les cheminées, assez marrante. Je lui ai conseillé d'en écrire.

– Ah oui ?

– Quand on veut se débarrasser d'un maboul, il faut toujours lui conseiller d'écrire. C'est radical. Il saute sur son stylo et, avec un peu de chance, vous n'entendez plus parler de lui pendant trois mois.

## 15

## JULIEN GREEN

Il ne disait pas un mot, assis raide et l'œil bleu dans le fauteuil à dos droit. Colonel d'état-major – pas de terrain – des *Lettres françaises.* Très sévère sur ce qui se passait dans la cour de la caserne mais ne voulant pas savoir à quoi l'on s'amusait dans les chambrées pourvu que, le matin, les lits fussent alignés et bien faits. On passa à table. Il ne dit pas un mot. Il écoutait, raide, de tous ses yeux bleus et je ne me souviens que de cette raideur militaire ou pastorale.

## 16

## CAMUS

Camus? J'étais jeune et l'allai voir chez lui, mandaté par Sartre qui désirait qu'il signât je ne sais quelle obscure pétition en faveur de je ne sais plus quelle cause. Tant il y en eut, de pétitions, que je me pardonne d'avoir oublié celle-là. Il me reçut debout dans une pièce dont l'ordre luisant et propre m'étonna. Sur le bureau, nul papier. Moi qui étais habitué au bordel sartrien, aux écroulements de manuscrits et au smog de tabagies d'enfer, je reçus un choc. Camus était *installé.* L'Étranger avait un confortable chez soi. L'Homme révolté aimait l'ordre ciré et sans poussière. Le trench-coat bogartien était sans macules. Un peu irrité, je considérai cela comme un barrage dressé devant ma sympathie et comme un manque de génie. Toutefois, le front était haut, même s'il me paraissait enflé plutôt que grand, et le bas du visage, aux joues gonflées, très méridional, très espagnol, très picador mais au ventre plat, me plaisait car j'y reconnaissais mes pays et ma race. Reste que je n'étais point camusien et mettais l'auteur du *Mythe de Sisyphe,* du haut de ma secrète impertinence, au niveau d'un bachelier de philo qu'eût édité, par chance, la NRF. Debout, il me tint un discours, propre comme sa personne tirée à quatre épingles, que j'écoutai d'une oreille distraite bien qu'il s'adressât, à travers ma transparente personne, à Sartre. Je savais en effet que celui-ci ne m'avait envoyé qu'afin d'extorquer une signature et se moquait absolument des raisons que pouvait donner Camus de la refuser ou de la donner.

– Il a signé ?

– Non.

– Il vous a dit pourquoi ?

– Oui, tout un petit discours.

– Je vois, j'ai compris.

– C'est très propre, chez lui.

– Mais qu'est-ce que vous croyez, Cau! Camus est un homme très *propre.*

Et ce mot « propre » fut tout écrasé d'ironie. Et Sartre referma la porte aux carreaux-miroirs qui séparait son bureau de la pièce où j'officiais et, en robe de chambre, comme un boxeur marche vers le ring, replongea dans son bordel de papier.

Un matin. Sartre, en pyjama sous sa robe de chambre toujours mal nouée, sort du bureau et, toujours comme un boxeur, se dirige vivement vers la salle de bains, stoppe deux secondes : « Salut, Cau, ça va ? Rien de neuf ? – Non... » Mais je feuilletais un journal et dis : « Camus a eu le Nobel. » D'une voix tout à fait distraite car la nouvelle me semble n'avoir aucune importance. Mais déjà Sartre fonce et son dos me répond : « Il l'a pas volé! »

## 17

## HEMINGWAY
### des toreros et Ava Gardner

Il était revenu, disait-on, à ses premières amours et avait décidé, un quart de siècle plus tard, de se replonger dans le bain tauromachique et d'éblouir le monde en publiant, sur « la planète des toros », un nouveau livre. Alors, Don Ernesto, comme on l'appelait en Espagne, durant cette saison qui vit s'affronter commercialement, en *mano a mano* bidons, Luis-Miguel Dominguin et son beau-frère Antonio Ordoñez, comme il fallait choisir un camp, Don Ernesto décida de chanter le génie d'Antonio aux joues gonflées, aux cheveux plaqués et à la cape divine. (Oui, de vrai, quand le maestro de Ronda enchaînait ses véroniques de rêve, il avait la plus belle allure du monde qui, certes, lui venait de son art mais aussi d'une certaine voussure puissante des épaules que les maestros, tête baissée, sont bien obligés de se donner pour embarquer le monstre et suivre son trajet mais qui, chez Ordoñez, était déjà naturelle. D'où, dans les véroniques, cette parfaite silhouette torère qui était la sienne et se gravait, inoubliable, dans toutes les mémoires. Luis-Miguel, en revanche, ayant le dos plat, perdait en « silhouette » ce qu'il rattrapait en classique noblesse et donnait volontiers ses passes de cape pieds joints, la tête à peine inclinée, colonne d'or le long de laquelle passait le fauve noir et j'entends encore le sourd claquement de la cape sèche, dans son déploiement, comme un ordre donné au toro et qui obéissait. Ordoñez ensorcelait, à l'andalouse, l'adversaire. Un *embrujo,* dit-on en espagnol. Un « enchantement » et c'était toute l'Andalousie des jasmins, des accroche-cœurs gitans et des seguiriyas sanglotées. Luis-Miguel ordonnait et dominait orgueilleusement, à la castillane. Deux *figuras* de légende du toreo, deux styles complètement opposés. Ordoñez chargeant la *suerte* (*cargar la suerte,* c'est-à-dire, au cours de la charge, avancer la jambe – dite « contraire » – sur laquelle on pèse, ensuite, pour proposer le leurre à la corne également « contraire », etc. Mais tout cela est trop technique et passons...) avec une grâce sublime; Dominguin, répugnant à ces langueurs, mais gravant impeccablement au burin la mort du toro sur la planche rousse de l'arène. L'un Orphée; l'autre Conquistador. L'un truquant presque toutes ses mises à mort mais tant il avait « enchanté » le public que les mouchoirs neigeaient malgré tout sur les gradins; l'autre plus soucieux de bien conclure. Je n'avais pas – et ignore pourquoi – de contact avec Ordoñez alors qu'une amitié me lia à Dominguin mais les choses se firent ainsi... Peut-être parce que j'aimais l'allure du Castillan, sa gueule, son menton, sa beauté dominatrice, la noblesse de sa démarche quand il entrait dans l'arène, en tricotant des escarpins et ce défaut ajoutait encore à son autorité impériale, la manière qu'il avait de replier sa cape en éventail fermé et, nuque raide, profil sec, de la mordre entre ses dents.

Faisons « passer sur nos esprits, tendus comme une toile/Nos souvenirs avec leurs cadres d'horizons ». Manolete, sa gueule de cheval, ses yeux globuleux et sa géniale tristesse de moine torero; Chamaco qui toréait toujours, bras gauche levé vers le ciel et index pointé; Luis-Miguel, ce 12 mai 1949, qui soudain s'arrête de travailler magnifiquement un toro de Galache qu'il laisse là, stupide, se tourne vers les gradins, épaules rejetées et ventre en avant, lève l'index en l'air pour signifier qu'il est *el numero uno!* et, à longues coulées de muleta, continue ensuite sa faena; Curro Romero que la peur verte décompose; Camino et son torse ployé et déployé au-dessus des hanches et l'on eût dit d'un lys balançant sa grâce au bout de sa tige au gré de vents très doux; Antonio Bienvenida – au cours de son *mano a mano* avec Romero, à l'occasion de la San Isidro 1966, à Madrid – avançant sa silhouette déjà grassouillette, devant le cinquième toro d'Antonio Perez et transformant le monstre, cisaillé par d'interminables et languides passes de muleta, en dentelle noire; « El Cordobes » toréant à coups de cape et de mèche; Ostos se profilant impeccablement pour tuer, Ostos à la voix aigrelette qui si souvent est celle des Andalous; les Giron toujours courant, cape déployée, vers le toro qui déboule comme s'ils allaient éteindre un feu en jetant dessus une couverture. Ces mots brefs, ces sentences brutales des matadors jugeant leurs pairs. J'étais dans la *callejón,* cet après-midi-là, près de Camino et après un déplorable cirque, le sixième toro, combattu par le Cordobes, promenait à petits pas son agonie, le long des barrières, l'épée fichée en estocade *atravesada.* Debout, sur les gradins, le public en délire réclamait les trophées. Le toro flageola enfin.

– *Muerto,* dis-je à Camino.

– *Si, de risa,* me répondit. (Oui, de rire.)

Enfin, Dominguin et Ordoñez. Mon amitié pour le Castillan. Mais une séduction ne s'explique pas, elle s'éprouve. Hors de l'arène, la magie d'Antonio s'éteignait alors que celle de Luis-Miguel continuait d'éblouir. Même en civil, le second était torero, le premier un paysan.

Et Don Ernesto apparaissait, de plaza en plaza, relique barbue et toujours *smiling* – il se retenait presque pour ne pas faire le V churchillien à ses admirateurs – dans les bagages d'Ordoñez, accompagné de son épouse aux cheveux blancs à reflets bleus et au sourire américain. Et Don Ernesto s'asseyait, exhibé, au côté de l'épouse papotant intarissablement et à qui jamais il ne disait : « Ferme ta gueule insupportable d'Américaine touriste, occupe-toi de tes oignons, sinon, fous le camp d'ici. C'est pas ta place, sale emmerdeuse! » Mais non, le grand homme, le tueur de lions, le libérateur de Paris, le pêcheur d'espadons, le macho barbu écoutait sa mémère avec cette terreur enfantine qui tremble dans le regard des hommes américains devant leurs gorgones. J'étais atterré. Déjà, *Mort dans l'après-midi* n'avait jamais soulevé mon enthousiasme et la navrante espagnolade de *Pour qui sonne le glas,* sommet d'imbécillité encore plus grotesquement espagnolante que *l'Espoir* de Malraux, m'avait évidemment convaincu que l'Américain Hemingway avait compris, pénétré et vécu l'Espagne à peu près comme moi les rites et mystères du Vaudou. Très vite, m'étaient apparus les trucs, les pittoresques bêtifiants, les recettes pour touristes aseptisés et, nulle, la sensibilité Reader's Digest, tapée à la machine, payée au mot, trafiquée comme un scénario avec sang, volupté et mort et nulle, inculte, air-conditionnée, américaine en un mot, et abyssalement nulle la sensibilité à l'Espagne vraie et profonde. Une fois de plus, je découvrais l'imposture d'un homme se servant de l'écriture pour ériger sa statue en régule.

Un après-midi, à Bilbao, au beau milieu de la course, il s'endormit. Mémère le réveilla discrètement. Il ouvrit les yeux et, mécaniquement, sourit. Le héros était fatigué mais le sourire-réflexe toujours prêt à servir. Luis-Miguel – et le fait que Don Ernesto avait choisi de célébrer Ordoñez n'était évidemment pas étranger à ses sarcasmes – avait rompu les amarres avec l'écrivain.

– Nous nous sommes fâchés à Cuba, au bord de sa piscine. D'abord, pour être *hombre de pelo en pecho* (un homme qui a du poil sur la poitrine, signe, paraît-il, de virilité), il se collait une résille de poils sur la poitrine. Ensuite, un soir, il s'est mêlé, devant ses invités, de me donner des conseils. Alors, brusquement, mon sang s'est mis à se réchauffer, je n'y ai plus tenu et lui ai dit, très calme : « Écoutez, Don Ernesto, discutez de ce que vous voudrez et donnez-moi tous les conseils du monde sur ce qu'il vous plaira, mais évitez de parler de toros parce que vous n'y entendez rien. (*Ud no sabe nada de toros. Nada.*) » A partir de ce jour, entre lui et moi, il y a eu de la glace.

Lorsque *Un verano sangriente* (*A dangerous summer* en anglais) parut, traduit en espagnol, ce fut la consternation.

– Tu as lu *Un verano sangriente*?

– Un verano de Coca-Cola, corrigea sobrement Luis-Miguel, en haussant les épaules. Parlons d'autre chose.

Nous devions, ce jour-là, déjeuner avec le marquis de Villaverde, gendre de mon Caudillo bien-aimé (ceci, lecteurs, est une provocation) et nous allâmes le chercher à la clinique où il exerçait son métier de chirurgien. Il venait de terminer une opération et apparut, blouse et bottes blanches souillées de sang. Il s'excusa.

– Lui, (il désigna Dominguin), il arrive à rester propre, souvent, après ses opérations. Moi, jamais.

– *A cada uno sus toros* (A chacun ses toros), dit Luis-Miguel.

A « Las Ventas », le dimanche suivant, toréait Dominguin. Deux places, devant moi, restaient vides lorsque arriva, augmentée d'un caballero calamistré et parfumé avec violence, une femme, dont les amours avec le maestro avaient, autrefois, défrayé la chronique. Et une nuit, tant ils étaient soûls, ils avaient traversé le hall de l'hôtel à quatre pattes. Elle portait lunettes noires, mais mon désappointement fut extrême lorsque je remarquai que la raie d'un de ses bas (les bas étaient ainsi divisés par une raie, à l'époque), au lieu d'être droite, allait tout de travers. Quoi! Une déesse, une reine, ne portait pas des bas à la raie droite et impeccablement tirés? Vous rencontrez la beauté et, à cause d'un détail, de la ligne tordue d'un bas, sur une jambe, vous comprenez qu'elle est mortelle et qu'un jour « la maja » se transformera peut-être en vieillarde encapuchonnée soufflant des sentences goyescas à l'oreille d'une nouvelle belle. A son faîte, la Beauté devrait mourir. Ou se cacher et Marlène (Dietrich) se séquestre, dans un appartement parisien, pour être seule à déchiffrer dans son miroir, comme dans un palimpseste, le chant de sa beauté perdue; et Garbo, me raconte l'ami qui l'accompagnait, Garbo qui fut « divine », rencontre au détour du sentier d'un îlot grec quasi désert, deux touristes anglais. Ils la regardent, puis s'avancent vers elle qui s'effarouche et l'un dit : « *Excuse me, Madam, are you Greta Garbo?* » Elle hésite, puis répond doucement, comme après une réflexion : « *Sometimes... yes.* » Je dînais, en compagnie de Marlène, à la « Closerie des Lilas » où un admirateur anonyme, sans doute quelque client, fit déposer au beau milieu du repas un énorme bouquet sur notre table. « Mon Dieu! mais qu'est-ce que je vais faire de ces fleurs! Si nous partons sans les emporter, il sera fâché. Si je les emporte, vous allez en avoir plein les bras... » Elle riait. Je venais de lui apprendre que Gabin avait vu sa ferme normande encerclée par des paysans en colère. « Oh! c'est drôle, comme c'est drôle... J'adore ça. Racontez-moi! Si vous saviez, le pauvre, comme il a dû avoir peur. Gabin devant des paysans en colère! Je suis sûre qu'il tremblait de partout. C'est un grand bébé qui a peur de tout. Je vois la scène d'ici. C'est merveilleux. Racontez, racontez... Il a dû avoir tellement peur, mon petit ours! » Et voilà! Et Gabin-le-dur, par sorcellerie changé en ourson avec lequel Mélusine, dans la forêt, naguère avait joué.

Mais la femme au bas enfilé à la diable – c'était Ava Gardner – de temps en temps, sur les gradins de « Las Ventas », pendant que toréait Luis-Miguel, plongeait la main dans son sac d'où elle retirait une petite bouteille plate gainée de cuir et buvait un coup dans le bouchon formant godet. Il n'est pas étonnant, pensai-je, que son bas file de travers. Du *callejón,* Luis-Miguel ne lui adressa pas un seul regard. La déesse-maîtresse au visage déjà las et froissé, l'ancien amant-torero qui n'était plus *numero uno,* sinon aux yeux fidèles du souvenir, et qui voyait jaillir des burladeros des étoiles nouvelles. O mélancolie des amours mortes tout juste bonnes, désormais, à nourrir romans et légendes. La Belle avait vieilli et le Belluaire était fatigué.

Alors, le soir, dans le cabaret où je dînais avec des amis espagnols, se produisit un miracle. A une table voisine, sans lunettes noires, admirablement coiffée, les épaules superbes et nues, Ava Gardner, la plus belle femme du monde, à la lumière caressante et dorée des bougies, était ressuscitée et, témoin du prodige, je n'en croyais pas mes yeux éblouis. Par quelle baguette magique, la pocharde de « Las Ventas » aux souliers plats et au bas de travers, avait-elle été frappée? On lit telles histoires, dans les contes, mais qu'est-ce que cela veut nous dire? Que la Beauté, même au crépuscule, peut en un dernier sursaut reconquérir ses royaumes? Dans le cabaret, autour d'Ava, toutes les autres femmes avaient l'air d'être des servantes humiliées et tous les hommes des caballeros prêts à mourir pour elle.

Tout à l'heure, peut-être rentrera-t-elle chez elle et, à la lueur de l'aube, dans un miroir, peut-être aura-t-elle de nouveau rendez-vous, cheveux dénoués, maquillage effacé à longues traînées de coton, avec « celle de Las Ventas ». Mais elle pourra dire dans un murmure : « Cette nuit encore, sorcière que je suis, j'ai remporté une victoire. »

18

# VENISE

A Bruges, un cygne m'a mordu. A Nuremberg, j'ai cru voir Mme Dürer qui vendait les estampes de son mari accrochées à des ficelles par des pinces à linge et qui séchaient, sous un auvent de cuir. A Tolède, à trois pas du pont d'Alcantara – « *el puente de Alcántara, cuyo solo nombre es una canción* » : le pont d'Alcantara dont le seul nom est une chanson, a dit le poète – le comte d'Orgaz n'en finit pas d'être enterré dans sa corbeille de collerettes blanches. A Ecija, la poêle de l'Espagne *(la sartén de España),* le soleil ruisselait en coulées de laves brûlantes le long des murs blancs et, ce jour-là, Ostos, qui toréait dans sa ville natale n'y fut pas prophète et essuya une bronca. On hurlait, sur les gradins, on brandissait le poing et on crachait l'injure. Le matador est blême, son petit front étroit se rétrécit encore. Raide, sous les huées, il revient vers la barrière, après avoir expédié son innommable deuxième toro, remet son épée et sa muleta à Chamorro, le vieux valet d'épée à la peau grêlée et à la voix rouillée, puis se dirige vers le centre de l'arène. Pourquoi ? Que va-t-il faire ? La foule ne comprend pas et soudain se tait. Posément, au centre, il s'immobilise puis ôte ses escarpins. Sans un salut, sans un regard vers les gradins, taille cambrée, il regagne la barrière, pieds nus dans les bas roses. Au milieu de la plaza, les deux escarpins. Orphelins.

Abandonnés. Et cela signifie que le maestro ne reviendra plus toréer à Ecija et qu'il ne veut même pas emporter son ingrate patrie à la semelle de ses escarpins. La foule a compris le geste symbolique. Les uns injurient de plus belle le matador; les autres aiment l'orgueilleuse beauté du geste et applaudissent. Dehors, la Garde Civile entoure la vieille Rolls, en forme de noir tombeau, dans laquelle monte, toujours de marbre, Ostos suivi des banderilleros pétrifiés. A Séville, on se casse la gueule, dans les rues qui mènent à la cathédrale, les lendemains de processions de la *Semana Santa,* tant l'asphalte est glissant de la cire des cierges qui le laquent comme un verglas. A Bâle, le grand Christ peint par Holbein gît dans son long cadre rectangulaire. Le corps est marbré de vert, d'ocre, de jaune étouffé. Dieu pourrit, accroché haut à la cimaise. Des touristes, coiffés de chapeaux en papier, pépient. « Quand je pense, disait Giono perdu dans une foule, que Dieu a laissé crucifier son fils pour sauver *ça*! » Et Holbein, lui, a-t-il peint cette chair décomposée pour sauver – ça – les trois touristes? A Barcelone, lorsque le Barrio Chino était encore un quartier « chaud » – ô bordels espagnols! – on grimpait des escaliers aux marches grasses, à la rampe branlante. On poussait une porte. On entrait dans une pièce nue, éclairée par une ampoule sans abat-jour souillée par les cadavres de mouches et moustiques carbonisés. Le long d'un mur, un banc où étaient assis des hommes aux joues creuses, aux vêtements crasseux et fatigués. En face, sur l'autre banc, monceaux de chair trop blanche, les putes, grasses le plus souvent et à moitié dévêtues. Le regard cruel des hommes fixé sur le gibier. Le regard las des putes. Au milieu, un immense fossé. Dans la salle, le silence. Lentement, un homme se lève et se dirige vers une femme. Il ne dit pas un mot. Ils sortent de la pièce. Parfois, entre un nain ou un aveugle avec ses billets de loterie encore épinglés à son veston par une pince à linge. On se serre, sur le banc, pour lui faire de la place. Il s'assied, canne entre les cuisses, et regarde les putes de ses yeux grands ouverts et blancs. Le nain, lui, fume un cigare. J'aimais, funèbre, cette Espagne.

C'est de Venise, pourtant, que je vais me parler, ici, parce que c'est une femme, mère de l'eau, fille du sel, pleine de grâces et bénie par le ciel entre toutes les femmes.

Venise : où les pigeons marchent et où les lions volent, a dit Jean Cocteau. Au XVIe siècle, ses marchands d'herbes, dont les mélanges produisaient des guérisons miraculeuses, étaient les plus célèbres du monde. Après tout, les plus grands dompteurs sont allemands et il n'y a pas de tigres dans la Forêt Noire. Le génie a besoin de défis. Comme les pâtissiers de gâteaux, les pigeons sont rassasiés de ciel. Alors, ils marchent.

Une ville où l'on entend les gens marcher.

Parfois la mer, sur la pointe des vagues, entre dans Saint-Marc, s'offre une petite visite et puis se retire.

Il arrive pourtant que les pigeons volent. Un caprice et ils se déploient soudain en un immense éventail qui s'ouvre en froufroutant et se referme aux pieds du marchand de maïs agitant sa crécelle.

Dans certaines églises, on ne voit pas les tableaux, plongés dans la pénombre, mais on sait que là est un Titien, là un Palma, là un Bellini. On s'essaie à deviner les contours, des couleurs ou des formes. En vérité, les yeux interrogent la nuit qui ronge les chefs-d'œuvre et les voix de l'ombre ne disent que leur nom de fantômes.

Autre explication : la peinture vénitienne n'était pas faite pour être admirée par des touristes mais pour participer à la cérémonie. Elle s'éclairait, en même temps que l'église, à la lueur des cierges, des bougies ou des torches; elle surgissait des murs comme s'y répandaient les flammes et les chants et s'éloignait en même temps qu'eux. Présente pour la fête sacrée, elle s'évanouissait avec elle et revenait humblement à la nuit. Églises ou palais se mettaient de la peinture, en ces occasions, comme on se met des habits de dimanche.

Aujourd'hui, on glisse une pièce de cent lires dans un appareil et un petit projecteur s'allume qui éclaire, pendant deux ou trois minutes, le chef-d'œuvre. (Vous pouvez vous acheter, pour cent lires, la vision mesurée en secondes d'une merveille...). A la lettre, c'est une Apparition, mais il faut faire vite pour admirer. Vite, la dévorer. Vite, la révérer avant qu'elle ne s'enfouisse à nouveau dans la nuit. Ainsi Dante et Énée poursuivent-ils, bras tendus, les ombres chéries qui se transforment en vapeur sous l'étreinte.

Lorsqu'il s'agit d'une Annonciation, eh bien, nous sommes la Vierge qui découvre l'Ange et peut-être, comme elle, avons-nous rêvé sa présence dans le jardin. « Dans un éclair, je vis l'ange... ». Coût de l'éclair : cent lires.

Cette frayeur, ce mouvement de retrait de toutes les Vierges lorsque l'Ange apparaît. Elles ont vraiment peur. C'est que l'Ange est presque toujours un véritable colosse aux mollets drus, aux ailes attachées dans le dos sans doute grâce à des muscles puissants, aux cheveux blonds et bouclés comme un casque de copeaux flamboyants. Un ange ou le plus beau garçon du village qui, ayant sauté par la fenêtre, vient séduire la jeune paysanne?

« Ils » doivent faire exprès d'entretenir la dégradation de leur ville. Avec des soins jaloux, en secret, quand les touristes sont partis, « ils » écaillent les façades et surgit la brique rose, rouillent une grille, grignotent une porte de palais et y déposent des mousses, délavent les rideaux de la Cà Rezzonico jusqu'à ce qu'ils atteignent – rose tué – une couleur parfaite, affaissent les toits et les pavements des places, passent au brou de noix les poutres savamment pourries des *sottoportego* et même mutilent – d'une aile ou d'une plume – les anges des églises. C'est un travail d'un art patient et infini. D'innocents donateurs étrangers signent des chèques en vue de « sauver Venise » mais ignorent que la belle s'applique à dépérir.

Quant aux pigeons, certes, dès l'œuf, ils sont pavloviennement entraînés à déposer leurs chiures sur le casque du Colleone ou les mufles léoniens des Procuraties. A Paris, on décime leurs populations parce qu'elles dégradent les monuments; à Venise, elles sont l'objet de tous les soins.

Car c'est un art difficile de dégrader une ville et de l'aider à se mourir de beauté. Les Vénitiens, depuis des siècles, y sont passés maîtres. Les Japonais vous diront qu'il n'est pas à la portée de tout le monde de laisser, dans un vase, se faner élégamment des fleurs jusqu'à leur dernière défaillance, juste avant la pourriture. Une attention subtile et une longue éducation de l'œil sont nécessaires.

Je pensais non pas aux doges mais, grâce à l'ajout d'une voyelle l'imagination m'entraînant, aux dogues de Venise. Et l'un d'eux m'apparut, Campo San Polo. Magnifique. Danois. Barbare du Nord descendant conquérir la ville des chats, il se lançait en aboyant à leur poursuite. Mon Dieu, quel beau chien! C'est un dogue de Venise, *signor.* Il se nourrit de pierres précieuses. Fais le beau, Loredan, et tu auras un diamant!

A San Sebastiano, le sacristain est vraiment « propriétaire » de son église. Il ouvre quand il lui plaît. Le plus souvent, il se promène dans le quartier et va faire la conversation au barbier, au marchand de fruits, au livreur déchargeant sa barque pleine de caisses de soda. On va l'y chercher et il vous jure qu'il accourt *subito.* Il arrive enfin, sort ses clefs, ouvre la porte et distribue des miroirs pour qu'on puisse admirer, en eux reflétées, les fresques du plafond. C'est monsieur Véronèse soi-même, ce sacristain. Il porte une blouse d'instituteur 1920. Que n'a-t-il un pinceau derrière l'oreille!

Ainsi, chaque sacristain a son peintre privilégié dont il est le gardien. A San Sebastiano, c'est le Véronèse. A San Zaccaria, Bellini. A San Pantaleon, Fumiani, dont une gigantesque toile peinte couvre la voûte. D'où fierté du sacristain qui veille sur (dit-il) la plus grande peinture du monde. 1 640 $m^2$ (dit-il). Un record, hein ? Il parle de l'œuvre comme d'un exploit sportif sans pareil : le marathon de la peinture. Fumiani c'est le Fausto Coppi du pinceau. Le *pittorissimo.* Je n'ose pas lui parler du « Paradis » (Tintoret) au Palais Ducal, dont l'immensité éberlue le regard. Je ne peux pas le désespérer.

Venise engloutie ? Les plongeurs du prochain millénaire découvriront que cette ville était justement bâtie pour être sous-marine. Émergée, n'a-t-elle pas la splendeur des fonds de mer ? N'est-elle pas déjà déchiquetée comme si, déjà, elle gisait, morte, sous l'eau si claire ? Je demanderai son avis au commandant Cousteau et il me répondra certainement : « Venise est la seule ville au monde où je ne marche pas mais flotte et pâme comme en mes chers abysses... »

Une légende veut que les Vénitiens, comme tous les mammifères, sachent nager dès leur naissance. En 1760, une gondole d'apparat, chargée de douze belles magnifiquement parées, chavira, lors d'une fête. Miracle, les dames flottèrent comme des poupées posées sur le coussin de la mer. Leurs jupes et crinolines durent former cloche mais cette explication est misérablement scientifique. La mienne : les dames dissimulaient, sous leurs robes, d'étincelantes queues de sirènes.

C'est la ville des anges. Les artistes vénitiens en fabriquent des milliers, de toutes les tailles, qu'ils dorent à feuille. Dans une boutique de la Merceria, il y en a de pleines corbeilles, remplies de leur grouillement, et posées à même la rue. Des viviers d'anges. Comme si le commerçant avait lancé un filet dans l'eau et en avait capturé tout un vol.

Les grands paquebots glissent sur la lagune et rentrent lentement dans le canal de la Giuddeca. Et Venise écarte ses jambes blanches (quais des Zattere et de la Giuddeca) et accepte le viol. Appuyé à mon balcon, je suis le voyeur de ces crimes délicieux.

A San Zanipolo, une centaine d'enfants, sous la houlette de deux jeunes bonnes sœurs, s'égaillent dans l'immense vaisseau, trottent et se poursuivent. On dirait des oiseaux dans une cage géante; de minuscules moineaux dans une volière construite pour des aigles. A grand-peine, les deux pastourelles les regroupent devant l'autel sur les marches duquel ils pépient et s'agitent. (Je pense : « Être un enfant de Venise... » : ce bonheur!). Ils chantent. Quoi? un motet du XVI^e^ siècle? Non, une chanson de Bob Dylan. A quelques mètres, le saint Sébastien de Bellini, bien que lardé de flèches en est comme heureusement béat. Voilà un saint qui sait vivre avec son temps.

D'ailleurs, tous les saints vénitiens sont beaux, athlétiques, nullement ravagés, au contraire de leurs collègues espagnols, par la passion mystique, ou tordus, comme leurs frères allemands par d'indicibles souffrances. Ils se portent bien et banquettent à de plantureuses Cènes. Les Christs eux-mêmes, sur la croix, paraissent plutôt las que mordus d'affreuse douleur. Je ne dis pas que cette douleur n'est pas profonde. Je dis qu'elle ne semble pas être causée par la torture.

Un édit (du XVIII^e^ siècle, si je me souviens bien) ordonna aux dames de supprimer leurs traînes qui avaient pris des dimensions d'une longueur par trop somptuaire. Que firent les dames? Avec des ciseaux cruels – comme un paon trancherait sa queue – s'amputèrent-elles? Non point. Elles ramassèrent à pleines mains les traînes et les brassèrent, en lourds plis magnifiques, autour de leur taille. L'édit était respecté, et l'élégance, toujours elle, sauve.

Je vois là une leçon de beauté infligée, par ruse, à la morale. Trop grandes, les fenêtres des palais? Et bien, on les fera s'élancer et, pour parfaire leur grâce, on les divisera par une mince colonnette. Il n'est pas séant de peindre des créatures alourdies de trop de bijoux ? Qu'à cela ne tienne, on chantera à coups de pinceau l'allégorie du Veau d'Or. A Madona dell'Orto, voyez-le, ce veau, paré de couronnes et de colliers comme une princesse. Telle une couleuvre aux écailles étincelantes au soleil se glissant entre les pierres, telle Venise se coulant entre les décrets de l'Inquisition. Élégance et souplesse. En italien, ce mot sublime : *morbidezza.*

Calle del Caffettier, située loin des routes touristiques, un homme, dans une échoppe obscure, fabrique des masques de Commedia dell'Arte. A la main. Je veux qu'il exerce son métier de père en fils. Ses ancêtres masquèrent Casanova et les gentilshommes qui, sur le tableau de Longhi, Cà Rezzonico, visitent le couvent, et, à travers un grillage à larges mailles (un baiser doit y passer aisément) s'entretiennent avec les belles nonnes. Amour, nonnes, Venise... « Autrefois, je fus aimé d'une nonne, à Venise... » Connaissez-vous, dans les siècles des siècles, plus troublante phrase ? Nous disons aujourd'hui : « A New York, j'ai rencontré une call-girl... »

Doge, cela sonne déjà terrible. Mais dogaresse, oh bien plus terrible encore. Une dogaresse, cette ogresse en état d'ivresse, tigresse... Caresses d'une dogaresse!

D'une dogaresse connaître les prouesses! Être l'amant masqué de celle qui, par exemple, s'appelait Mocenigo. La dogaresse Mocenigo : c'est effrayant de volupté. J'entrai dans le salon. Elle était nue, sur un trône drapé de soies et couverte de bijoux. D'une main longue et d'ivoire, elle caressait un petit singe qui cracha à ma vue.

L'enfant fait couler le maïs dans le creux de ses menottes qui, aussitôt, se couvrent de pigeons. Voici Actéon aux pigeons! Les mains ne deviennent pas lauriers mais bouquets d'oiseaux. Et l'enfant, effrayé et ravi, brandit ses moignons emplumés.

Je suis allé au Lido et j'y ai vu des automobiles. Beaucoup

d'automobiles. O ma répulsion et ma haine! Si seulement les objets se savaient méprisés! Non, hélas! au XX^e^ siècle, ils ont perdu tout honneur, pétaradent et puent comme des parvenus. Leur insolence est sans pareille. Or, dans quelques jours, je serai à Paris et entouré par la ronde de ces monstres d'enfer qui cent fois le jour en veulent à ma vie. Au lieu de coudoyer ma race, dans les venelles de la Frezzeria, je frôlerai les tôles. Au lieu de franchir des ponts, j'attendrai, dans un passage clouté, qu'un œil sanglant arrête le troupeau d'acier.

Autre songe : au lieu de disparaître sous les eaux, Venise s'envolait, emportée par le battement d'ailes de ses oiseaux et de ses anges. La Salute, San Moïse, masses dans le ciel se heurtant aux nuages jaloux. Arrachés à la terre comme la Madone du Titien.

Tel est mon étonnement : cette ville à laquelle on promet la mort sous le linceul des eaux je la vois – à certaines heures de la journée, au matin surtout – qui s'envole. Hésite, avant l'envol, au-dessus de la lagune, frissonne d'invisibles ailes. Et c'est le décollage, dans un silence. Pendant ce temps, sur les canaux, continuent de ramper vaporetti et gondoles.

Gondoles noires. Trait de génie du Conseil des Dix qui, pour lutter contre le luxe débridé, décida par décret que les gondoles seraient nues et noires. Et les voici, pour le coup, qui ont la beauté troublante des veuves et l'élégance du noir. Multicolores? On n'ose aujourd'hui imaginer ce désastre, qui ravirait les habitants de Houston (Texas). Veuves noires. Et paresseuses. Et silencieuses. Et langoureuses comme il sied. Au long col éploré, dans l'attente d'un amant.

La nuit, elles ont des conversations funèbres et galantes à la fois. Elles se murmurent des confidences adultères en hochant gravement du fer. Elles ont, depuis des siècles et de mère en fille, une mémoire infinie, en laquelle elles puisent leurs dialogues nocturnes. Et l'une dit : « Ma grand-mère, une nuit, alors qu'elle transportait le chevalier de Seingalt se proposant d'escalader le mur d'un couvent de Malacoco... » Et l'autre : « Ma mère berça les amours de Byron et de Giulietta... »

Les vaporetti, les remorqueurs, sont beaucoup plus brutaux. Toujours la nuit, on les entend se raconter des histoires, du côté de l'Arsenal, en s'expédiant de rudes bourrades, comme des bœufs qui se poussent du flanc.

Face à Sainte-Alvise, les gondoles-corbillards nobles, noires et frangées d'une lourde festonnade de bois doré, sont amarrées contre le quai du Canal. A Venise, quand on a le bon goût d'y mourir, de vrai on passe l'Achéron. Mais on aborde, je l'ai dit, aux Champs-Élyséens où Diaghilev, sur une musique de Stravinsky, fait danser des princesses de Byzance et vous accueille d'une révérence.

On passe l'Achéron mais, en retour, les bébés ne pointent pas leur frimousse dans les choux ou ne sont pas apportés par la cigogne. Ils naissent de l'onde. Les fillettes, comme Vénus, surgissent d'une coquille échouée. Les garçons, comme Moïse, sont découverts dans des paniers flottants.

Et s'il existe – pourquoi pas ? – un enfant vénitien qui n'a vu de bœuf et d'âne que dans les crèches du Tintoret, que Dieu, je l'en supplie, lui garde cette ignorance.

Venise où il suffit de posséder une parcelle de beauté physique, sur son corps, pour qu'aussitôt elle s'illumine. Ici, une femme belle ou un homme beau le sont plus que partout ailleurs. Ils rayonnent. C'est qu'ils sont dans un écrin. Question : pourquoi les courtisanes de la Sérénissime étaient-elles réputées les plus belles du monde ? Réponse : tout simplement parce qu'elles étaient, ces perles, enchâssées dans Venise. Essayez donc de chanter les courtisanes de Pittsburg, d'Essen ou du Creusot...

J'aurai donc appris pourquoi Venise est la ville des voyages de noces. Vous épousez un laideron à Vierzon, vous filez le soir même vers Venise et, fou de bonheur, vous découvrez à genoux que vous avez épousé la plus belle des femmes, et votre ardeur l'honore. Revenu à Vierzon, vous pourrez vivre sur cette certitude et sur ce souvenir.

Cette meurtrissure bleue au centre de l'Orage de Giorgione. Oui, ce « bleu » sur la chair vénitienne de la toile comme sur la peau d'un corps trop désiré. Le chef-d'œuvre est protégé par une plaque de verre dans laquelle les visiteurs se reflètent. Vous attendrez que la salle se vide si vous voulez que la toile ne soit pas le portrait arcimboldesque d'un groupe de veuves américaines, jacassantes. Oh, cet idiome!

Vivaldi, Bellini, Guardi, Giorgione : les « i » donnent à l'italien, lorsqu'on l'ignore, sa musique allègre. Ils frisent la langue.

Sel et soleil qui, si vite, délavent les tissus, craquellent les volets, écaillent les façades, détachent les enduits : et Venise fut toujours ruinée. Mais elle a aussi la solidité des chaumières écroulées de Rembrandt et de ces temples romains qui n'en finissent pas de s'effacer de la surface de la Terre.

Enfin, comme tout est neuf, en ce damné XXe siècle, louons les dieux : Venise délabrée marche à reculons vers l'éternité.

Et chaque voyageur, même le touriste de groupe, se croit visité par la grâce d'une découverte unique. On est toujours le premier à voir Venise. Telle est la sorcellerie du chef-d'œuvre : on en est toujours le premier adorant. Notre vision, qui le dévore, l'invente. A vous il s'offre parce que votre présence le crée. C'est cela le chef-d'œuvre : par l'admiration création continue. Debout devant la Madone aux anges rouges, de Bellini, et jamais, pour vous, elle n'avait existé mais, pour vous, la voici et vous assistez à sa naissance. On pourrait écrire un traité : « De l'ignorance ou du non-amour comme vandalisme... » Et telle est ma crainte : ce ne sont pas les jets d'acide ou les coups de marteau d'un fou qui constituent les pires injures adressées aux chefs-d'œuvre, c'est qu'un jour, peut-être, ils ne diront rien à la foule des hommes. Ils ne seront plus aimés. Il n'y aura plus d'entretien entre eux et nous. L'oubli, l'indifférence, vrais vandalismes. Le regard froid du barbare est un suffisant arrêt de mort.

« A nous deux, Venise! » Le malheureux est persuadé, en quelque prétentieux tréfonds, qu'il va être visité par un chant inédit et sera le premier à dire la ville comme elle ne l'avait jamais été, avant lui. Il ignore, ce pauvre amoureux, que Venise, depuis des siècles, a été courtisée sur tous les tons et toutes les musiques. Courtisane entre toutes illustre, elle a reçu tous les hommages. Elle écoute toujours ceux qui continuent à lui faire la cour mais, sur son visage, il y a le sourire intérieur des très belles femmes, aux charmes quelque peu voilés par l'âge, auxquelles des jeunes gens jurent à genoux des amours éternelles. Elles écoutent, indulgentes, elles sourient et quand les jeunes gens, plus tard, leur présentent leurs jeunes épouses, elles sourient encore puis sont vaguement désespérées. « Oui, mon petit, je sais que tu m'aimes, je sais que tu es désespéré, je sais que si je ne te cède pas tu te tireras, me jures-tu, une balle dans la tête... Allons, relève-toi, cesse de sangloter et va donc épouser la jouvencelle qui te fera de beaux enfants... Moi, je suis la plus belle, mon petit, mais aussi la plus vieille. Va, tu m'auras aimée. Il est temps de nous dire adieu... »

Carpaccio ou « l'Obsédé de Venise ». Dans son cycle de « la légende de sainte Ursule », la Bretagne, l'Angleterre, l'Allemagne et les lieux du martyre de la sainte, tout est Venise. Des gondoles en Bretagne, cela ne gêne guère Carpaccio. Quant au soudard barbare qui bande son arc et pointe sa flèche sur la malheureuse Ursule, on ne saurait rêver d'éphèbe vénitien plus élégamment tourné. Mollets et fesses gainés de rouge, reins cambrés, il est vu de dos, dos qu'il propose impudiquement à d'autres flèches. (De quoi damner, disons-le, un homosexuel.) Et la beauté de l'ange apportant en rêve la palme du martyre à la sainte endormie! Qu'elle s'éveille et elle n'aurait plus le goût de rester sainte une minute de plus. Mais elle dort. Elle n'échappera pas au Ciel.

Marchés. Et de tous le plus riche, le plus coloré, le plus abondant, le plus sensuel : celui du Rialto. L'abondance qui déborde dans la rue; la générosité, comme donnée à pleines mains, des nourritures terrestres; la familiarité populaire des marchands, de la foule, et, on dirait, des choses. Fruits, poissons, légumes, gâteaux, tout s'offre à vous. Ils vous tentent. Ils vous supplient d'être mangés. Ils vous font des œillades, une véritable cour. Alors d'eux on a une faim qui ressemble à l'amour. Le merveilleux provient aussi de ce que toutes les boutiques sont voisines et mêlées. D'un côté les adorables mangeailles ; de l'autre, des marchands de cuir, de vêtements, de verreries. Et, comme on monte les escaliers du pont, au sommet l'or, les diamants et les pierreries des bijoutiers. Couronne posée sur la tête d'une reine plébéienne en même temps que la plus noble.

A quoi s'ajoute un charme dans les marchés et notamment dans celui du Rialto, qui vous invite à croire que cette rutilante fécondité vers vous est charriée par la mer inépuisable. Les poissons, les coquillages, les légumes sont nés de la mer; à n'en pas douter ont été apportés par des bateaux qui les ont dégorgés sur le parvis comme une femme se délivre de son fruit.

Ou déversés sur les étals par des conques marines, offertes au peuple pour qu'il les mange et aux peintres pour qu'ils les peignent. On s'étonne presque de devoir payer, tant tout paraît donné au regard, à l'odorat, au toucher et à la faim qui délicieusement vous saisit, et l'envie n'est plus de faire un repas « à la française » mais de tout dévorer, au hasard, comme on viole. Alors, je répète qu'on s'étonne de devoir payer comme on s'étonne, quand on a envie d'amour, d'acheter une courtisane. Elle aussi offerte, elle qui, dans la rue ou au bar du palace, paraissait n'être belle que pour se donner et non se vendre.

Absentes les autos et motos ennemies, et pour cela Venise bouillonne d'enfants dans ses rues, ses *campi, fondamenti, piazze, zattere* et *rive.* Vous me direz qu'à défaut d'être massacrés par les voitures, les Innocents risquent la noyade ? Non, non. D'une part, tout enfant a deux pères, le sien et puis Neptune; d'autre part, « l'instinct », depuis l'origine, dresse d'invisibles barrières de cristal, au bord des eaux, et les enfants devant elles freinent les plus folles courses. C'est ainsi.

A Venise, je me surprends à jeter des regards, avides et doux, sur l'enfance. Venise dont les princes sont pigeons, anges et enfants. Même race ailée.

Et je ne compte pas, dans mes statistiques, ceux que les innombrables madones bercent dans leurs bras.

Venise. Ville-femme et donc extrêmement jalouse. On est obligé non seulement de l'aimer mais de la préférer, sinon elle boude. Irrésistiblement, elle exige de conclure avec vous un mariage monogame. Elle vous demande cent fois le jour si vous l'aimez et vous répondez oui. Évidemment. Mais elle pousse plus avant ses questions. Est-ce que vous la préférez ? A Rome ? Non, cela lui est égal. Elle sait que sa grande rivale est Florence. « Est-ce que tu me préfères à Florence ? » Il faut répondre oui et rien ne vous empêche, en secret, de la tromper avec la reine toscane. (Curieusement, Florence, elle, n'est pas jalouse de Venise...)

Hier, je suis allé commettre l'adultère avec Padoue, et me suis bien gardé de dire mon escapade. Parti à l'aube, j'étais de retour avant la nuit et Venise ne s'est aperçue de rien. Je n'avais pas découché. Nul reproche de ce genre : « Il paraît que tu étais à Padoue, hier ? Tu l'as vu ton Donatello et ton Gattamelata. Et ton saint Antoine, toujours couché derrière l'autel de ton Riccio ? Elle t'a parlé de moi, ta Padoue ? Tu

as réussi à éviter ses autos? » J'ai horreur des scènes.
« On » répare le socle du Colleone derrière un abri de planches hérissées de barbelés afin, je suppose, que les enfants ne s'avisent pas de grimper au faîte et de sauter par-dessus. (« On », c'est-à-dire des ouvriers toujours absents. A Venise, « on » fait toujours comme si on allait restaurer mais quant à passer aux actes, autre question!) J'aurai vu le fier condottiere en camp de concentration. Un petit camp pour lui tout seul. Il dresse sa silhouette folle d'orgueil hors de son rectangle de planches. Juché sur son casque, un pigeon guette l'horizon pour lui signaler l'arrivée des libérateurs. Les planches sont évidemment couvertes d'affiches appelant à la grève, à la manifestation et à la lutte contre le fascisme. Dans sa tête de bronze, que pense le Colleone des grèves et du fascisme? Assis sur les marches du petit pont, je lui pose la question. Pendant que le soleil couchant caresse de sa main rose l'immense façade de San Zanipolo, j'attends en vain sa réponse.

Curieuse idée qu'eut le condottiere. Être statufié, à cheval et à Venise. Cuirassé de la tête aux pieds. Mais quelle charge de cavalerie conduire sur les eaux? Désarçonné et tu coules, mon ami! Voilà qui est aussi singulier que si l'on érigeait, à Venise, la statue d'un laboureur.

Une orange pourrie et où se meurt la couleur. Elle file paresseusement le long d'un étroit canal.

Tache « orange » sur l'eau vert bronze. Mélancolique beauté de ce spectacle lent. Avec cette orange je dérive. Mais quand, au lieu du fruit d'or, mon regard a affaire à une bouteille en plastique, je clame l'immense injure faite à Venise. Ce crime d'oser cracher le monde moderne sur les canaux! J'espère qu'un jour un sage dictateur, un doge revenu, fusillera les cracheurs qui expédient ces glaviots de plastique sur le corps sacré.

Au Palais Ducal et au Musée Correr, admire les « bouches de dénonciation ». Superbes têtes sculptées, en pierre, de monstres – qui veulent être des lions – gueule ouverte. (On donnait à manger des dénonciations au lion de Saint-Marc; c'est donc à la ville elle-même qu'on s'adressait. Morale sauve!) Dans ces gueules on glissait, signées ou anonymes, des lettres... que recueillait l'Inquisition.

Admire les plus belles et les plus terribles boîtes aux lettres du monde. Même en dénonçant son prochain, ami ou ennemi, on se réjouissait de glisser le billet dans la gueule d'un chef-d'œuvre. Morts aujourd'hui les inquisiteurs! Vainement ouvertes les bouches des monstres qui pourtant me prient de leur donner à manger! Voyons, qui pourrais-je bien dénoncer aux fantômes et expédier sous les plombs?

A Venise, tout est vrai. Ainsi la ville est-elle peuplée non seulement de créatures humaines mais des visions de ses artistes. Le chameau le plus vrai et le plus vivant que j'aie jamais vu est celui qui, à l'Accademia, fuyant Byzance incendiée, emporte sur son dos les reliques de saint Marc. Le rhinocéros le plus effrayant est en cage Cà Rezzonico. Les nymphes et harpies de bronze sculptées aux flancs des puits du Palais Ducal, je les frôle d'une main prudente, craignant qu'elles me mordent. Et, Campo Santa Maria Formosa, est-ce que ce sont les enfants jouant au football ou les anges qui ont des ailes? Un jour, un gosse a shooté très haut, et, d'un vif coup d'aile, un ange lui a renvoyé la balle.

Quand Venise est jalouse, de Florence, par exemple, elle se venge. Elle boude. Elle voile son ciel bleu, elle étouffe ses ocres et les roses de ses maisons, désole ses places et cache ses enfants. Et même elle pleure (il pleut) pour dire son humeur.

Ainsi, une année, je vins à elle et je ne sais quoi avait dû lui causer un gros chagrin car elle pleura une pluie interminable pendant près de deux jours. Je la consolai, je lui pris les mains, je lui répétai qu'elle était la plus belle, que je l'aimais, que je ne l'abandonnerais jamais, que je ne l'avais pas trompée pendant plus d'une année. Je lui rappelai que notre ami Tiepolo, par Neptune interposé, lui avait offert tous les trésors de la mer. Furtivement, je l'embrassai et posai mes lèvres sur la Cà d'Oro et sur les mains de la Pietà où Vivaldi, le prêtre roux, pour elle chante éternellement. Bref, je lui fis une cour si assidue qu'elle se mit à sourire, le lendemain, de tout son soleil.

Aux innombrables chats de Venise, je posai deux questions. La première : savaient-ils nager? Ils me répondirent qu'ils étaient des chats sacrés et marchaient sur les eaux. La deuxième : mangeaient-ils des pigeons? Ils me jurèrent, patte sur le cœur, qu'ils avaient conclu, depuis des siècles, un pacte de non-agression avec la gent ailée. D'ailleurs, ajoutèrent-ils, l'air adriatique parfume leur chair qui a un fâcheux goût de marée. Ce sont des pigeons-poissons.

A San Sebastiano, le fameux sacristain propriétaire vous remet des miroirs (je l'ai déjà dit) pour admirer les plafonds du Véronèse. Au lieu de se tordre le cou vers l'extase, on marche lentement, le grand miroir entre les mains et les chevaux domptés par Cagliari ne s'élancent plus vers la nue mais jaillissent, triomphants, des entrailles de la terre. On marche, tête baissée, en dévorant le sublime livre d'images.

*Connaissez-vous le temps où le ciel sur la terre*
*Vivait et respirait dans un temple de dieux...*

Oui, le ciel sur la terre descend.

Je pensais à ce miracle : je laisserais choir le miroir qui se briserait sur les dalles, et, quand je lèverais les yeux au plafond, les fresques du Véronèse y seraient brisées en mille éclats.

Sous la nef, je me revois marchant à pas comptés : lecteur du ciel.

Ciel! Comment ce mot, avec cet « l » qui l'emporte, ne

reviendrait-il pas cent fois sous la plume lorsqu'on parle de Venise ? Cette ville qui s'enfonce s'évade en même temps des eaux qui l'étreignent. Elle est le cadavre et l'âme qui s'en évade.

Chantent ici, comme en nul autre lieu de la terre, les éléments mariés. Ou disons fiancés, puisque tout mariage est querelle. Ici, ils s'aiment. L'eau, l'air, la pierre. Et le feu, chaque soir, s'appelle soleil incendiant San Marco. Le feu, c'est cette lourde tenture qui pend, à moitié relevée, sous le porche de la Salute. Elle est rouge Titien.

Qu'il y ait des hommes, dans cette noce d'éléments, voilà le prodige.

Si vous n'aimez pas les femmes qui se fardent, si vous n'avez pas l'âme charmée par un visage de femme qui s'est peinte pour vous d'un pinceau et d'un crayon attentifs dans le secret de son boudoir où flottent, comme en un atelier de peintre, les parfums évadés du désordre des boîtes et flacons, alors peut-être n'aimerez-vous pas Venise, cette courtisane, et lui préférerez-vous les joues rebondies et nues d'une paysanne de Normandie et d'Allemagne. Je fais cette confidence : j'adore les femmes fardées et tremble devant ces idoles. Dès l'aube, Venise, alanguie sur la soie couleur lagune de ses divans, ouvre sa porte au soleil, son valet-maquilleur, et lui propose son visage. Il se met à l'ouvrage. Du rose, du gris, de l'ocre, du rouge, du vert, du blanc, un rayon par ici, un autre par là, et du rimmel très noir sur ces paupières que sont les gondoles. Un coup d'œil dans les miroirs importés de Murano (ce n'est pas un hasard si Venise est la ville des miroirs) et la courtisane vous dit : « Je suis prête... »

Je rencontre un ami français, par hasard, parisien jusqu'au bout des ongles. C'est-à-dire parigot. C'est-à-dire intelligent comme un singe et vulgaire comme tout. Est-ce que je connais, puisque je n'en suis pas à mon premier séjour à Venise, des adresses de cabarets, bastringues et bordels ? Il veut forniquer, il n'y tient plus. Non, je ne connais pas. Il halète et s'écrie : « Quoi ? C'est pas vrai ? Et moi qui croyais que toutes les gousses, pédés, vicieux ou vicieuses du monde se donnaient rendez-vous ici ? Pas de fiestas, pas de partouzes, dans ces Palais pourris ? A quoi ils servent ? » A rien. Il se précipite dans un bar pour se remonter.

Comment lui expliquer que la dernière courtisane, à Venise, est Venise ?

Je croyais que les gondoles – et il y en aurait eu des mâles et des femelles – nuitamment s'épousaient et mettaient au monde de petites gondoles; et qu'ainsi se reproduisait cette espèce animale. Il n'en est rien. J'ai vu, dans un chantier, au bord d'un canal fabriquer des gondoles. Je n'en croyais pas mes yeux écarquillés. Comme si j'avais vu, au bord du Nil, des maçons bâtir une pyramide!

Il doit y avoir, dans l'âme vénitienne, aujourd'hui, comme une angoisse diffuse. On dit et répète aux habitants que leur ville se meurt et va mourir. Eux-mêmes voient les maisons et palais défaillir (à la lettre) dans un abandon. Être mortel n'est déjà pas si gai mais savoir que l'on est dans une ville mortelle n'est sans doute pas sans conséquences sensibles et morales. A partir de quel moment Venise eut-elle la révélation de son être périssable ? Au XVIII^e^ siècle ? Voilà qui expliquerait pourquoi elle décida de faire de sa vie une fête et un perpétuel carnaval. Dansons puisque nous sommes les habitants mortels d'une planète mortelle. Dansons masqués et personne ne verra que nos visages se décharnent.

En cette fin de XX^e^ siècle, Venise ne danse pas mais accueille les touristes qui par millions photographient son interminable trépas. Je n'ai pas cette brutalité. Je n'apporte jamais d'appareil photographique dans mes bagages. J'aurais crainte que Venise me dise : « Pourquoi ces regards de verre que tu poses sur moi ? As-tu peur que je meure ? Dis-moi la vérité... »

Je ne suis pas partisan de dire la vérité aux mourants. En

outre, Venise pour moi est peut-être le lieu de ce rêve impossible : mourir comme ce qu'on aime.

Alors tout s'accorde en sa résolution. Et tel est le secret de Venise : elle vous promet de mourir avec vous et vous murmure que sa vie, comme la vôtre, n'est qu'un voyage ébloui dont la nuit et les flots effaceront bientôt, d'une main légère, les traces fiancées.

## 19

# JEAN GIONO
(et mon grand-père)

Dans le village du Midi (de mon Midi en tout cas) la politique, avant 1939, était, pour le peuple paysan, une « chose » à la fois mystérieuse, prestigieuse et honteuse. Mystérieuse parce que le peuple paysan n'y comprenait rien; prestigieuse parce qu' « ils » parlaient français, portaient des chapeaux, des cravates et, souvent, une bague, dite « chevalière », au doigt, et allaient à Paris; honteuse parce qu'il fallait tout de même manquer de vergogne pour se laisser injurier par l'adversaire en ne lui répondant qu'avec des mots et non avec un fusil ou une fourche. De politique, le peuple paysan ne parlait que pour maugréer, sans haine. « Des promesses, ils savent en faire... » « Ils sont tous les mêmes... » On votait cependant. Les hommes. Pas les femmes qui trouvaient tout à fait normal de ne pas participer à ce jeu et de laisser les hommes en savourer entre eux les délices. Les délices ridicules, enfantines – et, en même temps – intimidantes. Tout cela confondu comme il arrive souvent dans beaucoup d'activités d'hommes telles que les cartes, la politique ou les boules. Mais il était admis, en ce temps-là, que les femmes étaient des femmes et les hommes des hommes.

Mon grand-père votait radical. C'était son secret, deviné par toute la famille mais qu'il n'avait jamais avoué. Mon père votait socialiste. Après la guerre 39-45, il vota tantôt socialiste, tantôt communiste puis, dans les années 60 et à partir du retour de De Gaulle, je devins le conseiller électoral, très écouté, de mes parents. A la ville, au village, j'entendais, enfant, des propos « politiques » et j'ai acquis ainsi une expérience que je communique ici volontiers aux politiciens s'ils veulent, en démocratie, réussir électoralement. 1) Il faut désigner l'adversaire et ne lui faire aucun cadeau car le peuple est simple et a besoin d'idées et de sentiments blancs ou noirs. Si on lui demande de s'aventurer dans le gris, il est perdu. Lorsque les politiciens déclarent : « Les Français sont adultes et... », ils mentent de sang-froid et savent pertinemment qu'un peuple n'est *jamais* « adulte » et réagit en fonction de passions (et d'intérêts) et non de raisons claires (et de sacrifices, dévouements, abnégations, etc.). Si les peuples étaient adultes, cela, depuis des milliers d'années, ne serait pas passé inaperçu. 2) Il faut toujours faire des promesses. Démagogiques ? Oui, si c'est nécessaire. Sans le carburant Promesses, le moteur populaire ne tourne pas. La religion dispensant celles qui sont divines (immortalité, etc.), la politique se doit de fournir celles qui sont terrestres. Oui mais si ces promesses ne sont pas ensuite tenues ? Aucune importance. Primo, vous êtes au pouvoir ; secundo, vous n'avez qu'à promettre toujours mais autre chose. La seule différence entre les années du premier demi-siècle et celles que nous vivons consiste en ceci : nous ne sommes pas immergés dans le même temps si bien qu'en ce qui concerne les promesses, il faut aujourd'hui les multiplier à toute vitesse et, au fur et à mesure qu'elles se déflorent, en fabriquer de nouvelles sur le même rythme échevelé. Mon grand-père, par exemple, espérait qu'un jour il toucherait « la retraite des vieux ». C'était pour lui la terre promise, le paradis enfin... Il mourut à la tâche sans avoir cueilli des fruits qu'il croyait d'or et vers lesquels il avança la main pendant de si longues années. La loi, de son vivant, ne fut pas votée et il mourut, houe à la main, dans une vigne, à soixante-dix ans, le corps noué par le travail et la peau tannée par les froids, les pluies, les vents et les soleils. Les os qui criaient le matin, au lever, les reins écrasés et cassés, le soir, par la fatigue, les traits burinés sous la vieille casquette, les mains, si sèches, si fortes, qu'elles auraient pu broyer mes menottes d'enfant, le regard las, la parole rare. Et dur, si dur à la peine. Et fidèle à son travail, à son outil, à sa terre, et capable de faucher ou de bêcher, du lever au coucher du soleil, sans qu'un maître ait besoin d'exercer une surveillance. Le dieu adoré : le Travail. La première vertu : le Travail. Et le respect de soi et la considération des autres par le Travail obtenus. « C'est un travailleur! » Suprême éloge. « C'est un feignant! », suprême blâme. Ce qui aujourd'hui peut paraître le plus extraordinaire si l'on n'a pas connu ce « milieu » et si l'on est, ainsi, incapable d'en revivre les rythmes et d'en imaginer « l'éthique » (la *weltanschauung*...), c'est la patience dans le travail.

Patience des gestes indéfiniment répétés et je regardais le vieux cordonnier à la moustache gauloise qui plantait ses pointes à la tête plate sur la semelle neuve, y dessinait des croix, des losanges ou des étoiles. Sur brodequins ou sabots, c'étaient des clous superbes qu'il enfonçait. Patience du cordonnier, du menuisier, du boulanger, du forgeron... Odeurs des cuirs, du bois scié et raboté, de la farine fade ou du pain à la croûte encore brûlante, de la corne qui grésille et fume... Cent et mille odeurs, y compris celle de la merde de poulet, des fumiers généreux, des crottins de chevaux, du lait moussu dans le seau de fer, de l'encre dans les godets de porcelaine blanche, des blouses neuves, le 1er octobre... Amitié patiente de ces odeurs autour de moi, enveloppant les gestes du travail manuel, et sacrés comme ceux du curé qui à la messe brisait l'hostie, versait le vin, lissait sa serviette, ouvrait et fermait le tabernacle, et bénissait. *Avec les mains.* Tout était donc messe et cérémonie. Les losanges, signes héraldiques sur les semelles. Le pain, corps du Christ puisque l'on traçait une croix, sur la croûte, avant d'y plonger le couteau. Le bois, table, chaise, buffet, escabeau ou cercueil. Patience des fidèles, à l'église où même les enfants étaient sages. Patience à vivre des vies planes et lentes, patience dans l'espérance (de « la retraite des vieux », de la vie éternelle ou d'autre chose...), patience à obéir. Jusqu'à ce que la machine exterminât la patience. Mais voici la question très grave : est-il, sans patience, de morale possible ? Lorsqu'on est emporté par la vitesse, secoué par les fièvres de la ville, ballotté par cent désirs futiles et maussade dès qu'on cesse d'être étonné, comment pourrait-on sacrifier à *la patience de la morale* ?

Je ne fais pas ici l'éloge de la lenteur et de la patience esclave. Je dis simplement que j'ai vu mourir un monde et ses valeurs. Je dis aussi que si notre fin de siècle est à ce point tourneboulée, c'est par vitesse et impatience. Pilule – et on peut vite baiser à douze ans; divorce – et on peut changer de partenaire et faire un nouvel essai; drogue – et on peut vite se mettre en congé du monde. Automobile, avion, moto, fusée – et on peut fuir, vite, le lieu d'une vie ou d'un crime. (Oui, qu'est-ce que le crime ? Une impatience.)

Et je crois que j'ai découvert pourquoi beaucoup d'adolescents de ma génération passèrent par une période gionesque, c'est-à-dire d'adoration de Jean Giono. Nous étions souvent très proches de nos origines paysannes et parfois même encore enracinés dans celles-ci, mais nous faisions des études « à la ville » où nos familles avaient émigré et nous nous trouvions, de ce fait, entre deux mondes. Celui vers lequel nos études allaient fatalement nous conduire (monde de la ville) et celui (monde du village et de

« la terre ») dont nous allions fatalement nous éloigner.

Dans ce moment entre avenir et nostalgie, dans ce mitan, dans cet instant sensible de balance, nous découvrions le Giono de *Colline, Jean le Bleu, Un de Baumugnes, le Chant du monde, Que ma joie demeure,* etc. (J'ai tout lu : même son théâtre et même *Accompagné de la flûte.*) Et cette littérature nous chantait les épopées surréalisées de nos familles, transformait en colossales « bergeries » les travaux et les jours de nos ancêtres, magnifiait les proses de la terre, les labourait à grands coups de style en y faisant jaillir des moissons de lyrisme, célébrait des passés transfigurés avec lesquels nous étions les premiers à rompre, nous offrait, en viatique, des nostalgies de paradis peuplés de cavales, de paysans lecteurs d'étoiles et de géantes aux seins blancs, et cette littérature nous invitait à nous souvenir de sauvageries et d'innocences, de complicités avec les torrents et les arbres, d'orages, de moutons, de vents, de solitudes – bref, de ce temps où le Grand Pan n'était pas mort mais régnait sur un monde rond et plein – comme un œuf frais – de « vraies richesses ». En lisant Giono, tous les membres de ma tribu devenaient personnages travestis en paysans prophétiques, bergers illuminés, aïeuls à l'âme forte et moi-même je me rêvais Damon amoureux d'Alphesibée dont Virgile m'avait chanté que « la génisse oublia l'herbe en admirant leur lutte ». Grâce à Giono, voici que les forgerons, les bergers, les moissonneurs, les bouviers, les cordonniers, les vagabonds arpenteurs de garrigues, les laboureurs, les lavandières, les fouleurs de grappes – mon peuple – se transformaient en héros d'épopée, mes grand-mères en pythies oraculaires, et moi je rêvais de Manosque comme d'autres rêvèrent plus tard de Katmandou, et la montagne de Lure m'était, là-bas, si proche et au bout du monde, plus sainte qu'une Jérusalem. Giono, gourou de mes quinze ans, illuminait et enluminait mes origines et ma race, me donnait à voir avec un regard exalté (et truqué?), peu importe puisque c'était par amour et ardeur païenne de vivre un univers que mon autre regard, par la ville souillé, aurait pu renier; on apprenait en somme à transfigurer en visions échevelées les humbles souvenirs de nos pauvres enfances. Le hasard voulut que mon *initiation* – oui, c'est le mot – à Giono se fît au cours d'un été prodigieux de soleil comme le furent tous les étés de mon adolescence. Alors, il y eut des jours de communion parfaite entre le soleil, mon corps, le torrent, les galets sur lesquels, allongé, je lisais *Solitude de la Pitié,* l'île – un rocher plat et blond, au milieu du torrent – au creux de laquelle, installé dans un fauteuil de pierre, je lisais *Naissance de l'Odyssée,* l'eau verte où, à la fin, désespéré de bonheur, je me jetais à l'appel d'invisibles sirènes, le soleil, le soleil invaincu et moi, vainqueur de tout, hurlant le cri de mes guerres en stasimon et, en épode, le chant du monde. A Giono je dois de m'avoir aidé à comprendre ce que je savais merveilleusement vivre : savoir qu'il n'est pas de bonheur d'âme sans joie païenne du corps. Une âme neuve, un corps imberbe et nu, l'été, le soleil, je me savais heureux et en savourais la pleine conscience. Seigneur, que ma joie demeure...

Elle n'est pas demeurée; elle est passée. J'aurai d'autres joies mais plus jamais celle-là parce que, dans une vie – et si on a de la chance – on n'est follement aimé des dieux, de plein amour et d'immense indulgence, que le temps de quelques étés. Ensuite, on peut avoir d'autres bonheurs mais toujours pollués d'impuretés d'orgueil, d'argent, de vanité, de prestige, de parade et de je ne sais quoi dont toute vie abonde. Au bord du torrent, au soleil d'août, Giono était gourou et prêtre de ma religion, je n'étais pas heureux *à cause de* ceci ou de cela mais parce que je possédais un corps et une âme en triomphe. En accord avec tout. En triomphe sur tout. Je n'étais pas heureux. J'étais le Bonheur.

Pourquoi, évoquant mon grand-père qui broyait une noix entre pouce et index, en suis-je venu à parler de Giono? Peut-être parce que l'homme de Manosque m'aida à réhabiliter, lorsque je vins vivre « à la ville », les jours de mon enfance et de ma première adolescence et à verser, à leur crédit, d'abondantes cornes d'imaginaire.

Imaginaire que j'appris ensuite à débusquer d'entre les sillons des mots où il se tapit comme un lièvre, à déterrer comme pépite blottie dans sa gangue, à faire jaillir comme étincelle par frottement d'idées, de sens, de mots, d'images... Ainsi, disais-je, mon grand-père votait radical. C'était son lourd secret que nul, en principe, ne connaissait mais qui, dans la famille, était de polichinelle. Reste qu'avec beaucoup de précautions, mon père, après avoir lancé un clin d'œil complice alentour, demandait au vieil homme (en « occitan » comme on dit aujourd'hui, et jamais je n'ai entendu mon père ou ma mère parler à leurs parents en français. Jamais. C'était impensable et impossible. C'eût été presque obscène. J'imagine qu'il en est de même dans des familles siciliennes ou juives – à New York, par exemple – où les vieux seraient médusés si les plus jeunes s'adressaient à eux non pas en yiddish ou en sicilien mais en anglais) : « Alors, qui allez-vous porter, cette fois? » Et le grand-père faisait, comme toujours et depuis toujours, à la question-scie la même réponse-scie : « Celui qui pèsera le moins. » On riait. Mais je veux m'émerveiller, aujourd'hui, parce qu'en écrivant ces lignes, je viens de me souvenir qu'on ne disait pas, en patois, « voter pour quelqu'un », mais « porter quelqu'un ». Et vogue aussitôt à grandes voiles l'imaginaire; et mon grand-père, moustachu comme un guerrier franc, hisse sur un pavois non pas un député radical mais un Clovis proclamé roi dans un joyeux entrechoquement de glaives et que les guerriers *portent* à travers le camp. Il a suffi d'un mot pour que des *racines* fouissent la terre, traversent l'épaisseur des siècles et aillent se gorger, au plus profond, d'un passé qui fait de moi le petit-fils d'un leude du roi franc.

J'écrivis à Jean Giono une lettre dévote. Sans doute devais-je aussi mendier une dédicace puisque, du haut du ciel, je reçus un mince paquet. « Manosque »... sur le cachet postal! *Les Vraies Richesses* à la couverture enveloppée dans un papier de soie à la transparence laiteuse qui doucement crissa, lorsque je le lissai d'une main pieuse. Et une longue dédicace dont j'ai oublié le début mais qui se terminait par : « ... quand on a quinze ans on doit pouvoir voler comme avec des ailes d'ange. Jean Giono ».

Une fois, une seule fois, rue Sébastien-Bottin, chez Gallimard, je vis, affalé sur un sofa et descendu parmi les hommes, à Paris, celui qui avait été le dieu des étés de mes quinze ans. Je m'avançai vers lui. Allais-je lui dire : « Je vous ai écrit, c'était hier, et vous m'avez envoyé un livre... » Je venais d'avoir le Goncourt. Je lui dis : « Je vous remercie... – Oh! ç'a été facile... » Il transpirait. Il était las et essoufflé. Son teint rose, à Paris, Babylone maudite, virait au blême par tristesse et colère. Il avait le front haut, le menton rond, les yeux bleus, les joues lourdes. Il ressemblait à un ex-instituteur ex-poilu de 14. En ce temps-là, tous les anciens combattants de 14 ressemblaient à des instituteurs et tous les instituteurs avaient des têtes d'anciens combattants. Par exemple – et c'est étrange – mon père, pourtant illettré (mais pas analphabète) ressemblait à la fois à Giono et à mon bon instituteur. Parce qu'ils avaient été tous les trois dans les mêmes tranchées? Une même souffrance, une même terre étreinte et embrassée sous des déluges de fer et de feu, leur avait-elle peut-être donné cette fraternelle ressemblance?

## 20

## KOESTLER

Cet homme a beaucoup bu. En ce temps-là il buvait beaucoup. En ce temps-là beaucoup d'écrivains buvaient énormément du whisky libérateur qui coulait à flots des pipe-lines anglo-yankees. « Un baby » « Encore un baby ». Koestler en rougissait de sa trogne de sanglier, sous ses cheveux qui étaient des crins plantés ras au-dessus d'un front rectangulaire et incassable. Une nuit, Camus et lui, soûls, se lancèrent un défi. Qui traverserait le plus vite la place Saint-Michel à quatre pattes. Koestler gagna la course mais Camus l'accusa de s'être un peu relevé avant l'arrivée. Ils se battirent. Ce fut un combat mou mais Camus en eut un œil quelque peu poché. N'avoir que cela comme souvenir d'un grand homme ? Telle est ma honte.

## 21

## ERNST JUNGER
(et « ma femme »)

« Jünger est à Paris. Vous aimeriez le rencontrer ? – Oui. – Voulez-vous que je lui téléphone et vous prenne un rendez-vous ? – Mon Dieu... oui... mais... – Aucun problème. J'arrange ça. » Il y a des amis à l'autorité desquels on ne résiste pas. Soit, je rencontrerai Ernst Jünger dont le nom me plaît. Et l'œuvre ? Aussi, mais elle est allemande et je suis – de nerfs, de moelle, de passé, de passion – français. Et de langue, Seigneur ! de langue ! Elle me vêt comme une tunique, *ma* langue, et j'en aime le tissu que je caresse, froisse et casse, que j'éprouve entre pouce et index ; dont j'adore les plis, les couleurs et les moires, les « tombées » comme disent les couturiers, les drapés. Je m'engonce dedans, je l'enfile, je la couds sur ma peau, sur mesures, ciseaux à la main, épingles plein la bouche, mètre sur l'épaule, afin qu'elle habille mes émotions, mes idées, mes passions et me permette de marcher dans le monde et du monde me protège. Et me voici *quelqu'un* alors que sans elle je serais anonymement nu. Mais je dirai quelques prodiges concernant ce tissu miraculeux qui est, selon mon gré, de toutes les matières. Des étés, des hivers et de mille saisons il me protège. Bure ou velours, laine rude ou soie légère, il est ceci, il est cela et tout ce que je veux.

Mon égide ! Élégante pour une parure et qui soudain

hurle pour une colère. Je la maquille de tous les fards. Je la déguise. Ma langue, allons et que j'en crie l'aveu et en délivre le secret, c'est ma femme. Ma belle, ma garce, ma douce, ma cruelle, ma perverse, ma folle et ma très-sage. On s'aime. On se noue et se dénoue, on se roule dans le lit des pages blanches que nos étreintes souillent d'encre. On se querelle et on se bat. La garce me résiste que j'empoigne aux cheveux. A genoux! Elle se débat, elle me griffe, tantôt belle et tantôt hideuse, dans sa colère. Elle est froide et se refuse. Elle est brûlante et se soumet. Elle fait de moi ce qu'elle veut ou bien, et cela s'appelle la Joie, nul de nous deux ne sait lequel est à la fois le maître et l'esclave de l'autre. C'est ma femme, mon enfant, ma sœur et ma maîtresse. Roman d'amour d'un homme et de sa langue : ils se marièrent, ils furent heureux et eurent beaucoup de livres qu'ils abandonnèrent à l'assistance publique parce qu'ils n'étaient occupés que de leurs amours.

En confidence et vérité, elles ne sont pas si simples, ces amours. J'ai des doutes sur la vertu de ma maîtresse. Je sais, mais ils sont morts, qu'elle a couché avec d'autres. Aucune jalousie puisque je m'enchante, au contraire, à lire le récit de leurs noces. Je sais aussi qu'elle me trompe avec des vivants, qu'elle n'est pas à moi, à moi seul, et va se glisser dans d'autres lits, se coucher sur d'autres pages et faire des enfants à n'importe qui. Je la suis, je la guette. Voyeur de ses trahisons, je suis le plus malheureux des hommes quand *l'autre* saccage ce corps pour moi divin, lui arrache des cris en désordre, des soupirs idiots – et des larmes de honte. J'assiste, impuissant, à des viols abjects et, de dégoût rabats les draps – et je ferme le livre. En revanche, lorsqu'elle me trompe en beauté, ma complaisance d'époux est prodigieuse; j'applaudis à ses orgasmes et, de retour à la maison, je l'attends, solitaire, devant le lit ouvert et blanc. Elle reviendra, je le sais, puisque je l'aime.

Des aveux, encore, et ce sont des questions, sur notre

couple. Qui, de nous deux, aime le plus l'autre ? C'est moi. Et si ma passion n'était pas partagée ? Et si je n'étais que le « chandelier » d'autres amours ? Et si, et là j'avoue l'horreur, je n'étais que celui qui se masturbe, derrière la vitre, et je la vois, et je la vois, mais il y a la vitre, il y a la vitre, transparente, imbrisable, la vitre, la vitre. Si tu te jetais sur elle, tu ne la casserais pas mais ce serait du moins un beau suicide et peut-être sous le choc, s'agrandirait, sur elle, une étoile.

J'ai vécu en Espagne. J'ai habité l'espagnol. J'ai enfilé, pendant des mois, une autre langue et je l'aimais, mais ce ne fut qu'un adultère. Je me déguisais en hidalgo, râpière soulevant la cape trouée, et affectais des morgues. Ou bien en paysan, débordant de *chistes* et de *refranes*. En gitan. En torero. En señorito parfumé fumant cigare sec, à l'heure des paseos, sur les trottoirs. J'avais laissé ma France à la maison et je la trompais pour des accroche-cœur où j'accrochais le mien. Je te dirai tout, ma belle langue épousée de France, si tu m'écoutes et me pardonnes. En ce temps-là, mêlé à la gent torère j'écrivais (*les Oreilles et la queue*) une chronique et, tant j'étais immergé dans les odeurs, les mots, les cris et les chansons d'Espagne, que dix et cent fois l'envie me vint de rédiger mon livre en espagnol. Comment, en effet, dire en français la corrida ? Toutes ses vraies couleurs étaient sur une autre palette. Comment transplanter la course, la *fiesta nacional*, dans une autre terre sans la mettre en pots où elle risquait de se languir ? Comment vous chanter, Andalousie, toros et toreros, ombres et soleils, sur des modes français ? Comment labourer cette terre avec des percherons alors que seules des mules peuvent y accrocher leurs sabots ? Je m'y essayai pourtant. En somme, j'accomplis cet acte insensé qui consista à être adultère et fidèle à la fois, en obligeant ma langue de France à dire mes amours espagnoles. Cela n'alla point sans scènes de ménage. Alors, à celui qui me dit : « Je suis parfaitement bilingue », à celui-là je réponds qu'il y a une cocue dans son ménage à trois et qu'il ne peut, en même temps, chanter deux épithalames.

Jünger, de réputation, de trajet et de légende, me plaisait. Quant à sa littérature, quant à la littérature allemande, autre affaire. Elle m'est une jungle – une forêt! – où je me suis toujours avancé non sans quelques frayeurs égarées dans ses profondeurs et vers l'horizon toujours reculé de ses sentiers, toujours dérobé de ses clairières. Je vais et devrais avoir chapeau vert à plume sur la tête et alpenstock au poing, devinant là-bas le cerf mythologique, sifflant à l'unisson du merle et regardant, là-haut, au-dessus des frondaisons, planer le grand aigle. Hélas, j'ai beau scander ma marche de chansons d'Allemagne, je porte ridicule casque colonial et chaussures de toile. Je suis non seulement français mais, circonstance aggravante, latin, grec, méditerranéen et n'aime pas, en vérité, ces démagogies de la nature que sont montagnes et forêts. La colline sèche à la ligne dure, le noir cyprès tracé au lavis d'encre noir sur l'horizon bleu, le temple écroulé, la colonne pure qui s'affine, s'ombre et s'éclaire au rythme des couleurs du jour, le lent déroulé du tapis de laine, au loin sur la garrigue, et c'est le troupeau; « La mer aux mille sourires » qui porte le vaisseau odysséen et le Bacchus ivre monté sur l'onagre et qui triomphe au milieu des vignes. Bref, je ne suis pas romantique et, par voie de conséquence, allemand. Je me débats, dans cette littérature; les blocs puissants qui s'en détachent m'assomment. Ses énormes romans bourrés de mythologies héraldiques, de personnages sans regard et sans timbre de voix, porteurs de « signes » et de « sens », ces œuvres intimident ma raison et passent à côté de mon cœur. Elles procèdent par expansions et sourdes explosions souterraines et je ne sais, quand je m'y aventure, sur quelle terre je marche. Je tâtonne, dans la forêt gothique, alors que deux colonnes me suffisent, écrites sur l'azur à la pointe de Sounion, pour que je sois, nu au soleil, l'enfant d'une autre Église.

Ça pense, la littérature allemande, ça pense massif. (Et même l'Italie, quand elle y est appelée par le *Drang nach Süden* et la visite, devient d'une germanique profondeur en laquelle on *s'enfonce.*) Il n'empêche que de cette masse s'élève, et qui fait voguer l'âme, l'éternelle *Sehnsucht,* la nostalgie de dieux terribles et confus et la sombre méditation des guerriers qui, ayant bu à rasades l'alcool dans les cornes d'auroch, rêvent pensifs devant le feu. Alors, j'ôte mon casque colonial, je regarde l'assemblée et j'écoute, de la forêt, les orgues et les sanglots.

Ce qui vite me surprit, en voyant Jünger, c'est qu'il était en civil alors que tout, de sa personne, était militaire. La taille, très droite, l'œil bref et bleu, le casque à frange de cheveux blancs, l'allure ferme lorsqu'il entra dans le salon et, enfin, comme il s'assit raide dans le fauteuil trop grand. Je n'avais rien à lui dire. Il n'avait rien à me dire. Nous étions un peu dans la situation de deux étrangers qui ont répondu à une annonce de mariage, se retrouvent dans le salon froid de l'agence et ne savent comment engager la conversation. Je lui assenai que j'étais heureux de le connaître, que j'avais lu, de lui, et ceci et cela. Que j'avais écrit une méditation sur *le Chevalier, la Mort et le Diable*, de Dürer. « J'ai aussi réfléchi là-dessus », me dit-il. Conversation plate entre un soldat et un colonel. Une dame, lorsque j'étais arrivé, aux allures de majordome et de maîtresse des cérémonies, m'avait prévenu que « le docteur Jünger » avait un rendez-vous à vingt heures. Sournoisement, au cours de « l'entretien », je consultai dix fois ma montre et, à moins cinq, me levai. Moi, en souplesse. Lui, aussitôt, en automate.

Soulagés, l'un et l'autre, d'avoir accompli notre *devoir.* Je lui serrai la main et Jünger-Junker s'inclina, à l'allemande.

Dans l'escalier, je pensai que je venais de rencontrer un pur spécimen du génie et de la folie allemandes. Rien de français, dans cet illustre petit bonhomme. Tout de l'Allemand, du Prussien sévère avec ses délires et leur imposant, *physiquement,* un ordre. Faisons des conneries, jetons-nous dans les flammes, explorons grottes, landes, jungles, abysses et forêts, mais que ce soit toujours d'un pas étrangement militaire. Et même, puisque nous sommes « docteur », doctoral.

Cela dit, l'Allemagne, je le répète, est de mes nostalgies. « Votre " refoulé " d'homme du Sud, me dirait l'autre docteur, comme *das Land wo die Zitronen blühen* est celui de tout homme du Nord. » Je vous remercie, docteur, de cette explication.

## 22

# CARSON MAC CULLERS

Je bois du café, et elle boit un alcool. Je l'admire parce qu'elle a écrit que le cœur était un chasseur solitaire. Elle a un visage blême et froissé, des yeux éteints par un désespoir. Elle a surpris mon regard, bref, sur ses mains qui tremblent. Très calme et la voix douce, elle me dit, main droite en l'air, doigts étirés et paume renversée : « J'ai le " jitter ", vous voyez... Je ne peux pas écrire avant midi, chaque jour, parce que je tremble trop. – Et ça s'arrête ? – Oui, je bois et ça s'arrête mais le matin, quand je me réveille, ça tremble beaucoup. Je suis une alcoolique. » Elle a parlé d'un ton vrai, tranquillement tragique. Ainsi, chaque matin, la carcasse exige son plein de carburant qui la tue. Je n'aime pas les alcooliques. J'en ai peur et pitié. Mais, ce matin, dans la pénombre de ce bar, Carson Mac Cullers *m'intéresse* sans aucune peur parce qu'elle me dit qu'elle est alcoolique comme s'il s'agissait d'une autre. « Voyez, elle tremble, elle est une loque, elle est perdue... » Je n'aurais pas été étonné si elle avait parlé à la troisième personne en observant ses mains. Ce détachement, face à son sort, face à celui ou celle que l'on est devenu, dans la déchéance, a parfois une haute allure et presque une grandeur. Elle me dirait : « Je connais cette femme... Elle ne peut pas ne pas boire et se détruire, vous comprenez... Ce n'est pas sa faute... Elle n'est pas responsable de sa mort lente et, d'ailleurs, elle ne sait écrire que des testaments... » Elle me dirait cela et, je le répète, je n'en serais pas étonné le moins du monde parce qu'il y a des êtres dont la déchéance est si digne qu'elle en arrive à être *admirable,* comme un stoïcisme, et qu'on n'a nulle envie, soudain, devant eux, d'être à l'aise dans sa santé et ses « vertus ». Elle commande un deuxième verre d'alcool et dit : « Si vous restez encore près de moi, vous allez voir que, dans une heure, je ne tremblerai plus... »

Alors, ce matin, de la part de cette femme, je reçus une *leçon.*

23

# ORSON WELLES

Deux cent quatre-vingts livres, six pieds trois pouces et un cigare toujours fiché dans ce tas. Il incarnait, dans la décennie qui suivit l'après-guerre, le « génie ». Orson Welles ou : « Du rôle de l'obésité, du cigare, de l'alcool, du tonitruement, de la bajoue, de la colère, du caprice jupitériens, comme ingrédients dans la fabrication de certains « génies » et dans leur *présence* de mammouth parmi le maigre troupeau des humains. » Un Orson Welles maigre n'est pas imaginable, pas plus qu'un Balzac avec le physique de Samuel Beckett. Welles ou le génie gros, physiquement poids lourd – mais pouvant se révéler d'une agilité qui étonne – et qui déjà impressionne par sa masse. Du coup, à ce type d'animal, on pardonne ses idées pachydermiques, ses cordialités suivies cyclothymiquement de fureurs soudaines, ses silences butés explosant en barrissements. De la trompe, il caresse ou assomme : normal, c'est un éléphant. La France l'adorait. Sans doute parce qu'il était l'auteur de *Citizen Kane* (et d'autres films) mais aussi, peut-être, parce qu'il nous arrivait d'outre-Atlantique et qu'il était symbole de l'énorme Amérique et offrait son obésité à nous qui, durant l'Occupation et les années d'après-guerre, avions eu la joue avalée, la taille mince et le ventre plat.

Il tournait à Paris *Crack in the Mirror,* en 1959, sous la direction d'un certain Richard Fleisher et c'était M. Zanuck qui produisait la chose. Reporter, dont Welles toléra à ses côtés la présence pendant trois jours, j'écrivis ceci :

Tout est à peu près tranquille sur le plateau. M. Zanuck mange paisiblement un cigare. M. Fleisher discute avec Gréco... Des individus de tous les sexes tripotent des caméras, des projecteurs, des câbles, des boîtes de maquillage, vont et viennent, déplacent ceci et cela. Dans le décor qui représente l'entrée, les salons et la salle à manger d'un appartement aux dimensions gigantesques, ils paraissent un peu pygmées.

Mais, précédé par des tonnerres, voici qu'apparaît Moïse en smoking marchant dans la nuée. Le bâton de commandement est un cigare à assommer un bœuf. Le peuple des assistants, des machinistes et des figurants, s'ouvre sur son passage comme la mer Rouge devant les Hébreux. Et de s'aplatir ferme contre les cloisons, et de s'écarter et de disparaître sous terre. Welles avance. Seigneur, vous l'avez fait puissant et solitaire! Seigneur, qu'il est gros!

Aussitôt s'opèrent des miracles : l'appartement gigantesque rapetisse, le cigare de M. Zanuck devient brindille, M. Fleisher se change en souris, les caméras sont jouets de Meccano, les voix se transforment en pépiements. M. Dillman – jeune premier de son état – se volatilise et Juliette Gréco s'efforce d'exister avec une témérité que je salue. Je m'approche. Des grondements venus de très loin, de là-haut, de la tête monstrueuse embrumée par les nuages cigaresques, m'apprennent que non, que ça n'a pas le temps de parler avec des journalistes, que ça regrette... Ma chance aura été que le verre de M. Welles fût vide. Un Ganymède barbu s'avança avec célérité. « *Bring me another drink!...* » roula le tonnerre qui me demanda si j'avais envie d'un whisky. J'affirmai avec aplomb qu'un verre de ce liquide (que j'abhorre) me comblerait d'aise. Nous bûmes. La glace était rompue. Néron leva le pouce et accepta ma dérisoire présence à ses fabuleux côtés.

On l'appela pour tourner. Il vira noblement, tira sur son gilet, grommela et se dirigea vers le haut bout de la table où il était censé porter un toast à Juliette Gréco. Un moustique-brosseur se précipite sur lui et le brosse; un moustique-maquilleur armé d'une peau de chamois, je le jure, lui éponge le front, d'où perle en permanence une transpiration parfumée au whisky; un moustique-pompier éteint le cigare; un moustique-habilleur redresse le nœud papillon. On tourne. Welles déclame le texte qu'il lui plaît, joue comme il lui plaît et se soucie de l'existence de M. Fleisher comme de celle de son premier cigare.

La postérité retiendra qu'à la fin de la journée je me retrouvai dans la loge (deux pièces) d'Orson Welles. Avec la surprenante grâce des mastodontes, il s'effaça, me pria d'entrer, m'invita à m'asseoir... Non, non, je ne le dérangeais pas. Au contraire. J'avais envie de boire un verre, hein? Lui aussi! Fine Napoléon, cognac, whisky, pendant trois jours, et de par l'extrême urbanité de M. Welles à mon égard, vous me fûtes eau claire. Je vous bus par conscience professionnelle. Je remercie le Ciel de n'avoir pas inspiré à M. Welles l'idée de m'offrir ces espèces de matraques brunes qu'il appelle abusivement « cigares » et plante dans sa bouche pour en extraire des champignons atomiques de fumée. Matraques, je vous eusse fumées. J'en aurais été malade.

Un coup sec, et crac! Orson Welles s'arrache le nez. Ça ne saigne pas.

– Vous portez des faux nez?

– Oui, presque toujours dans les films. Parce que j'ai un nez de bébé.

– Non, très joli nez. Vous avez des yeux terribles, mais un nez très bon. Toute votre bonté est dans votre nez.

– No?

– Yes!

La montagne est secouée d'un tremblement de rire. Un rire qui part toujours en explosion.

– Dans *Don Quichotte* c'est Sancho qui est important. Oui, j'ai fini mon *Don Quichotte*. Pas le montage. Oh! non... je l'ai tourné au Mexique et en Italie, avec mon argent... oh! là là!... C'est terrible! (Rire.) Akim Tamiroff fait Pança et un Espagnol grand, grand, maigre, maigre, le Quichotte.

Seigneur, qu'il est gros! Il se déshabille. Ses pattes sont des piliers de graisse d'une blancheur éblouissante. Le ventre n'en finit pas d'occuper l'espace environnant; les épaules cacheraient la vue à douze spectateurs de revue du 14 Juillet.

Je suppose qu'on a écrit de Welles qu'il avait une tête de monstrueux bébé. Oui. Mais le front superbe, haut et modelé, est d'une noblesse qui n'a rien d'enfantin. Mais les yeux, longs, jaunes, légèrement étirés vers les tempes, filtrent des regards d'une insupportable lourdeur. Mais la petite bouche aux coins tombants dit la tristesse et l'amertume. Le haut du visage est « exhaussé » d'intelligence et d'orgueil. Le bas s'affaisse dans les dégoûts et les mépris. De haut en bas, ce corps se dégrade, s'effondre dans les passions viles, les lassitudes, les horreurs... L'intelligence radieuse et conquérante qui luit, là-haut, s'écroule dans la graisse, s'y étale et s'y vautre. C'est ici le combat du jour et de la nuit. C'est le Quichotte de ciel et d'os envahi et lentement étouffé par son double de terre et de lard : Sancho Pança.

– Le Quichotte n'est pas mort; il est vivant de siècle en siècle. On le verra dans ses scènes classiques... J'ai été fidèle à Cervantès (Welles joint les mains) comme ça. Mais on le voit parfois au milieu des autobus, des Vespa...

– Avec son cheval et son armure?

– Yes. C'est très très très « avant-garde »... Oh! là là... (Rire.) Il va dans la Lune, la Lune de Méliès. Sancho reste sur Terre, l'observe avec une lunette... Qu'est-ce qu'il fait dans la Lune ? Il y crie le plus beau mot du monde, ce que l'on crie lorsque les maisons flambent : « Les femmes et les enfants d'abord ! »

– ???

Welles passe une djellaba marocaine, se démaquille à grands coups de serviette qui froissent les joues et enflamment la peau jusqu'au rouge. Il marche dans sa loge comme dans une cage ou comme dans un palais, traînant derrière lui les plis de sa djellaba. Whisky en main, calé au creux d'un sofa, j'assiste à la toilette du monstre. Tout ce qui suit doit être *entendu* ponctué d'éclats de rire, de grognements, de soufflements, d'ébrouements de phoque sous les rasades d'eau de Cologne...

– On écrit des insanités sur moi. Tout ce qu'on a écrit est faux. Mons-tre sa-cré ! Horreur ! Stupide ! On dit que je suis un monstre sacré parce que je joue des monstres sacrés. Alors il y a la légende, les producteurs qui ont peur... Il n'y a pas d'idoles. Il y a des idées...

Mais il faut renoncer à transcrire. Accablé par le torrent de mots, effaré par ce cyclone en djellaba dont le rire secoue les murs, hébété par ces idées qui tombent en magmas, en blocs informes, j'écoute et crois à cette heure me souvenir qu'Orson Welles me raconta qu'il vécut les premières années de sa vie à Pékin auprès d'un père play-boy et d'une mère catholique au départ et bouddhiste à l'arrivée. Ensuite il y eut l'Angleterre, l'Allemagne, l'Italie, la France, les États-Unis, l'Irlande. Brando est boiteux. Oui, il est infirme. Pourquoi ? Parce qu'il pense. La pensée, c'est jouer. Un acteur qui pense c'est comme un danseur qui chante. Les acteurs veulent penser, aïe ! Cognac. Cigare. Eau de Cologne répandue à flots et dont le parfum se mêle aux odeurs de cigare et de cognac renversé. Je n'avais pas la vocation quand j'ai commencé à faire du théâtre à quinze ans, à Dublin. Je peignais. Ma vocation, c'est la peinture. Ça, cette cicatrice au cou, et celle-ci à la lèvre, ce sont les toros. J'ai toréé en Espagne avant-guerre. Pas des toros, des novillos, des *becerros* ! Il a une ganaderia au Mexique. Yes. La langue espagnole ne permet pas de former des idées abstraites. A la rigueur, c'est une langue pour essayiste à la Ortega y Gasset. Je suis allé en Russie en 1928, en Allemagne sous le nazisme. Imitation de Mussolini parlant à son chauffeur : « C'est une Daimler, ça ? Combien ça consomme ? Bien ! Et ça, c'est une Rolls ? Combien ça consomme ? Bien ! » Imitation de Mussolini coulant la flotte anglaise disposée sur une table. J'ai fait trois ans d'études, de onze à quatorze ans. Mon père était un vieux play-boy, très drôle, très riche. Quand il est mort, on a cherché l'argent. Plus un sou ! Il faut être tout : acteur, directeur, décorateur, si possible, dans un film. La spécialité tue...

«... Je suis cosmopolite. Mon pays est partout. Avoir sa ville, sa rue, sa maison, c'est mourir. Mon gilet vient de Hong-Kong. Yes. La télévision, très bon pour le reportage, le journalisme. Très mauvais pour le cinéma. Parce que c'est en chambre. Il n'y a plus de public, plus de cérémonie, plus de respiration de mille personnes dans une salle, avec la télévision. En Amérique, elle détruit tout. Whisky. Cognac. Merci. Cigare. Elle conformise tout. Tout est conformiste. La Russie, les États-Unis. Des États-Unis, on s'y attendait. Mais la France y vient petit à petit. C'est terrible. La Pologne doit être un pays intéressant parce qu'elle est située entre deux mondes. J'irai l'année prochaine. A cinq ans, je parlais chinois. La Nouvelle Vague du cinéma, c'est la fausse Révolution. C'est Trotski chez le roi Baudouin. Bergman est emmerdant. Aaah ! (bâillement énorme). Stroheim... il est impossible d'être allemand quand on en a l'air à ce point. Stroheim, c'est un Bavarois, un baroque. Son art, c'est du baroque juif. Très beau. La Nouvelle Vague, c'est Alexandre Dumas... fils ! L'imbécile fin du romantisme. Je préfère Murnau à Stroheim. Je déteste le

« chic », le pittoresque et l'exotique. Aujourd'hui, tout est « chic ».

« J'aurais voulu vivre à la fin du Moyen Age, juste avant la Renaissance. Rien n'était " chic " à cette époque. On pouvait tout être, tout savoir, s'intéresser à tout. Vivre! J'ai fait trois campagnes électorales avec Roosevelt; la politique me passionne. Il n'y a que ça d'important. Le cinéma, il n'est pas sûr, mais pas sûr du tout, que ce soit un art. Parce que personne ne peut dire aujourd'hui : " Voilà! Voilà mon film! Voilà ce que j'ai fait! C'est moi! " *Citizen Kane* c'est moi qui l'ai fait. *Les Amberson,* les cinq premières bobines, le reste...; *la dame de Shangaï,* je n'ai pas réalisé le montage. La France est devenue schizophrénique. Paris est la plus importante ville du monde... La France, c'est dommage, c'est sa maladie, est « chauvine ». La France adore le " chic ", le goût. Quel dommage! Maintenant, il n'y a que *Don Quichotte* qui m'intéresse...

« Une nuit à Madrid, je rentrais chez moi. J'étais peut-être un peu saoul, un peu triste. Je vois un pauvre dormant sur un banc, avec sa casquette posée près de la tête. Je m'arrête et je mets cent pesetas dans la casquette. Puis je m'en vais et je me dis brusquement : " Pourquoi cent pesetas? Pourquoi pas tout? " Je reviens sur mes pas et je me fouille comme ça, comme ça, et j'avais plein d'argent sur moi. Peut-être deux cent mille francs. Je mets tout dans la casquette, ça débordait, ça tombait.

« Alors le vent se lève et les billets commencent à voler dans la nuit. Partout. Deux marins espagnols qui passaient courent après les billets, les ramassent, les entassent dans la casquette, réveillent le pauvre et lui disent : " C'est à toi ! " Et lui : " Non, ce n'est pas à moi! " Et les marins : " Si, c'est à toi. " Et moi, debout dans la nuit, à l'écart, je regardais ça et je pleurais, je pleurais, *I was crying, crying.*

Welles se tait. Il se mure dans un brusque silence. Nous sommes dans la DS qui le ramène à son hôtel. Je regarde le mufle de l'animal, le menton écrasé sur la poitrine, les joues qui débordent le col du pardessus et font un bourrelet sur les épaules. Le regard est perdu. De temps en temps, les paupières se soulèvent avec lenteur et filtrent une lueur lasse et somnolente. Celle qu'il devait y avoir dans les yeux des gros Césars lorsqu'ils regardaient avec dégoût s'entretuer les gladiateurs.

– J'ai dormi deux heures. Café ?

– Café.

– Je suis fatigué. Je suis mort.

Le Ganymède barbu apparaît avec les cafés, s'éclipse. Welles grogne, se lève, boit. Il pète. L'odeur qui flotte autour des usines d'engrais envahit les deux pièces de la loge. Il repète. Je ne suis pas là. Il s'en fout. Et si je suis là, c'est le même prix. Il est sale. Il s'en fout. Il s'essuie les mains aux rideaux, jette les cigares allumés sur les tapis des hôtels, dont il est la terreur, envoie son factotum tirer la chasse lorsqu'il sort des toilettes, se démaquille avec une chemise s'il n'a pas de serviette à portée de main. Il s'en fout. Il est las, fatigué, gros. Il éprouve le plus parfait mépris pour les gens qui veulent réussir et n'y arrivent pas; pour cette humanité cinglée d'acteurs, de figurants, de producteurs et de metteurs en scène qui barbotent à ses pieds dans les cloaques de la bêtise, de l'argent et de l'arrivisme nerveux. Il ne méprise même pas. Il s'en fout. Il jette sur cette misère l'œil indifférent d'un pachyderme centenaire. Parfois, il lève la trompe et barrit une colère effrayante. Comme l'autre jour où il a quitté le plateau en rugissant des injures contre toute l'équipe, grelottante de frousse. Une heure après, il est redescendu, s'est tourné vers les esclaves et a grommelé : « *Excuse me, my name is Maria Callas!...* » Il allume une matraque. On le hait. On l'admire. Il s'amuse à observer, tapi derrière sa graisse, les va-et-vient de haine et d'admiration qu'il provoque.

– Les acteurs sont des femmes. Des hermaphrodites... Ouââh!... Être metteur en scène, c'est la chose la plus facile du monde. N'importe qui peut faire ça. Moteur! Oui! Coupez! Moteur! Coupez! Être un grand metteur en scène, c'est très difficile. Je ne vais pas au cinéma. Quand je vois un film, j'ai toujours l'impression d'entendre la claquette et, pour moi, un film est bon quand je ne l'entends pas. Le scope, c'est zéro. C'est flou sur les bords, il n'y a pas de profondeur de champ, et puis pourquoi cette longue chenille?... Le cinéma va disparaître tué par la télévision. Les films comme celui que nous faisons, ce sont les derniers dinosaures avant l'ère quaternaire. Bientôt ils disparaîtront de la surface de la terre. Il y aura, oui, de petits films, pas chers, voilà l'avenir.

Whisky, cognac? L'alcool ne saoule pas cette masse. Elle l'engourdit. Seul le blanc des yeux s'injecte de sang et le regard s'alourdit et pèse un peu plus fort sur les moustiques qui bourdonnent, brossent, maquillent, dirigent et jouent autour de lui. Depuis quarante-quatre ans, il bourlingue autour du monde. La Chine, les Indes, l'Afrique, l'Europe, l'Amérique... Il a connu la gloire adolescente, il a été un génie radieux de tous les prestiges, il a été aimé des plus belles femmes, il a jeté l'argent par les fenêtres. Aujourd'hui, il est gros, perclus de dettes, mais le vieil orgueil lui souffle qu'il est toujours le plus grand. Que s'il voulait... Que si on lui en donnait les moyens... Lorsque ça le prend, il règne! Tout à l'heure, sur le plateau, il tiendra conférence, soudain réveillé, bouleversera la mise en scène de M. Fleisher et transformera les dialogues. On lui donnera raison. M. Zanuck mangera un cigare de plus, mais dira : « Orson a raison. C'est mieux. »

– Venez prendre l'air.

Pendant près de deux heures, nous marcherons à pas lents

dans la cour du studio – aller, retour; aller, retour – sous l'œil rond des esclaves. Le Ganymède barbu me dit : « Vous avez de la chance. Je n'ai jamais vu ça! »

« Le Mal... Le Bien... Le Bien sort du Mal. Le Mal, c'est le fumier où le Bien pousse... Oui, la mort est mon obsession. Les États-Unis et la Russie veulent supprimer la mort. Ils tuent la vie. Civilisation du self-service! Art du self-service! Tout va devenir " chic "... *I hate* le chic! *I hate* le self-service! *I hate* Disney et la fantaisie industrielle! Il faut lire les mystiques chrétiens. Shakespeare, Montaigne... Montaigne est un des plus grands Français. Proust est " chic ". Montaigne non; ni Alexandre Dumas, ni le Hugo de L'*homme qui rit,* ni Molière. Je lis quand même Proust. Je l'admire mais je ne l'aime pas.

– Vous êtes croyant?

– Je ne vous répondrai pas. Il y a la mort... Mais je déteste le protestantisme, le puritanisme. Le protestantisme, c'est le vice sans la charité.

– Vous terrorisez tout le monde sur le plateau. Tout le monde a une peur verte de vous. Ils se demandent qui vous êtes et tous ont un Welles dans la poche qu'ils exhibent avec ébahissement.

Une trombe de rire tombe des nues :

– C'est parce que je ne travaille pas avec eux. S'ils travaillaient avec moi, ils me connaîtraient... Ici, je suis un acteur. J'avais écrit un scénario pour Chaplin et Garbo : *les Amours de d'Annunzio et de la Duse.* Deux monstres fous. L'hyper-romantisme dégénéré... la passion ridicule et théâtrale. Ils n'ont pas voulu. C'est Napoléon qui a donné aux Français le goût du « petit ». Petite maison, petite femme, petit soldat, petit verre... Ce rusé petit Italien a tout rabaissé pour être plus grand.

Suivra un cours de linguistique afin de me prouver que Shakespeare ne peut être joué que dans les langues « gothiques » et non dans les langues romanes.

– Écoutez ça : *Essere o non essere! Ecco e la questione!*

Le bulldozer minaude, rassemble ses doigts en bouquet, à l'italienne, rugit de rire. Puis, du ton d'un général français de vaudeville frisant sa moustache : « Être ou ne pas être! Voilà la question! » Mais, solennel, grave, l'œil voilé, la voix profonde :

– *Sein oder nicht sein! Das ist die Frage!...* Je me demande comment on peut être un mauvais acteur de théâtre, en allemand! *Sein oder nicht sein...* » Vous voyez la différence?

Deux heures plus tard, mon petit copain Orson Welles me dépose à ma porte. Il n'arrive pas à comprendre comment on a pu découvrir dans le Yucatan des fresques et des pétroglyphes représentant des éléphants. Oui, des éléphants. C'est un mystère. Il m'apprend également qu'il descend des Orsini, l'illustre famille italienne, par les femmes. Orson, ça veut dire « Orsino ». Un de ses ancêtres a été ambassadeur à la Cour de Saint-James. De tradition, tous les garçons dans sa famille sont prénommés Orson. A demain.

– Oh! me dit le Ganymède barbu, on ne vous a pas prévenu? M. Welles ne reçoit personne! Ne veut voir personne! D'ailleurs...

Surgit l'ogre.

– Entrez... Café?

– Café. Bien dormi?

– Yes. Je me suis suicidé.

Geste de verser un kilo de cachets dans le creux de la main et de les avaler.

– Mais j'ai dormi. Je suis abruti.

– Et si je vous fichais la paix aujourd'hui?

– On peut se voir lundi, si vous voulez. Je suis assommé de fatigue, de tout.

Grondement. Sourd raclement de gorge. Les yeux se vitrent. Le monstre me joue et se joue la mort du monstre. Puis il se redresse, himalayen, ouvre et éclaire ses yeux jaunes, attrape une matraque, l'allume. Deux kleenex en bavette autour du cou afin que le maquillage ne macule pas la chemise, le cigare-sucette planté entre les deux joues, il s'assied. Il ferme les yeux. Là, l'illusion y est. On dirait Gulliver dormant. Gulliver enfant. Que la paix soit sur toi, géant! Laisse que je reprenne ma besace et m'en retourne à Lilliput!...

Il me fut rapporté que l'animal s'était alité pendant deux jours avec un oreiller sur la tête, après avoir lu ce reportage qui l'avait rendu « malheureux ». Pourquoi? Mais comment deviner les raisons capables de rendre un éléphant – et un enfant – malheureux?

## 24

## CHARLIE CHAPLIN
(et Picasso)

A ce dîner intime il y avait trois monstres du siècle réunis. Charlie Chaplin, Pablo Picasso et Jean-Paul Sartre. Tous les trois, au zénith de leur mondiale gloire. Sartre, qui au fond s'emmerdait avec, parfois, un répit d'amusement, et détestait jouer les stars, ne parlait guère et ce ne fut qu'entre Chaplin et Picasso, entre ces deux pitres géniaux de l'image – l'un sur celluloïd et l'autre sur toile – qu'eut lieu un choc de titans. Tous les deux habitués, depuis des lustres, à être dévorés d'admiration béate, à être aussitôt entourés d'une cour, à tenir, n'importe où, le rôle de vedette que nul, lorsqu'ils apparaissaient, ne songeait à leur disputer. Oui mais, ce soir, Picasso, et ça ne lui arrive jamais, a affaire à forte partie. Il le sait et n'en est pas heureux. Chaplin, de même, n'a pas l'habitude de rencontrer, sur le ring de la célébrité, pareil adversaire. Picasso passe à l'attaque, parle, pousse les feux de son regard noir et marque des points. Chaplin flaire le danger et, de surcroît, ne parle qu'anglais. Il a alors, en contre-attaque, un coup de génie. Il s'appuie à la cheminée, après le dessert, et se met à raconter des « choses », parfaitement insignifiantes, mais qu'il mime. Gestes d'une grâce inouïe, petits frissons des épaules, étonnements des yeux et de la bouche, rires secs en crécelle, etc. Nous le regardons (sans l'écouter), ravis et stupéfaits. C'est le grand *numéro.* Nous ne regardons que lui. Picasso est oublié, Picasso KO debout, enfin s'assied et, lui aussi, vaincu, regarde. Chaplin sait qu'il a gagné le match. Sartre s'amuse et tire sur sa pipe d'écume.

# 25

# GENET

Entre mille « histoires » et mille souvenirs, celui-ci. Nous avions déjeuné dans un restaurant moitié chic moitié con avec boiseries, velours et serviettes pliées en triangle sur l'assiette. Un éphèbe casqué de blond, veste blanche, costaud mais jouant à mesurer ses gestes dans le plus parfait style École hôtelière, vidait les cendriers avec une puissance impassible. Genet, connaisseur, lui jeta un regard puis oublia cette statue qui de temps en temps venait hanter la table. Nous sortons, repas terminé. Nous marchons d'un pas flâneur lorsque, au bout de cent mètres, Genet stoppe et torture les poches de son pardessus en poil de chameau à triple épaisseur. « Merde! On m'a piqué deux cent mille balles! J'avais tapé X... et il m'avait refilé deux cent mille. » Effroyable! Deux blocs pétrifiés sur le boulevard. « Vous êtes sûr, Poète? (Je l'appelais " Poète ". Un tic.) – Oui. – Vous les aviez en allant au restaurant? – Oui. » La cervelle, sous le crâne rose et chauve, fonctionne à toute allure. Il a replongé ses lourdes mains, aux doigts dont le bout est comme écrasé sous des ongles plats et blancs – des spatules – dans ses poches inertes. Les petits yeux bleus vrillent méchamment l'espace. Soudain : « Venez... j'en suis sûr... » Nous rebroussons prestement chemin. Il freine devant la porte du restaurant. Calme affecté. Il est pâle. Nous entrons. Il se dirige vers Adonis-mataf videur de cendriers. « Ho! je vous prie, j'ai à vous parler... Venez une seconde dans la rue... » Adonis regarde le petit homme et nous suit. Alors, sur le trottoir, le grand tutoiement voyou, la voix sèche et le regard accrochant celui, mou, de l'éphèbe : « Rends-moi le fric. Allez vite! Tout de suite, petit con! » Adonis, maintenant, a compris que ce petit monsieur chauve n'était pas un notaire de nos provinces mais appartenait à la famille. Pas de pot, il est tombé sur un os. Il sort de sa poche, sans un mot, le paquet de fric divisé en deux liasses fixées par des épingles. Genet les lui arrache des mains, fourre une liasse dans sa poche puis lui tend l'autre : « Tiens, prends ça... » Le jeune loufiat dévore du regard « le Poète » qui a déjà tourné les talons. « Il est sonné..., lui dis-je. Il est capable de nous rattraper pour vous les rendre. – S'il le fait, alors, cette fois, je lui fous mon pied au cul. – Comment vous avez su que c'était lui? – J'avais le fric en entrant dans le restaurant. – Mais pourquoi lui? – Sa belle petite gueule... »

Genet. Menton en ronde galoche. Deux petits yeux en querelle de chaque côté du nez cassé. Des colères blanches. Des douceurs tragiques de regard bleu. Des ongles effroyables de vulgarité plébéienne et inquiétante, et cela d'autant qu'ils sont nets. Des rires merveilleusement rusés et frais quand il a réussi « un coup » et piqué du fric, en accroc-escroc, à un éditeur qui ne verra jamais le livre, à une « conne mais au moins elle est brave », ou à n'importe qui. (Et j'étais souvent complice...) Aussitôt « piqué », le fric ruisselle de ses mains pour inonder la tête de quelque garçon, toujours première merveille du monde, qui n'a jamais de nom, ne porte que prénom d'amour et de guerre et dont le Poète, intarissable lors, célèbre les charmes et vertus; et répète les « mots » grandioses.

Des colères tremblantes et féroces. « Comment osez-vous dire que Baudelaire use de vers-chevilles! » La voix tremble. Il s'est enraciné sur le trottoir d'une rue du Marais. Il serait capable de ne plus me revoir de sa vie. Tout à l'heure, il dira : " Et tes pieds s'endormaient dans mes bras fraternels... " C'est un vers-cheville, ça? Vous l'avez au moins lu, Baudelaire? » Je l'ai lu – et nul ne saurait s'opposer aux fureurs de Genet – chante son los en prudente retraite.

Personne, sur cette terre pourtant peuplée, ne parle aussi volontiers de « morale » que lui, à partir d'un code personnel mais implacablement strict. La morale : un cercle de feu et, au centre, le Poète. Il y a deux attitudes morales au monde : celle, unanime, que les gens vivent et qui, prodigieux scandale, ne vaut rien, et celle de Genet, solitaire, qui vaut tout. Il en est le prêtre, le moine, le trappiste, l'inquisiteur, l'ascète. Il s'en auto-flagelle. Il se tient, pour la *respecter* et l'appliquer, en perpétuelle haute surveillance. Il s'immole cent fois le jour sur cette croix. Il est son maton moral, l'œil toujours collé à l'œilleton de sa propre vie, de ses conduites, de ses moindres réflexes et de son verbe, parlé ou écrit. Que si vous comprenez cette morale, c'est bien mais, attention! à la moindre erreur de compréhension, c'est la colère : « Vous déconnez complètement! Vous n'avez rien compris! » J'étais devenu virtuose dans le maniement de ce code et possédais toute une batterie d'alarmes qui m'avertissaient des mines enfouies et sur lesquelles, au cours de nos interminables palabres, j'aurais sauté, désintégré par l'ire et le mépris. « Dur à manier, Genet. Quand on se le tombe sur les pieds, ça fait mal. » Cocteau me répondit : « Il faut l'aimer et puis c'est tout. C'est un monstre-enfant. Tantôt orphelin de l'enfant, tantôt du monstre. »

Des douceurs tragiques. Quand il ne dit rien, quand il

écoute, quand il sourit du plus beau sourire du monde. Et puis soudain, l'œil redevient malin, et il est pris d'une crise – le temps d'une phrase parfois – de cruauté.

Il adorait et citait les « mots » de ses gitons, leurs inventions argotiques, leurs ahurissantes balourdises. « Vous savez ce que m'a dit Dédé ? Je lui demandais si la gonzesse lui avait plu. Il m'a répondu : " Oh, putain, elle m'a fait bander terrible. J'ai bandé comme un foulard. " » Ou bien, il est ravi parce que, se trouvant chez un notaire pour négocier l'achat d'un petit appartement où il crèche, il a demandé à Java d'aller chercher presto les statuts. « Alors il a sauté dans un taxi et vous savez ce qu'il m'a ramené, ce con ? Les deux statues de Giacometti ! » Il rit en montrant ses petites dents. Des dents d'enfant.

Il est capable d'arracher n'importe qui hors de sa vie. De le *jeter* avec une rage froide. Parce qu'il y a eu viol du code et souillure sur la robe immaculée et sans couture de *sa* morale. J'ai subi ce sort et il y a maintenant de longues années que l'auteur du *Condamné à mort* guillotina notre amitié. Il ne doit, farouche, en éprouver aucun regret. Moi non plus. Vive, entre nous, la peine de mort !

## 26

## EMMANUEL BERL

Un prophète sceptique, las, infatigable et très amusé. Soudain, les vagues du passé montent jusqu'aux fenêtres de l'appartement du Palais-Royal et leurs crêtes meurent aux pieds du Sage.

« La clé de tous les comportements d'Aragon, je vais vous la donner et elle est dans le masochisme. Il y a eu alors une époque où il a été particulièrement heureux car il avait affaire à trois bourreaux à la fois dont la torture était sans relâche : Elsa, Staline – disons le Parti Communiste – et Breton. (Sourire et hochements de tête affirmatifs comme pour approuver la justesse de son propre propos.) Elsa, elle, qui aujourd'hui doit accomplir triple besogne, possède une arme secrète dont Aragon, chaque matin, se demande avec épouvante si elle ne va pas l'utiliser pour le pulvériser. Pour *tuer* Aragon, en effet, il suffirait qu'Elsa lui dise : " Louis, Maïakovski était un poète et vous n'en êtes pas un. " Ou même : " Vous êtes un moins grand poète que Maïakovski. " Et ce serait fini. Aragon ? Fusillé ! Et chaque jour qui passe est un jour de gagné pour l'infortuné Louis, mais Elsa le surveille, le guette, le tient et le tiendra jusqu'à la mort. Et Louis se demande si Elsa prononcera la phrase fatidique ou si, bénigne, elle le laissera mourir de belle mort. »

« Pour *arriver*, en littérature, une seule recette : dire très haut qu'on a du génie. Ça marche. Vous le répétez inlassablement et, à la fin, on vous croit. " Ils " ont tous fait ça : Breton, Malraux, Aragon, Claudel... Je me souviens, nous étions sur la Côte basque lorsque Malraux est venu nous lire le manuscrit de *la Condition humaine.* Il y avait là Drieu, moi, etc. Tous, nous avons trouvé ça très mauvais et nous étions accablés. Mais Malraux, ensuite, a crié si fort que c'était génial que tout le monde l'a cru. Tout le monde! (un temps) Pourtant, ça ne vaut rien... (un temps) il lisait debout. C'était un meeting... »

27

# MAURIAC

Dessiné et croqué cent et mille fois. Né pour devenir « portrait ». Pourtant, une fois encore et pêle-mêle : la haute taille et l'élégance sur mesures. L'hiver, de lourdes pelisses poussaient sur son maigre corps de chat et lui donnaient un air dandy aimablement aggravé par un chapeau à coquette inclinaison. Il avait des os et des angles aigus partout. Aux genoux sciés par l'impeccable pli du pantalon, aux coudes, aux épaules, aux phalanges. Le front chauve et sec paraissait abriter une cervelle petite mais richement ciselée de circonvolutions. Un nez de tamanoir aspirant les fourmis de l'actualité qu'un superbe ratelier croquait ensuite sourdement dans un bruit de voix brisée et, parfois, de petits rires étouffés et provoqués par le grain de poivre écrasé d'un potin. Il aimait beaucoup, surtout lorsqu'ils étaient méchants, les potins. Mais tout était, en lui, d'un grand seigneur et d'un hidalgo (j'étais sûr que je prononcerais ce mot alors que je m'étais juré de ne pas le faire!) *seco de carnes y enjuto de rostro*, comme le dit Cervantès du Quichotte, dont la Manche eût été Bordeaux. Il ignorait tout de l'Allemagne, de l'Italie, de l'Angleterre, de la barbare Amérique. Il n'entendait aucune langue étrangère. Pour lui, la France, la langue et la culture française étaient au centre du monde et le désolaient de voir notre intelligence souillée par le jargon philosophique allemand et la brutalité anglo-saxonne. Non pas qu'il les connût mais il les flairait et les avait en méfiante horreur. Jamais je n'ai rencontré quelqu'un qui fut « culturellement » plus français. Comme un chat est de son logis, de sa cave et de son grenier, de l'âtre devant lequel, les yeux mi-clos, il se pelotonne, griffes rentrées dans le manchon de sa fourrure. J'eus un jour une illumination. Mauriac, qui est-ce? « C'est un bordeaux, un très grand cru de Bordeaux. Inimitable. Vieilli en fûts de chêne culottés de riche tanin. Rien, en lui, qui rappelle chianti, logroño, whisky, vodka, vins du Rhône ou... bourgogne. C'est, centenaire, cuvée parfaite, année royale, du bordeaux Haut-Mauriac. Pape François. » J'avais trouvé.

Il aimait, de passion, Dulcinée et c'était de Gaulle que la France ne méritait pas. L'œil en tombait plus bas encore de tristesse accablée et se noircissait de dure désolation, lorsqu'il évoquait les basses misères faites au Général à la fois Maître et Agneau. « Ils ont trop aimé Gamelin, n'est-ce pas... A-t-on idée de sauver la France! »

– On me reproche d'admirer le Général mais ces reproches soufflent si bas qu'ils avivent mes cierges au lieu de les éteindre. C'est ainsi dans les églises. Quand j'étais petit, je faisais exprès d'ouvrir fort une porte située près d'une chapelle. Les flammes des cierges vacillaient puis se redressaient plus hautes. Je ne suis jamais arrivé à en éteindre un seul.

– On ne vous reproche pas de l'admirer mais de l'aimer, simplement.

– C'est que je rattrape grâce à lui les retards d'admiration que j'avais pris dans ma vie à l'égard des hommes politiques. Le Général bénéficie de ma soif, en quelque sorte... Voilà ce qu'on appelle « mon amour pour de Gaulle ». Il aura été, dans les intérêts de ma vie à l'égard de la politique, ma dernière source. (Rire malin.) Je me désaltère.

## *Mauriac*

Chez « Calvet », un vendredi, à Saint-Germain-des-Prés. Le maître d'hôtel avait apporté la carte dont j'ouvrais les deux volets monumentaux.

– Prenez ce qu'il vous plaît et ne guidez pas votre choix sur le mien. (Petit rire étouffé puis, la main devant la bouche et se penchant vers moi :) J'ai la faiblesse d'appartenir à une petite secte qui ne mange pas de poisson le vendredi.

– Je n'avais pas envie de poisson.

– Mais si, mais si, prenez donc du poisson. Il faut savoir, sur la berge, taquiner le péché.

## 28

## VICTOR HUGO

J'avais acheté une photo de lui, par Nadar, magnifique, marron-bistre et un peu, très légèrement, rose. Il porte redingote à col de velours, gilet aux boutons de tissu dont seul, le dernier, sous la barbe, est passé dans la boutonnière. Il appuie son front – lourd – sur sa main droite posée contre la tempe. Cette main est également lourde mais je remarque qu'elle est aussi épaisse et grasse bien qu'elle soit celle d'un vieillard. La photographie, ai-je lu au dos, a appartenu à « Dieudonné, costumier de théâtre, 37, rue de Richelieu, à Paris. » Il a un gros nez gras (on revient toujours, décidément, à la notion de graisse...), une trompe à pomper les mots et à les éternuer en gerbes de poèmes. Tenons-nous à distance. Ça mouille. Ça inonde. Pas de bouche mais un trou, une trappe, dans la barbe de crins blancs et rudes. Le front comme un couvercle sur l'imposant visage-marmite et une veine qui court au-dessus de la tempe gauche et signe cette masse. Sur le front. Je joue avec les yeux. Je cache le gauche et voici le droit, dur, désespéré et presque méchant. Je cache le droit et voici le gauche, rêveur, assez bon et qui dit qu'il ne se fermera pas volontiers pour mourir. Le bougre a l'air génial mais buté et bétonné dans le caisson de sa gloire. Impossible de percer ce front avec d'autres « pensers ». Trop tard, la couche est trop épaisse, ça n'entre pas. Il faudrait y aller au marteau-pilon. Hugo est muré. Ce n'est pas « un redoutable vieillard » (à la Mauriac) qui me regarde, mais un bloc de gloire vivante et qui observe, dur et rêveur, le ciseau du sculpteur qui le fit naître et dans le marbre le fige. Tout à l'heure, quand il aura fini de poser, pour Nadar, il transportera son front au-dessus d'une rame de papier, il réconciliera ses deux yeux, le dur et le rêveur, ouvrira une vanne, en la tordant dans sa poigne, et, hors de la citerne bétonnée, dans le bassin immense, bouillonnera le poème.

## 29

# ARAGON
# et
# BRETON - TZARA - ARTAUD

D'Aragon, je crois avoir écrit *(Une nuit à Saint-Germain-des-Prés)* en le travestissant – et le *travestir* me fut chose aisée – en personnage romanesque. Depuis, le paradis rouge, où j'espère pour lui que les classes des élus ne sont pas mixtes – si bien qu'Elsa est dans la cour des dames – et où volètent des éphèbes, l'a accueilli.

Quand il me reçut, dans un bureau de *l'Huma*, pour je ne sais quelle besogne journalistique qu'on m'avait infligée, me surprit, jusqu'à la gêne, sa faconde de virtuose terrorisé. Il était de port très français, d'œil bleu, de teint clair, et ressemblait, lorsqu'il bombait le torse et rejetait la tête en arrière, ce qui lui arrivait quand s'avivait son propos, à un officier de cavalerie venant de prendre sa retraite et gêné aux entournures dans son vêtement civil. Je l'imaginais, à trente ans, vareuse bleu ciel, monocle à l'œil et badine fouettant les bottes fauves. En ce temps-là, c'est son style qu'il fouettait et qui allait sa cavalcadante allure. Ensuite, vieilli dans la soumission au Parti et à Elsa (même tyran), il se corroda, sous le masque que seule la mort de la féroce Yseult lui arracha. Hélas, il découvrit, dans le miroir, un vieillard et en devint délicieusement folle. « Il a retrouvé les pédales », disait J.-L. Bory.

Médusé, j'écoute un fou. J'étais venu lui poser des

questions sur la pluie et le beau temps politique mais, lui, au bout de trois phrases, ne me parle que d'Elsa, cite Elsa, loue Elsa, chante Elsa. Ah! vraiment, j'ai affaire à un drogué. Son regard est absent et ne fixe que le vide, la voix qui psalmodie a d'étranges passages à blanc comme si cet homme était un zombie *possédé*, malgré lui, par une puissance qui lui serait étrangère mais qui, par sortilège, le hanterait. Il me prie de citer Elsa. Instamment. S'il osait, il abattrait son poing sur la table et ses yeux vireraient au blanc. J'ai peur. Je n'y comprends rien. Cet individu est un dément et ce bureau est une cellule d'asile d'aliénés. Je suis en face d'un timbré, d'un délirant du faux (ou vrai? je m'y perds) amour.

Je devrais appeler un infirmier qui lui administrerait une piqûre. Elsa lui a dit et il a compris... C'est Elsa qui alors qu'il rêvait de son dernier livre... Elsa récemment lui a rappelé... Il se lève, comme si à force de prononcer le nom de la sainte, vestale, madone, mère, muse et goule, il s'apercevait que rester assis est une impiété. Il tourne, en pèlerinage, autour de la table de son bureau et du siège où je tasse ma panique effarée. Il va m'ensorceler. C'est une cérémonie. C'est un envoûtement. Au dernier de ses tournis, je serai Elsa et il tombera à mes genoux. Que ferai-je de lui? Et s'il m'embrasse les mains, en râlant un poème? Et s'il bave et me mord?

Je me levai et m'enfuis.

C'était grande mode, dans « le Parti », et inaugurée par Maurice Thorez. On disait Maurice et Jeannette. Elsa et Louis. Paul (Eluard) et Nush. Chaque communiste de cour se devant, à l'instar du seigneur, d'avoir sa Dame et même un garçon aussi avisé que Claude Roy n'hésita pas à s'adouber pour célébrer sa compagne. Maurice et Jeannette, Louis et Elsa, Paul et Nush, Claude et Claire, etc. Le Parti, implacablement puritain, avait trouvé un bon terrain, pour y ficher ses santons amoureux, chez les anciens surréalistes. En effet, le surréalisme, tout en étant ravagé par le pansexualisme freudien jusqu'à la provocation épateuse du « bourgeois », ne fut jamais, n'est-ce pas, un haras d'étalons aux dures virilités. Bien au contraire, il y avait dans le Mouvement un culte compensatoire de la Femme, bâti sur un voile d'impuissance, de catharisme, de voyeurisme, d'alibis troubadouresques, de bonne éducation (les surréalistes n'étaient pas des terreurs tatouées), croyant jeter sa gourme, d'inversion non avouée et, mais oui, de romantisme franco-germano-vergissmeinnicht, recueillant dans ses alambics les alcools d'Hölderlin comme ceux de Maurice Scève. (Avec variantes baroques et gongoresques, cf. Gala de Dali.) Quant au Parti, il avait érigé Maurice et Jeannette en couple sacré, modèle de toutes les vertus militantes et sur lequel tout communiste de cour ne pouvait pas ne pas décalquer sa conduite. En outre, comment un militant de stalinienne et thorézienne espèce (Maurice était « le premier stalinien de France ») aurait-il pu s'énamourer de bâtards de hasard sans courir le risque de polluer – et de trahir – le Parti ? En manque de madone céleste, le Communisme, pour parfaire son inversion du sacré, avait trouvé le truc : l'adoration de la « compagne », avatar de la madone terrestre mais suprême : Jeannette, « compagne de Maurice ».

D'où les extases agenouillées de Louis devant Elsa et Maurice, incarnant la Femme et le Parti majuscules.

Quand le jeune homme n'en finit pas d'arriver de ses provinces sages et rusées, mais quand il a malgré tout rêvé de ces terroristes de la littérature, de l'amour fou, du « dérèglement de tous les sens », des « millions d'oiseaux d'or », auxquels, paraît-il, ils ont ouvert les cages, il s'étonne, le jeune homme, de retrouver ces boutefeux poussant la chaufferette sous les pieds d'une Elsa. Il s'habitue ensuite. Allons! ce n'étaient que tornades de mots soufflées et exemplaires numérotés (à tirage strictement limité, avec quelques lithos extorquées à un ami peintre et célèbre afin de ratisser les poches des bibliophiles) produits par des outlaws soit encartés, soit bien convenables et tous près, très près, de leurs sous. Il y aurait une thèse à écrire sur « l'avarice surréaliste », de Tzara à Breton en passant par Dali. Ils avaient « bouleversé » le monde mais n'en craignaient pas moins que ses banques fissent faillite. Ouverts à la Révolution, mais la bourse fermée.

Je revois Breton, chaque vendredi, aux « Deux Magots », qui vient camper par défi sur les terres mêmes de l'ennemi existentialiste. « Les camions de Sartre campent partout » (Audiberti) mais le pape, désormais sans Vatican, du surréalisme n'en dispute pas moins la tiare au nouveau pape de la rue Bonaparte qui tout en fumant sa pipe d'écume fabrique ses boulets noircis d'encre qu'il expédie dans toutes les directions, y compris sur les « Deux Magots » où ils creusent des cratères et inondent de gravats André Breton qui veut, héroïquement, tenir bon sous le déluge. Quelques disciples, dernières Marie-Louise de l'épopée engloutie, entourent encore l'empereur, dans son Sainte-Hélène germanopratin et l'écoutent religieusement évoquer les batailles passées et prophétiser la reconquête future. Ils sont jeunes. Le lion a vieilli mais lui reste une splendide crinière, blanche et grise, qui tire en arrière son front royal et dont le poids qui charge sa nuque semble en bascule lui soulever le menton. Quand il sort du café, après la palabre hebdomadaire, il gonfle un large torse, tourne son mufle vers la terrasse, balaie d'un regard bleu la place, le boulevard, le « Royal Saint-Germain », s'attarde sur le trottoir flanqué de quatre ou cinq lévites, et marche enfin vers le métro. Regardons-le s'éloigner et entrons dans la galerie Armand Zerbib, située derrière la statue de Diderot, plume à la main et fesse de bronze soulevée comme pour expulser un pet sonore. Un homme rose, bleu et blanc en sort. C'est Max Ernst dont

Zerbib aux beaux yeux noirs de biche n'arrive pas à écouler les toiles. Il a aussi des Tanguy, des Brauner, des Man Ray...

– Tu devrais m'acheter un Max Ernst. Tiens, regarde ça. Formidable. C'est pour rien. Donné.

– J'ai pas un rond, Bibine.

– Tu me paies quand tu veux.

– Je te dis que j'ai pas un rond.

Mais, entre tous les dynamiteurs, incontestablement le plus radin, jusqu'à la maladie, c'est ce brave Tristan Tzara, champion de la pingrerie, d'Homère jusqu'à nos jours. A Saint-Germain-des-Prés, l'ancien grand-prêtre de « Dada » n'est plus qu'un petit vieux monsieur rangé à la silhouette encore massive, porteur de lunettes-hublots et roulant des R mitteleuropa. Il sait pertinemment que notre jeunesse le considère comme un vénérable croûton mais est indulgente à sa présence errante et assez peu loquace. Il m'arrive, rarement, quand je n'ai pas réussi à draguer un copain, d'aller dîner avec lui dans un restaurant aux nappes en papier de la rue des Canettes. Nous ne parlons jamais de littérature – et il n'évoque jamais des souvenirs – mais, par phrases effilochées, de morne politique.

– On partage, dis-je, à la fin du repas.

Tzara, aussitôt, regard brillant et rajeuni, consulte la note écrite au crayon.

– C'est-à-dire que vous avez pris un œuf mayonnaise et moi une salade de tomates et je vois que l'œuf est plus cher. Et j'ai bu de l'eau... Je crois qu'il faudrait faire deux additions...

– Oui, oui, vous avez raison.

Il compte, recompte.

– Voilà, vérifiez. Vous devez ça et moi ça.

Prométhée s'arrachant à lui-même le foie, il sort de sa

poche un maigre billet et compte exactement la piécette puisque le service est compris.

Il allait toujours pisser au « Flore » parce qu'il n'y avait pas, dans ce café, de dame-pipi avide de quelque monnaie, alors qu'une Cerbère veillait aux « Deux-Magots ».

Pourquoi ai-je ici cruellement croqué l'avarice célèbre de Tzara ? Tout simplement parce que, du pape dadaïste, je n'ai connu et retenu que la différence de prix entre l'œuf mayonnaise et la tomate au sel. Il n'y va pas de ma faute si un ex-grand homme rapetisse soudain, au moment de l'addition. Ça ébranle vos mythologies. Une minuscule piqûre et la Montgolfière de votre ancien respect se dégonfle et s'affaisse mollement à vos pieds. Décidément, il ne faut pas avoir l'occasion de fouiller les brasiers de la gloire. Sous la cendre tiède, on n'y découvre souvent, ratatinées, que des patates. Oui, mais si l'on m'en priait, j'écrirais tout de même une thèse sur « Dadaïsme, surréalisme et radinerie » et l'on s'ébahirait de sa profondeur. Appelant Marx à l'aide, aisément je démontrerais – par exemple – que nous eûmes affaire à une révolution d'essence purement petite-bourgeoise, aux exemplaires numérotés et aux toiles cataloguées avec le plus grand soin, aux héritiers dûment désignés, aux additions séparées et, y compris celles de la célébrité, âprement discutées, etc.

Artaud ne serait pas dans « l'index des noms cités ». Lui, le possédé; lui le martyr hirsute. Il était assis, au « Flore », au fond, à droite. Calme mais hérissé lorsque, soudain, il se mettait à pousser de longs et bas gémissements et à griffer la table des ongles. M. Boubal, patron des lieux, en levait au ciel deux yeux auvergnats et ronds. Mais c'était grande pitié de voir cette carcasse gémir pour expulser ses démons et accoucher, en cris affreux, d'un indicible.

## 30

## GIACOMETTI

Il est cet homme qui traîne la patte. Comme Héphaïstos, il boitille. Et il a une voix lourde, rocailleuse – qui roule des rocs – et souterraine, mais qui parfois pousse des « Hé ! » étonnés, à l'italienne. Des os, une peau rugueuse sur eux tendue et il n'a aucun souci de cette chair dont il n'est pas vêtu. Il est à lui-même sa propre sculpture sauf qu'une tignasse-maquis pousse, rêche, sur le crâne de pierre. Tapis dans le roc, deux yeux noirs qui fixent, pénètrent et fouillent. Jusqu'à l'os. Toute l'intelligence dans une *vision*; toute la sensibilité dans cette *dévoration*. Voici l'artiste qui a des yeux pour voir, des mains pour dire. Le démiurge qui n'invente pas mais *fabrique* la créature à coups de pouce dans le plâtre humide, à traits brouillés de crayon noir sur le papier. Il ne voit pas le monde : il a un monde. Il ne rend pas compte : il soumet. Il a une présence de solitude inouïe. Quand il est assis, dans un café, on ne saurait imaginer d'homme plus seul, tellement seul que toute présence, à ses côtés, paraîtrait incongrue. Il vit dans une sorte de solitude naturelle. Comme un cyprès, dans le Midi, que l'on découvre soudain perché, unique et noir, sur la colline.

Cette nuit-là, nous étions quatre ou cinq à la terrasse de « la Pergola » et je crois que l'aube n'était pas loin et que nous avions un peu bu. Giacometti se taisait. Mais de temps en temps poussait un « Hé! » et écoutait Sartre, avec une docilité admirative et ébahie, en le dévorant du regard. Regard qui reste longtemps fixe comme si Giacometti interrogeait le visage, comme s'il était au bord d'une révélation foudroyante, comme si celle-ci s'avançait en tapinois. Soudain, il a trouvé et s'écrie tout à trac :

– Sartre, vous êtes beau!

Il y a un étonnement autour de la table. Sartre a un rire cordial.

– Je crois qu'on peut dire pas mal de choses de moi mais que je suis beau... sincèrement... je ne crois pas.

Giacometti continue de fouiller et de deviner.

– Vous êtes beau!

Il est catégorique.

– Bon, bon, d'accord. Me voilà beau.

– Sartre, vous savez à qui vous ressemblez?

– Non.

– Vous ressemblez à Hamlet.

– Ah!

– Oui, oui. On croit toujours que Hamlet c'était un type grand, mince, tout ça, hé! Non, moi je suis sûr que c'était un petit gars qui buvait de la bière, hé! un petit gros avec des cheveux comme vous, et des yeux comme les vôtres. Très beau.

– Vous croyez?

– C'est sûr.

On parle d'autre chose, autour de la table, mais Giacometti, lui, est retombé dans sa contemplation. Le boulevard Saint-Germain est une mer ou une lande; « la Pergola », château d'Elseneur. Hamlet tire sur sa pipe et vide un pot de bière fraîche. « Il y a plus de choses au ciel et sur la terre, Sartre, que n'en rêve ta philosophie... », murmure peut-être, dans une hallucination butée, Giacometti.

J'ai retenu à jamais cette leçon et n'ai pas oublié ce regard et cette affirmation jaillie – « Sartre, vous êtes beau! » – avec une absolue certitude. Tous mes héros de romans ou de l'histoire, brusquement, qui me devenaient familiers et présents. Je vivais jusque-là dans un monde où leurs visages, leur allure, leurs contours étaient de marbre; où ils se promenaient, masqués par leur « portrait », écrits, dessinés ou sculptés dans un stéréotype ou une légende, et voilà que, grâce à Giacometti et à sa vision, voilà qu'ils renaissaient et s'avançaient au rendez-vous de la banalité mais pour y revivre et être souverainement, par volonté visionnaire, recréés. Giacometti m'apprenait ma puissance et mon bonheur : je pouvais voir et re-créer n'importe qui, Alexandre le Grand ou Julien Sorel, Rodrigue ou Eugénie Grandet, selon ma volonté. Jusqu'à présent, je ne croyais qu'aux mots pour refléter et donner forme aux choses et aux êtres, mais une simple phrase prononcée après un long regard de quête dévorante venait de m'apprendre que désormais j'étais le détenteur d'une autre puissance, toute dans mon regard, et pouvais à mon gré inventer et soumettre le monde. Comme je ne savais ni peindre ni sculpter, je possédais un regard soumis aux êtres, aux choses, aux physiques, un regard immédiat qui ne voyait rien et acceptait la forme apprise sans regimber et sans chercher à la détruire afin de la recomposer *pour moi* et pour moi *seul*. Or, cette nuit-là, un artiste sans mots – qui comme Dieu fabrique de l'homme avec de l'argile – m'avait révélé, cadeau inouï, que j'étais *libre de décider de la beauté*. Tenez, plus simplement, que je pouvais sans remords estimer que les girls « sublimes » du Lido étaient des monstres; que Pascal, le garçon du Flore, était frère jumeau de l'auteur des *Pensées*; que ma minable chambre d'hôtel était belle, etc. Certes, il m'était loisible d'admettre cette beauté établie et de l'admirer (qu'elle fût celle d'un corps parfait de strip-teaseuse ou de la cathédrale de Chartres), mais j'avais aussi pouvoir de la détruire, de la nier ou de lui faire émettre d'autres signes.

Une fois, je surpris le regard de Giacometti comme entrait

dans un restaurant une superbe femme. Il leva la tête et regarda la divine mortelle avec une sorte de haine et de mépris. Que pouvait-il en faire ? Son regard – ou ciseau ! – glissait sur cette perfection lisse ; ses doigts ne s'enfonçaient pas dans ce marbre. Il trouvait cette femme (je crois) d'une perfection conne et indigne d'être interrogée. Un dieu avait cru lui faire concurrence ? Eh bien, il s'était trompé. Cette femme sortait d'un moule et le Créateur s'était conduit comme un fainéant.

Manque de chance, la Belle s'assit en face de lui. C'était plus que Giacometti n'en pouvait supporter. Il avala son café, jeta un dernier regard courroucé à la femme qui souriait, assurée de son règne, et sortit, dégoûté, du restaurant.

## 31

# MADEMOISELLE CHANEL
(et Ezra Pound)

Dans le restaurant, je vis entrer un aigle. Certains êtres ressemblent à des bœufs, à des dogues, à des moutons, à des rats, et nous croirons à la métempsycose, mais celui-ci ressemblait à un aigle et, du roi du ciel, il avait la fière tête et la folle noblesse du regard dominateur en perpétuelle colère. J'ai évidemment, pour les aigles, une admiration sacrée et me souviens, du temps où j'étais chevalier teutonique, d'en avoir orné mon cimier. Hermann von Salsa, maître de l'ordre, n'en possédait pas de plus beau et de mieux ciselé.

Dès qu'il apparut, une cape sur les épaules, les joues creuses, la crinière grise et hérissée sur la tête maigre, je compris, en un éclair, que cet homme était « quelqu'un », tant sa personne dégageait « quelque chose » de souverain. Et certains êtres n'entrent pas dans un lieu : ils y *apparaissent.* Ce privilège est souvent celui de femmes à l'extraordinaire beauté ou à la sensualité qui vous brûle mais, là, c'était un vieil homme. On me dit : « C'est Ezra Pound ». J'avais erré dans les ténèbres illuminées de ses *Cantos* et, bien que les Américains, sous prétexte qu'il avait tenu durant la guerre des propos « fascistes », l'eussent enfermé dans la cage d'un asile, je ne savais pas qu'il était, en sa perfection, un aigle. On rencontre en effet beaucoup de gorets et épagneuls, veaux et vaches, coqs et poules, ânes et dindons, (etc.) dans le règne humain mais très peu d'aigles. Ils y sont rares. J'en voyais un. J'en ai vu un.

A Venise, je le retrouvai au cimetière de San Michele où jamais je n'avais respiré le parfum d'aussi lourdes roses. Dans la partie où dorment les étrangers *(Greci, Evangelisti)* le cimetière se transforme en forêt vierge ou en parc anglais laissé à l'abandon par des lords ruinés mais qui jamais ne vendront leurs terres. Tombes écroulées, dalles moussues, croix couchées, herbes et fleurs folles. Et tout cela, les tribus de pierres, d'herbes, de lianes et de fleurs en fête, comme si les morts s'amusaient *follement* d'être là et célébraient un carnaval d'outre-tombe au lieu de s'ennuyer à mourir – une deuxième fois – comme ils le font dans nos rigoureux cimetières français où les cyprès taillés montent une garde militaire.

Et la musique des *Cantos* me guida jusqu'à la tombe d'Ezra Pound qui avait volé jusqu'à Venise, dans cette aire de murs roses pour éternellement s'y reposer. J'allai, dans ce paradis, où Diaghilev, non loin de Pound, a droit à une sorte de fontaine Wallace avec coupole de pierre. Sous celle-ci, deux chaussons de danse, usés et roses, qu'une pieuse danseuse avait déposés là, il y avait quelques jours à peine, puisqu'ils n'étaient pas encore pourris. A quelques pas, en voisin, Stravinsky est allé se coucher sous une dalle de marbre frappée d'une simple croix de cuivre. Sur cette dalle, des fleurs fraîches et une rose, une seule. Donc, des visiteurs se risquent dans ce paradis-jungle pour fleurir de roses ou de chaussons ces tombes illustres ? Des ou *un* visiteur ? Un très vieux Russe qui habiterait un très vieux palais et qui, chaque matin, ordonnerait à son très vieux valet, souquant à grand-peine sur une très vieille gondole, de glisser vers le cimetière. Et le très vieux Russe aurait une rose à la main.

– Vous avez vu la tombe de Diaghilev ? Mais savez-vous que c'est moi qui l'ai enterré ?

Le flot des mots précipités coule de la bouche aux lèvres qui ne sont plus qu'un trait rouge, marron ou noir on ne sait pas. Une phrase, un mot que l'on frotte contre « Mademoiselle » (Chanel) et aussitôt la terrible petite fille, plus vieille que le siècle – et plus jeune que lui – crépite comme une pile de souvenirs. On écoute. Vertige. Elle parle. Déluge. Les réserves où va puiser sa mémoire sont intarissables. Les munitions de son artillerie verbale inépuisables. Elle a quatre-vingts ou cent ans, elle n'est plus qu'un paquet d'os et de peau à l'intérieur d'un « costume » galonné (ainsi disait-elle, et son chauffeur était « un mécanicien » et l'on rêvait de monstres avec rondes lunettes noires de mica et casquettes à visière engoncés dans des peaux d'ours et conduisant au bois de belles patineuses qu'ils aidaient à descendre, pied mignon posé sur le marchepied d'automobiles en forme d'insectes aux trompes de cuivre brillant comme de l'or), elle porte autour du cou – un sarment – des grappes de bijoux inimitables et partout imités, elle a déjeuné de rien, d'un verre d'eau, de deux œufs à la coque et d'une banane parce que, dit-elle, et c'est sa dernière lubie : « Il ne faut manger que des aliments *fermés* et donc protégés des microbes qui pénètrent et grouillent dans tous les autres aliments ! » Ensuite, durant l'après-midi, elle a rôdé comme une vieille corneille autour des fraîches proies tremblantes que sont les mannequins, la bouche pleine d'épingles qu'elle piquait çà et là sur la peau de soie ou de laine des malheureuses, comme pour pratiquer un exorcisme qui tuerait ces mortes-vivantes au nom de la beauté et viderait du dernier sang leurs joues déjà diaphanes. Elle arbore un petit chapeau ahurissant sur sa tête d'oiseau. Elle est gâteuse de génie. Elle est tapie, araignée féroce, au haut des marches du salon et surveille le défilé de sa collection auquel elle assiste grâce à un jeu de miroirs et, de satisfaction ou de rage, fait grincer son râtelier. Dans la pièce chinoise de sa suite, au Ritz, au milieu des laques et des crapauds de jade, elle parle, ou plutôt elle conte, et l'histoire se perd, aspirée dans une gigantesque parenthèse à décourager Proust lui-même, retrouve son lit, repart de plus belle en flot débondé, s'égare de nouveau dans le delta d'une autre parenthèse, s'y retrouve toujours, regagne encore son lit et ses digues...

– Je parle beaucoup, n'est-ce pas?

– Oui, Mademoiselle...

– C'est parce que je suis timide. Je me parle à moi-même, comme il arrive aux solitaires. Et la solitude, voyez-vous, c'est une grande timidité.

– Vous me disiez que vous aviez enterré Diaghilev.

– Ah, oui...

Elle raconte. Venise. Elle était « l'amie » d'un duc anglais et de Westminster, richissime, et qui possédait tant d'hectares en Australie et Afrique du Sud, des royaumes si vastes que les millions de moutons et de bœufs n'y étaient qu'amas de fourmis. Son yacht était ancré à Venise lorsqu'elle apprit que Diaghilev...

– Il a fallu que je m'évade littéralement du yacht pour assister à ses obsèques, mais j'étais pressée, pressée et furieuse de voir ces gondoles noires se traîner sur la lagune, vers San Michele. Je pensais à mon duc jaloux... Bien! On arrive enfin. Kochno et Lifar, bien entendu, avaient rappliqué pour enterrer leur Serge adoré et chéri et n'arrêtaient pas de pousser des cris et des gémissements à fendre le cercueil et à ressusciter ce pauvre Diaghilev, à pleurer comme des veaux. Des veaux russes. Les Russes ont une capacité de larmes inouïe, théâtrale et inouïe... Je déteste les pleurs... Ça ravine... C'est laid, cette eau qui coule. (Immense parenthèse sur les pleurs et les femmes, puis retour aux obsèques...) Donc, je regardais ma montre et me disais : « Dans dix minutes, c'est fini et je reviens au yacht... » Mais voilà-t-il pas que mes deux Russes, toujours s'étreignant et sanglotant, décident – je ne sais plus lequel de ces deux sauvages a eu cette idée – d'accompagner le cercueil jusqu'à la tombe, en marchant à genoux! Aussitôt dit, aussitôt fait et les voilà qui se traînent à genoux. Non mais vous imaginez la scène! Ce cortège d'escargots. Mes deux imbéciles à genoux et moi, folle de rage contre eux et qui avais le plus grand mal à me retenir d'ôter mon soulier pour leur taper sur la tête. Mais, marcher à genoux, dans le gravier et la poussière, est un véritable calvaire et les Russes ont un goût du martyre à éclipses; et mes deux fous, en vérité, leur premier enthousiasme passé, en avaient complètement assez de se conduire en clowns désespérés. Alors, comme je les traitais d'imbéciles, de crétins et de tout, entre mes dents, à voix basse, et comme je leur donnais des coups, de la pointe du soulier, ils ont fini – comme s'ils me cédaient mais ils étaient soulagés et ravis – par se relever. Alors, là, j'ai pris la tête du cortège et nous avons filé à toute allure. J'aurais couru, moi, si j'avais osé. C'était comique, vous savez. D'ailleurs, toutes les obsèques sont comiques. Enfin, voilà comment j'ai enterré Diaghilev!... Mais vous me parliez de Dali. Que vous a-t-il dit? Vous étiez près de lui à table... Que vous a-t-il dit?

– Peu de chose, Mademoiselle. Soudain, il s'est tourné vers moi et m'a déclaré tout de go que les hommes qui bandaient le mieux – excusez-moi – étaient les culs-de-jatte.

– Tiens donc! Et pourquoi?

Elle pose sa tête d'oiseau sur son poing décharné.

– Parce que, m'a-t-il expliqué, le sang qui afflue n'a plus les deux jambes à irriguer et se réfugie dans le sexe qui forcément en devient considérable.

– Tiens donc! Et pas dans les moustaches? Dali, hein,

n'est qu'un très raisonnable avare catalan, tous les Catalans sont avares, qui se fait passer pour fou.

D'un revers de phrase, elle balayait tout. Les rois, les princes, les ducs, les pairs, les chefs d'État, les écrivains et de Gaulle qu'elle détestait et aimait « beaucoup », en humeurs alternées. Quand elle le haïssait, elle l'appelait « ce Monsieur de Gaulle », quand elle l'aimait, « le Général ». Oui mais, toujours, elle regrettait qu'il s'habillât « comme un sac ».

– D'ailleurs, les militaires, aujourd'hui, sont horribles. Ils portent des uniformes d'une laideur épouvantable. Au moins, les officiers allemands avaient-ils de l'allure et des costumes convenables. Mais les Américains! Mon Dieu, quand je les ai vus arriver, je me suis dit : « Mais qu'est-ce que c'est que ces ouvriers! » On aurait dit qu'ils venaient réparer une automobile... Une invasion de garagistes qui mâchaient du chewing-gum... Les guerres sont stupides mais, par-dessus le marché, elles sont devenues laides. A la fin de celle-ci, les garagistes américains se battaient contre des vieillards allemands dépenaillés.

La nuit s'avançait, dans le salon chinois. Mademoiselle parlait et parlait et se momifiait en cadavre bavard. Le petit chapeau, auquel elle avait donné des coups furieux, était tout de guingois, le menton en galoche plus avancé encore, mais, de chez Carabosse, je sortais *enchanté.*

## 32

# RIMBAUD
# et
# MICHEL FOUCAULT – ROLAND BARTHES

Tignasse de feu, la cervelle étroite pour que s'y compriment, pour mieux jaillir, les rêves, et la maladresse dans toutes les luttes. On fume la pipe à fourneau renversé et on vénère un professeur qui a les doigts jaunis de nicotine et dont on espère qu'il est tuberculeux. On assied la beauté sur ses genoux mais elle n'a ni une voix, ni un visage, ni un corps. Elle est un appétit de nuages et de sang, une chaleur en laquelle on marche, qui vous entoure comme une nuée et rend vague le regard – et l'âme triste – après les amours premières et, dans les trous de la nuit, si solitaires. Mais on a seize ans et Rimbaud est le dieu et le mauvais frère. On lui jure de ne jamais le trahir.

C'était fort bien, *in illo tempore*, aux saisons de mon adolescence, l'enseignement secondaire. Professeurs et manuels de littérature freinaient devant les récifs Baudelaire et Rimbaud. Ils avaient peur de ne plus maîtriser les voiliers fous que nous étions. Que de vents à dompter et qui s'engouffraient dans nos voiles! Ils craignaient avec raison que la tempête Baudelaire ou l'ouragan Rimbaud ne les déchirât et coupables ils auraient été d'avoir rendu nos bateaux ivres. Tout juste (mais il avait écrit *les Misérables*, *l'Art d'être grand-père*, *la Légende des siècles* et avait eu des obsèques nationales) consentaient-ils à voguer sur le brave océan Hugo, dont une dernière lame nous déposait, scolairement sains et saufs, sur les plages du baccalauréat. C'était bien. La recette était excellente car elle nous faisait brûler du désir de *découvrir*, seuls, des terres inconnues et – puisque nos professeurs ne nous y avaient pas conduits en explorations – mystérieusement interdites. (Excellente recette puisque c'est à elle que l'on doit les conquérants, les aventuriers et leurs frères chanteurs : les poètes.) Je crois que, de nos jours, on appelle cela des « interdits » et qu'ils sont « balayés ». Certes, mais qui s'étonnera, après ça, que s'éteigne la race aventureuse et que les maîtres chanteurs délicieusement « maudits », soient devenus des professeurs républicainement salariés ?

En ce temps-là, je croyais donc, avec une saine naïveté, qu'existaient deux mondes. L'un balisé, à la flore cataloguée et à la faune domptée; l'autre forêt vierge et peuplé d'animaux rôdeurs et sauvages. Hugo, Ronsard, Racine, Musset, Vigny, etc., *et* Rimbaud. Dans la vie vécue, la famille, avec toit, table et rudes conseils *et* les routes avec leurs aventures. Les petites amoureuses à souliers plats qui rougissaient *et* le bordel où des géantes, monceaux d'entrailles, détruisaient l'innocence. Dans les allées tracées, comme celles d'un jardin, du premier royaume, des guides nous accompagnaient; dans les forêts du deuxième, nous allions nus et sans boussole mais l'ivresse des découvertes nous donnait des semelles de vent et des nuques plus raides.

Or, voici qu'une des désolations de mon adolescence en agonie fut de m'apercevoir que mes dieux maudits, hors des temples scolaires dont l'entrée leur était interdite mais qui, s'accompagnant de la flûte, m'invitaient à les suivre et à danser leur danse, or voici qu'ils arboraient gilet, veston, cravate, et ressemblaient à des percepteurs. Sur une photo, je vis Nathanaël portant des guêtres grises. Seigneur, que la religion soit incarnée par des curés et non par des saints, l'armée par Gamelin et non par d'éternels Bonapartes, la littérature par des bourgeois proprets et non par des archanges, Seigneur, c'est en se résignant à cela que l'on descend un jour du bateau ivre pour marcher d'un pas terrestre sur les quais de l'âge adulte.

Et je vis, il y a quelques années, un grand tourbillon de jeunesse à l'intérieur d'une librairie qui ne badine pas, dans ses vitrines, avec la littérature si littéraire qu'elle en glace le sang. Avec la philosophie, moins encore. Avec les sciences humaines, n'en parlons pas. Je m'approchai et aperçus, au centre du tourbillon adorant, un monsieur chauve comme boule d'escalier, rasé comme un marbre, hilare de toutes ses dents solides et entièrement fausses, et qui signait des livres épais que lui tendaient des mains au bout de bras épileptiques. Il reprenait souffle, parfois, et s'adressait à la marée dévote qui applaudissait à grands cris extatiques. Et je pensais, sinistre : « C'est donc ça leur idole ? Leur modèle et leur maître à vivre et à chanter ? C'est ça leur Platon et leur banquet, leur Rimbaud et leur Éthiopie ? C'est ça, désormais, leur Zarathoustra ? C'est ce prof archiviste au crâne poli et au rire de scout prédateur ? C'est ça, leur soufre, cette odeur d'encre ? Et ils ont vingt ans, les malheureux ! » Pour un peu, je serais allé m'agenouiller dans la proche église de Saint-Germain-des-Prés. « Mon Dieu, dégainez votre foudre. Je viens de voir de jeunes vieillards à la bouche pleine de mots. Ils brandissaient comme palmes des livres autour d'une boule d'escalier. Ils seront demain des professeurs. Ils adorent Michel Foucault ! »

Ou Lacan-le-fol. Ou Barthes-le-méticuleux et dont je n'oublie pas avec quelle grâce glissante il venait apporter aux *Temps modernes*, au cours des années cinquante, ses *Mythologies*, affinées jusqu'à la transparence comme des sucres d'orge rendus pointus à longues traînées de langue précieuse. Le conclave ne détestait pas ça. Barthes donnait des coups de patte félins au quotidien des choses et savait retourner les marrons qu'il extrayait du feu. Et puis, après tout, son regard était « engagé »... Barthes, comme Lacan, fréquentait aussi l'Institut de culture physique – où je me livrais, pour ma part, aux joies du trapèze et du cheval d'arçon, mes deux spécialités – mais c'est avec une attendrissante modestie, des regards « à la Greuze » et une résignation indolore de martyr qu'il faisait sa gymnastique. Il avait la bonté de sourire lorsque je balayais l'espace, accroché au trapèze, ou franchissais en hurlant le cheval d'arçon mais n'en continuait pas moins d'agiter gentiment ses ailes de poulet, deux moignons las, comme s'il eût pépié gentiment pour recevoir quelque grain d'une imaginaire fermière. Je m'étonnais que Lacan et Barthes, purs esprits, eussent souci matériel de deltoïdes et de pectoraux. Je devinais, derrière ce souci, une misère qui n'était évidemment pas la mienne puisque, au contraire de ces brillants intellectuels, je ne fréquentais l'Institut que pour évacuer ma vigueur et non pas, comme eux, pour implorer l'apparition de muscles qui s'obstinaient à ne pas se dessiner sous leur peau blanche.

Barthes aimait les « signes ». J'en ai vu un, dans le ciel, lorsque j'appris qu'il avait été écrasé par un camion de blanchisserie en plein cœur du Quartier latin. Barthes tué par le vierge et l'immaculé, par la blancheur en attente des idéogrammes de la vie et des signes! En attente des tracés de communications subtiles et secrètes. Barthes martyr de la blanchisserie! O Providence! Mais pourquoi Céline n'a-t-il pas été écrasé par une voiture de la fourrière ramassant les chats galeux? Et Foucault fauché par l'auto de gangsters, évadés de prison, venant de commettre un hold-up sanglant ? Nous aurions été émerveillés par ces morts précises transformant, comme a dit l'autre, des vies en destin. Mais, hélas, ils sont trop rares les chauffards qui ont des lettres et trop souvent la Providence choisit de tuer au hasard.

# 33

# MONTHERLANT

Il sera, lui, plus malin. Il se tirera, posément, une balle d'or dans une tête qu'il voulait de bronze. Salut! Une orgueilleuse signature de sang, au bas de sa vie. La pièce est sauvée. Le comédien (le faux guerrier, le faux torero, le faux amant de mille et une Andrée et Solange) meurt vraiment foudroyé par une vraie balle, sur les tréteaux. *Nunc plaudite omnes.* Tous les mensonges pulvérisés par une seule détonation. Une mort romaine puisque, ne l'oublions pas, à Rome, même les histrions savaient, à la bonne heure, mourir. Nous étions voisins. Je voyais un vieil homme, sans cou, la nuque épaisse, rose et rasée comme celle d'un général prussien, qui marchait pesamment le long du quai Voltaire, comme un toro déjà aveuglé par la mort, laqué de sang jusqu'au sabot, et qui marche en s'appuyant aux barrières, fleuri de banderilles comme cet homme l'était de gloire. Il ne regardait personne. Il ne me voyait pas – parce qu'il ne voyait plus rien – lorsque nous nous croisions et que j'étais prêt à un salut. Il arrive pourtant qu'on salue un aveugle, ce que je fis, parfois. Il marchait, le toro, vers un étrange corral où je m'étonnais qu'il engouffrât sa pesante masse : vers l'Académie française! Quoi! Montherlant allait assister à quelque séance? Je n'en croyais pas mes yeux chagrinés et je veux encore assurer qu'il n'allait en ce lieu, lui, Henry de Montherlant, Grand d'imaginaires Espagnes, que parce qu'il se souvenait y avoir aperçu un jeune et triomphant huissier, beau comme Antinoüs, et pour y réjouir son regard épuisé, en devinant, comme à travers une brume, une chaîne qui brillait autour d'un cou musclé, telle une toison d'or. Je veux donc croire que Montherlant n'allait aux séances de l'Académie que par vice et volupté jamais éteints.

De longues années s'étaient écoulées depuis le jour où il m'avait reçu dans son appartement qui sentait la souris, le célibataire et le musée abandonné. Mais, Dieu! comme elle était bizarre la position des deux fauteuils, celui qu'il me désigna, et celui dans lequel il cala, droite, sa personne. Je m'interrogeais puis, enfin, je compris. Le Maître avait étudié la chose afin de ne me présenter toujours que son profil trois quarts aux viriles arêtes et doucement irisé, comme un buste – par la lumière dispensée avec mesure par la haute fenêtre donnant sur le quai. A partir de là, évidemment, ma curiosité s'éteignit et mon propos, et en retour le sien, se traîna, lamentable. J'étais mal assis. Le « sujet » ne m'intéressait plus. L'acteur utilisait de trop grosses ficelles. Adieu, Alban de Bricoules, adieu Costals! Éteints les solstices et épuisés les équinoxes. J'étais au théâtre. Et en rage légère d'amant dupé qui voit tomber au pied du lit corset, faux cul, perruque; et s'éteindre les fards de la beauté naguère adorée aux bougies pendant que, dans le restaurant, coulait le champagne et que miaulaient les violons. Et je pensais, entre colère et déception : « Pourquoi cette vanité? Cette pose? Serait-ce une angoisse? Mais provoquée par quoi? Par la volonté, devenue mécanique et seconde nature, de plaire? Par poursuite traquée, à tout prix, de la séduction à cause de l'âge rendue difficile? » Questions vaines. Depuis, j'ai appris que tous les homosexuels sont « comme ça ». Ça ne décroche jamais, un homosexuel. Ça lutte, ça se bat, ça donne des coups de corne à la vie jusqu'au dernier souffle. Banderillé, piqué, estoqué, pissant le sang, ça « cabecea », comme on dit dans les arènes, ça cherche la cape qui tourbillonne et la muleta qui effleure le mufle. Ça refuse de tomber sur le sable souillé. Jusqu'au descabello. Mais celui-ci, Montherlant n'attendit pas qu'il le foudroyât et il s'empala, de lui-même, sur le fer. Au fond, il y a donc, chez les *grands* homosexuels (Mishima, Lawrence, Montherlant...), comme chez les toros de caste, une *bravoure.* Sur le trottoir du quai Voltaire, congé pris de M. de Montherlant, comme je n'avais pas encore compris cela, souffrez, cher Costals, que je présente à vos mânes de respectueuses excuses. Oui, vous étiez *brave.*

34

# JOË BOUSQUET
# et
# JULIEN BENDA

Vivait – ou plutôt survivait – à Carcassonne, la « ville » où mon père avait émigré de notre village alors que j'avais cinq ans, Joë Bousquet, poète. Il jouissait, à Paris, du côté de la NRF, d'une réputation exquise et secrète et publiait des livres écrits dans une prose (poétique) obscure, déroulant ses rythmes comme les volutes d'opium qui flottaient dans sa chambre aux fenêtres scellées. Dans cette chambre, il gisait, adossé aux oreillers de son lit, depuis qu'une balle, en 1914, avait brisé sa colonne vertébrale et paralysé la moitié de son corps. La couverture de fourrure, à partir du bassin, n'était soulevée par aucun vallonnement. Le gisant avait les jambes atrophiées et ce brusque aplatissement de la couverture, la première fois, m'effraya.

Une vaste chambre plongée dans une quasi-pénombre. Seul, par une lampe de chevet, le lit est éclairé sur lequel règne un grand désordre de lettres et de livres. Joë Bousquet, front haut et dégarni, cheveux gris-blanc sur la nuque, visage osseux et d'une pâleur diaphane au milieu duquel est planté un nez aux ailes minces, cassé au départ des sourcils et fortement busqué. Dans la chambre où grouillent sourdement, sur les murs, des toiles de peintres surréalistes (de Tanguy, notamment), règne une atmosphère de crypte et les visiteurs, aux silhouettes estompées par la pénombre, font cercle autour du lit – à quelque distance – où le gisant reçoit et parle. Parfois, il s'interrompt, fait grésiller une boulette d'opium avec une tranquille dextérité de main qui doucement tournoie au-dessus de la flamme et, dans une longue pipe, aspire goulûment la fumée. Dirai-je mon innocence, en ce lieu? J'allais chez Joë Bousquet parce qu'un de mes professeurs, au lycée, m'y avait convié mais ne comprenais rien aux propos, divagations et superbes volutes verbales du poète qui, en général, à lui seul, faisait toute la conversation devant le cercle respectueux composé d'habitués, membres de l'intelligentsia bourgeoise de la ville, d'un ou deux professeurs-poètes, de collaborateurs des *Cahiers du Sud* de passage. Mais, après la guerre, et l'Occupation venue, la « zone libre » et ensuite mollement occupée avait vu descendre vers ses havres des intellectuels, des artistes, des peintres, et la chambre de Joë Bousquet était devenue une sorte de plaque tournante de rendez-vous. On « passait » chez Bousquet, à Carcassonne. On venait le saluer et l'écouter. Entre dix ou vingt silhouettes que j'entrevis, je ne me souviens que de celle d'un homme prodigieusement sombre et taciturne, à tête rougeâtre et ronde, aux yeux gris et bleu. Sans doute la qualité de son silence était-elle si colossale qu'il est le seul dont le nom se grava dans ma mémoire : Hans Bellmer. J'appris qu'il dessinait et peignait. Jamais je ne vis un homme à la solitude et au silence si redoutables.

Chez Bousquet, de quoi parlait le cénacle? Intarissablement, interminablement, de poésie et de haute, de très haute littérature, si haute que le propos passait plus haut encore au-dessus de ma tête et que j'en avalais mes joues, moins creuses qu'aujourd'hui, et imberbes. Qu'on imagine un petit séminariste, sagement assis dans un coin, et écoutant disputer de savants théologiens sur une nouvelle réfutation des scolies d'Origène et des universaux de Duns Scot, « docteur subtil ». C'était moi. Des flottes entières de poètes, d'essayistes, de partisans de la poésie pure, d'exégètes de Maurice Scève, de critiques de la revue *Fontaine*, de défenseurs ou d'adversaires de l'abbé Brémond, de fanatiques éluardiens, des escadres de bombardiers aux soutes remplies d'explosifs à ma culture lycéenne – et même extra-lycéenne – inconnus, faisaient pleuvoir leurs bombes sur ma cervelle aussi épatée qu'elle était vierge. Comme je respectais, je lisais *le Revolver à cheveux blancs* ou *Catharisme et Surréalisme* et n'y comprenais goutte. Heureusement, j'avais la foi.

Je les avais même toutes, les fois, en désordre inouï, dans ma tête fraîche, puisque je respectais aussi infiniment qui? Eh bien voici et c'était qui? C'était un petit vieillard à l'air toujours furieux de belette affamée, lorgnon sur le nez et frange coupée net, d'une blancheur de neige sur le front. Il allait trottinant, dans les allées de la bibliothèque municipale, les bras chargés de livres, puis s'asseyait dans la salle de lecture et, plume rageuse, criblait ses papiers de notes. De temps en temps, comme nous étions le plus souvent, lui le vieillard et moi le très jeune Éliacin, seuls dans la salle de lecture que chauffait un poêle à charbon (c'était l'Occupation et la chaleur que dégageait le poêle une aubaine rare!), il me lançait des regards aiguisés par une brève curiosité. Le vieux bibliothécaire, maître des lieux, de haute taille, les épaules lourdes et la lunette savante... (ici, une parenthèse : lors de la « libération » de la ville, on fusilla allégrement les « collabos », à Carcassonne. On fusillait, on tondait, on frappait et torturait dans les salles du lycée Jean-Jaurès réquisitionné, et à la prison. Le résistant poussait à toute vitesse comme lentille sur le papier buvard humide. Ce jour-là, je vis un attroupement, rue de la Gare. J'y courus. On promenait, au milieu de la foule, des collabos et, parmi eux, à ma stupeur, j'aperçus le bibliothécaire qui n'avait pas haï Pétain, à ce que m'assura un farouche guérillero. Et il allait, le vieil homme, la face dégoulinante qu'il n'avait plus la force d'essuyer, et il allait et il fondait, croyais-je, mais c'étaient des crachats.)... et le bibliothécaire me dit un jour : « Vous savez qui est ce monsieur aux cheveux blancs? C'est Julien Benda. » Le même jour, le monsieur vint vers moi. « Que lisez-vous? – Je fais du latin, Monsieur. – Je m'appelle Julien Benda et j'ai vu que vous veniez aussi travailler ici. Je suis écrivain. Avez-vous lu quelque chose de moi? – Pas encore, Monsieur. – Je vous prêterai quelques livres. Voulez-vous m'accompagner chez moi, tout à l'heure? – Oui, Monsieur. »

Écrivain! Un grand, un vrai, un vieux! Et qui avait habité Paris! Et qui connaissait tous les autres vrais écrivains, les Gide, les Valéry, et qui – je n'en revenais pas et fallait-il qu'il fût considérable pour avoir pareil mépris – les haïssait.

Il habitait une chambrette, derrière le cinéma « Odéon », tout encombrée de livres, de manuscrits, de lettres et de papiers, où il travaillait et se faisait chauffer du faux café sur un minuscule réchaud à alcool au-dessus duquel il promenait ses mains, pour les dégourdir, quand le froid était trop vif. Deux juives turques, douces et tremblantes, la mère et la fille, ses voisines de palier, lui confectionnaient de maigres repas. Mais, du froid comme de la nourriture, de la guerre comme de l'Allemand, du Midi comme du Nord, des reculs de la Wehrmacht comme des avancées de l'Armée rouge, Benda – j'en donne ma parole! – n'avait pas le moindre souci car un seul l'occupait (si j'ose dire) : écrire sa *France byzantine* et y réduire en poudre ses trois ennemis privilégiés : Bergson, Gide et Valéry. Trio maudit et haï jusqu'à l'obsession. Leur crime? Eh bien, ils passaient leur temps à perpétrer des attentats contre la Raison dont lui, Benda, était à peu près le seul paladin, le seul à être ceint de ses Lumières. Siècle odieux avec ses Bergson, Gide et Valéry en tête, mais aussi avec les Aragon, Giraudoux, Claudel, Suarès et les infâmes surréalistes. Tous « chantres du vague », « maîtres de l'obscur », « dévots de la mystique ». Et seul, face à ces légions du mal absolu, avec tout de même à sa droite Kant et à sa gauche Renouvier (son grand homme), et seul, ange pur de l'absolue Raison : Julien Benda.

J'écoutais. J'approuvais. Après tout, je n'étais rien alors qu'il était, lui, l'Écrivain. Je lisais les auteurs honnis et, dès que j'y repérais un éloge du « vague », de « l'obscur », de « l'incertain », de « l'inachevé », je notais la citation et la rapportais triomphalement à l'irascible vieillard – comme un toutou rapporte le lapereau – qui la jetait aussitôt dans son fourneau à cramer l'infidèle. En vérité, je me conduisais comme un personnage dédoublé puisque je lisais les œuvres criminelles non sans révérence et que, dans le même temps, je traquais en elles les lapereaux que le maître mettait en broche. Et qui, à me lire, ne comprendra pas cette conduite, sera celui qui ne sait rien de l'adolescence ou d'elle a tout oublié parce qu'il est devenu cette chose aux pièces en forme de puzzle à jamais agencées et collées : un homme. Mon adolescence, je la visite encore. Elle est cet âge docile et révolté, aux doubles, aux triples, aux infinis désirs. Aux contradictions vécues sans leur donner de nom puisqu'on les vit ensemble, ou les unes après les autres, avec la même passion, et qu'on peut être un ange qui s'éveille, à l'angélus de l'aube, et une brute qui rôde, à l'angélus du soir. Qui est-on ? On ne sait pas. La vie vous soulève mais les vies à choisir, et à venir, sont là, à l'étal, devant vous et on goûte de l'une, de l'autre, de toutes lorsqu'on est à la fois actif et rêveur. En même temps, on est sincère et menteur, « romantique » et soudard, prodigue et avare, iconoclaste et adorant. Je résume et c'est très simple si j'arrête de fournir des explications : un adolescent est un acteur qui, ne sachant pas quel sera plus tard son *emploi*, joue, avec une même sincérité, des *rôles*. Et plus est vive son imagination et alerte son sang et plus est grand l'éventail de ces rôles. Une phrase de Gide, flèche en plein dans la cible, m'avait frappé : « Pourquoi m'ôterait-on le plaisir de me contredire ? » Je fus ravi. Elle expliquait mes élans et excusait mes fuites. Car, tel est encore l'adolescent : il adore à la fois la sentence de bronze (il lui arrive de la noter sur un cahier) et le poème évanescent. Oui mais que choisir lorsqu'on est capable de tout – et je veux dire de tout aimer.

Bien entendu, je cafardai à Benda la phrase (ci-dessus) de Gide. Ah, ah! il en aiguisa ses couteaux de boucher...

Il ne lisait pas. Il pêchait des phrases afin de bâtir sa thèse dont il possédait les blocs qu'il scellait les uns aux autres avec le ciment des citations. Ayant *décidé* que ses adversaires étaient des jean-foutre tapis dans les pénombres de la mystique où ils martyrisaient la Raison, il ne lui restait plus, à partir des pièces à conviction, qu'à prononcer un réquisitoire implacable. J'ai observé, plus tard, chez d'autres, combien est efficace cette méthode. Sartre, par exemple – qui lui non plus ne lisait pas mais pêchait aussi, avec cette virtuosité que « Normale-Sup » donne en prime à ses anciens élèves –, était capable de prouver n'importe quelle thèse. Le procédé était simple : comme, de cette thèse, il avait, quant à sa vérité ou à son erreur, une idée *a priori*, il lui suffisait de plonger la main dans un panier à citations et d'en saupoudrer (sucre s'il était avocat, sel s'il était procureur) le raisonnement. La méthode vaut également quand on rédige une biographie. Avec les « citations » habilement triées d'une vie, X sera un saint ou un monstre. On peut aller plus loin encore et c'est l'histoire elle-même qui bégaiera tout ce que vous voudrez. Voulez-vous, par exemple, d'une « Commune » ramassis d'ivrognes et de canailles ? Voici... Mais une « Commune » phalange de héros serait selon vos désirs ? Voilà... Chez les marchands fripiers de l'histoire, tous les vêtements sont réversibles. Au client de choisir.

Or, moi, agent double, je dévorais Gide et son gang et courais moucharder ce beau monde chez Benda!

Qui a connu l'auteur de *la Trahison des clercs* ne me démentira pas : cet homme n'avait aucune *sensibilité* et n'était fol amoureux que de l'idée. La froideur abstraite faite vieillard à besicles. Il était allé en Amérique. En Amérique! Je suis ébloui.

– C'est bien?

– Comment le saurais-je? Je baissais les rideaux du compartiment de mon train. Le pittoresque ne m'intéresse pas.

Le pittoresque – autre nom, le réel – cette horreur. Et surtout ne pas confondre « réel » et « Raison », n'est-ce pas...

Ou bien, nous traversons, lui trottine et moi je marche, la place Davila. Un miaulement de freins, un cri. Une voiture vient de renverser une femme. Je vais pour me précipiter. Benda me retient par le bras.

– Laissez, cela n'a aucune importance.

Et il poursuit sa démonstration. Sans doute (mais j'ai oublié), continue-t-il de hacher menu le gang Gide et Cie et, sur l'asphalte, la femme peut crever. Aucune importance.

Dans la chambre-salon de Joë Bousquet, comme du côté de chez Julien Benda, la guerre non plus n'avait aucune importance. Quant à la Résistance, dont Radio-Londres était le porte-parole, et, dirions-nous aujourd'hui, le publicitaire, la France *profonde*, complètement *installée* dans l'Occupation en attendant que « ça passe », ne se souciait que comme d'une guigne vague. Elle s'en moquait, la France profonde, dans sa majorité immense, de la Résistance. Elle s'en tapait, elle s'en foutait, elle s'en branlait et tout un dictionnaire d'argot ne suffirait pas à nommer son indifférence. D'ailleurs, jusqu'en 1944, il fallait, pour détecter ses nappes, de bonnes baguettes de sourcier même si le mythe, bricolé d'abord par de Gaulle et les communistes et ensuite par « quarante millions de pétainistes » (comme dit Amouroux) précipitamment reconvertis en héros, clame, maintenant depuis plus de quarante ans, le contraire. Il y eut « des » résistants de grand courage et de pur héroïsme, mais la France, mille regrets mais ce fut ainsi, ne résista pas et c'est, mille regrets encore, le moins qu'on puisse dire. Que de « maquis », par exemple, furent peuplés non par le patriotisme et la volonté farouche de se battre contre l'ennemi mais par le refus du STO (Service de Travail Obligatoire) en Allemagne, où la crainte était grande de souffrir de maigres pitances, de froids, d'isolements et de bombardements et d'y subir, en somme, le sort de « nos chers prisonniers » sur lesquels toute la propagande de Vichy, relayant en cela le sentiment naturel de tous les Français, invitait à s'apitoyer. Combien de mes aînés vis-je partir au maquis – c'est-à-dire trouver asile dans des fermes de la Montagne Noire – en s'écriant : « J'ai décidé de me battre, et de vaincre ou de mourir face aux Allemands. Enfin, l'heure est venue ! » ? Aucun.

– Tu pars en Allemagne ?

– T'es malade, non ? Tu crois que je vais aller faire le con là-bas ? Je file au maquis.

Aucun n'allait se battre. Tous filaient se planquer. Ce n'était pas un engagement mais bel et bien une fuite. Ils se conduisaient, en vérité, comme leurs aînés de 1940 mais, cette fois, au lieu de détaler en panique devant l'Allemand victorieux, ils couraient se cacher en attendant – là fut l'alibi de 1944 et la dorure patriotique de leur choix – sa défaite.

Par quel impossible miracle la France de 1940 vaincue et, en son organisme débilité méritant de l'être – puisqu'elle le fut! –, effondrée avant de combattre, ricanant (« les gueules de vaches ») devant son armée et ne l'applaudissant que lors des revues du 14-Juillet à cause des couleurs et du spectacle, comment cette France *profonde* aurait-elle pu, miraculeusement, se retrouver brûlée par un patriotisme la jetant en masse, comme en 1914, vers les brasiers du sacrifice? Vit-on jamais un corniaud battu et, en son honteux secret, content d'avoir été si vite rossé (« Ouf! la guerre est finie! ») sans qu'aucune de ses blessures soit mortelle, se métamorphoser promptement en dogue?

Il ne faut pas juger et condamner. Il faut comprendre. Il faut laisser remonter à sa mémoire mille détails, essayer de retrouver le mouvant, l'incertain, le quotidien, ne rien figer sous les lumières projetées *ensuite* sur cette époque et n'éclairant ceci qu'afin de juger et cela qu'afin d'exorciser, ne rien solidifier, se souvenir que les Français de ce temps n'étaient pas ceux d'aujourd'hui, que le monde alentour, les mœurs, les travaux et les jours, les codes, les « consensus », les « tabous », les rites, les conforts, les espoirs, les formes, les langages, les « rapports sociaux » (etc.) n'étaient pas les mêmes; que les Français de l'Occupation n'avaient pas *le même passé* que ceux qui, après la guerre, en brusque et immédiate amnésie, furent leurs juges ou, plus tard, leurs fils accusateurs. Et, ce que j'écris ici, quel « stalinien » des années 50 – et Dieu sait si ma jeunesse en connut des troupeaux, de si près que leur forte odeur de suint me chatouilla souvent les narines – le démentira? Et je me revois, au cours d'une longue nuit et au mépris des heures qui s'écoulaient, face à Pierre Hervé, à la fois calme dolmen de certitudes et serpent python déroulant ses lourds anneaux dialectiques, Pierre Hervé tétant une sentencieuse pipe stalinienne et me transformant en mécréant hanté de remords et m'invitant, non pas à prendre soutane (« Non, non, je ne te demande pas d'adhérer... ») mais du moins à m'approcher (« sans préjugé... ») du parvis pour respirer (« objectivement ») l'encens du temple. Et j'hésitais (« Oui, d'accord, mais... »), et je dansais sur ma chaise sans être trop fier de m'y accrocher comme à une bouée par crainte de me jeter dans le vaste océan... de l'histoire. Oui, quel ex-stalinien ne le comprendra et, à celui qui aujourd'hui lui demandera de trop baisser la tête, ne répondra pas : « Vous n'étiez pas *moi*, après la guerre et dans *ces années-là.* »

Ô chagrin, ô pitié. Après l'orage, que de jugements, ici, que de justifications, là. Alexandre Zinoviev (dont je lisais, en entracte, pendant l'écriture de ces lignes *Un héros de notre jeunesse*, le « héros » est Staline...) écrit à propos de l'époque stalinienne : « Comprendre ne signifie pas justifier. On peut comprendre sans justifier. On peut justifier sans comprendre. La justification est un phénomène d'ordre moral, la compréhension d'ordre gnoséologique. Si l'on s'en tient au point de vue de la compréhension, les causes du présent résident dans le passé. *Si l'on cherche à justifier ou juger, il n'existe aucun lien avec le présent.* (...) *On ne peut pas juger le passé en se référant au présent.* On ne peut pas davantage juger ou justifier le présent en se référant au passé. Examiner l'histoire en se cantonnant dans les catégories de la justification ou du jugement, signifie s'ôter toute possibilité de comprendre. »

Quant aux intellectuels et artistes – ô générations futures je l'écris pour votre édification! – romanciers, philosophes, poètes, essayistes, peintres, eh bien figurez-vous qu'ils étaient d'abord occupés non pas par l'Allemand mais d'abord par l'écriture de leurs romans, traités de philosophie, poèmes et essais, ou par la confection de leurs tableaux. Et qu'ils continuaient de se détester ou de s'expédier des roses, dans leurs zoos ou jardins, avec une ardeur que ne distrayaient en aucune façon les péripéties de la bataille de Stalingrad. Quelques-uns jouèrent, entre la rédaction de leurs ouvrages, à la Résistance, ce « drôle de jeu », mais, entre nous, si leur « action » empêcha Hitler de dormir, ce fut parce qu'il était insomniaque. Des preuves de ce que j'avance? Il y en a mille. Ainsi, par exemple, une mince plaquette, délicatement tenue entre pouce et index très rapprochés, suffirait-elle à résumer les exploits d'Aragon ou d'Eluard (je parle ici de deux phares héroïques) résistants. Ou bien encore, lisez le livre de Brassaï suivant pas à pas Picasso et si vous y découvrez un Picasso résistant ou soucieux de quelque virtú, voici mon adresse...

J'écris cela sans joie et sans tristesse non plus. Pas de quoi grimper aux rideaux avec, entre les dents *l'Idéologie française* de M. B.-H. Lévy; pas de quoi en descendre en récitant un poème patriotique de Louis Aragon. Ce fut ainsi et voilà tout. Et si je « témoigne », du haut de ma verte adolescence et à partir de quelques arpents de terre, de ma petite ville et des célèbres personnages qui la hantèrent, c'est parce que se réfléchit, dans cet étroit miroir, un monde.

Ce monde, depuis, nous l'avons truqué. Films, romans, récits, témoignages ne nous ont parlé et ne nous parlent encore que de « lutte héroïque », de « soulèvement de tout un peuple », d'années noires et terribles, de combats acharnés contre l'ennemi et pour la libération de nos villes et campagnes où mugissaient de féroces soldats. Non! La guerre, durant quatre ans, pour les Français, se déroula *ailleurs*, dans les Cambodges, les Vietnams, les Biafras, les Tchads et Afghanistans qui étaient cet infini, le Pacifique, et ces ailleurs, les sables de Tripolitaine et les neiges de Russie. En outre, ce fut une guerre *sans images* dont ne rendit compte aucune télévision. Il y avait certes, dans des hebdomadaires, de rares photos. On y voyait un char soviétique flamber, une colonne de prisonniers bras levés, un soldat dégoupillant une grenade, à l'abri derrière un mur, la torche d'un avion abattu. Aucune participation, en direct, à cette guerre. D'elle, aucune présence qui l'aurait rendue terrible, ou exaltante, ou repoussante. Sous un chêne aux branches épaisses, le troupeau français s'était réfugié et regardait pleuvoir ailleurs. L'Occupation, elle, fut vécue comme un *passage*. En attendant d'aborder de l'autre côté du gué, il fallait vivre. La France vécut. La Résistance, enfin, fut, très souvent, une *inconscience*. Je dirai, par exemple, celle de Benda et, par ricochet, un brin de la mienne.

Été 1944. Des policiers français préviennent Julien Benda que milice ou gestapo – ils ne savent pas très bien, ce sont des bruits – ont les nerfs à vif et pourraient lui chercher noise. Il devrait fuir. Le proviseur du lycée, désert parce que les élèves ont été mis, à cause des événements qui se précipitent, en vacances, accepte de cacher le vieil homme qui, ensuite, se volatilise dans un couvent, à Toulouse, d'où il m'écrit posément pour me prier d'opérer une razzia de tous ses papiers et manuscrits dans sa chambre, si elle n'a pas été pillée, et de les lui apporter. Soit. Allons. Je nage dans un océan d'inconscience, d'innocence, de non-questions non posées, de confusions de mots et de tout, dans la cervelle et, par-dessus le marché, dans un corps qui s'agite, évidemment, beaucoup. Je ne sais rien de la vie et du monde sauf, en gros, que la France a perdu la guerre, qu'elle est donc occupée mais qu'elle sera fatalement libérée et que de Gaulle en sera le patron. En attendant ce jour-là, je vis dans le cercle clos d'une petite ville perdue du bout de la France, serre les dents pour passer mes bachots, me gorge de lectures et entends parler énormément de haricots, d'œufs, de pommes de terre et de marché noir. A la radio, j'écoute Londres et, comme je connais la géographie mieux que mon père, c'est moi qui, sur une carte, déplace les drapeaux. « Tu es sûr que tu ne te trompes pas? Ils ont perdu deux centimètres, les Boches? – Sûr! Jitomir c'est ici, et Lvov c'est là. – Dis donc, deux centimètres! Ça va vite! Et Berlin? – Ici. – Hé, c'est encore loin. Y'a du chemin à faire... »

Je ne sais pas ce qu'est un juif. J'ai lu *Bagatelles pour un massacre* de Céline et *les Décombres* de Rebatet mais ces proses, dans ma petite ville, dans mon quartier, dans mon milieu, ont glissé sur moi comme l'eau sur les plumes d'un canard et de ces livres, articles ou pamphlets, je n'ai retenu que les accents sonores et la *littérature.* Et si Céline avait écrit : « A bas les Topinambous! La lèpre topinamboue encule la France!... » (etc.), même effet. Surface de mes plumes, sortie du flot, intacte. Tout livre, toute écriture n'étaient en effet, pour moi, que de la littérature et, partant, de l'irréel. Des marchepieds pour des rêves ou des nourritures pour la faim de *mon* estomac. Dès lors, entre mes quatorze et dix-huit ans, pourquoi le mot « juif » aurait-il accroché mon intérêt? Dans ma famille, mon milieu, ma « classe », mon village et mon quartier, personne n'avait vu, rencontré ou fréquenté de juifs. Personne n'en parlait. Ils n'existaient pas. Des Topinambous. Rien qu'un mot sans contours et vide, absolument, de toute réalité. J'avais, au lycée, un ami qui s'appelait Lévy et que je hélais un jour, à tue-tête, d'un bout à l'autre de la place Davila encombrée d'Allemands. « Lévy! Lé-vy! » Je hurlais, mains en porte-voix. Il courut vers moi. « Gueule pas comme ça! – Et pourquoi? Tu ne me voyais pas? » Il haussa les épaules sans me donner d'explications. Et Benda était juif? Pourquoi pas? J'étais bien de Carcassonne, moi. Ou, plutôt, qui étais-je ? Personne, tout, rien et n'importe qui. De toute façon, réussissant à peine à faire surface au-dessus de mon âge, de mes études, des inquiétudes que me flanquaient les bacs, des trous noirs, devant moi, de mon avenir, m'extirpant avec secousses et violences hors de mon corps d'étalon, la question juive m'était une nuée. La France était occupée mais, comme n'importe quel adolescent, j'étais d'abord occupé *par moi* et non par la querelle, aux échos d'ailleurs parfaitement étouffés entre les murs de Carcassonne, qui opposait des Boches allemands et des juifs topinambous.

J'allai, tranquille, à l'appartement de Benda. Grelottantes, les deux juives turques me donnèrent la clé et, tranquillement et pêle-mêle, je fourrai papiers, manuscrits et lettres dans une grande valise, sans trier. Mais la mère turque me dit soudain, arrêtant mon bras.

– Vous allez apporter la valise à M. Benda ?

– Oui, bien sûr.

Elle désignèrent ce que je tenais à la main.

– Ça, vous ne devriez pas le prendre. Ce sont ses papiers d'identité. Vous devriez les garder chez vous.

J'ouvris passeport et carte. Un énorme tampon « juif » les barrait.

– Ne les emportez pas.

– Bon, je les garderai.

Je les ai encore.

A Toulouse, toutes les issues de la gare étaient bouclées. On avait assassiné Philippe Henriot ! Contrôles ! (Pour marquer le coup, je suppose ?) Des voyageurs hésitaient, sur le quai. Or moi, toujours tranquille et flottant sur mon tapis d'innocence, halant ma valise bourrée de manuscrits et de lettres où s'étalait partout le nom de Julien Benda, l'adresse de son couvent-refuge en poche, je m'avançai tranquille, tranquille, vers le contrôle et la sortie et... passai. Rien ne me parut plus naturel et mon inconscience n'éprouva pas la moindre inquiétude. J'étais d'ailleurs gonflé d'importance. Mercure d'un Écrivain, ne transportais-je pas les manuscrits de *la France byzantine*? Mais si! Mais cet Écrivain avait fui, le feu aux trousses, et se cachait dans un couvent? Bah! ce n'étaient là qu'aventures et bizarreries de l'époque.

Benda ne fut pas étonné le moins du monde de me voir arriver. Pas la moindre question sur mon voyage. Rien sur mon odyssée. C'eût été du « pittoresque ». Je déjeunai en sa compagnie, servi par une bonne sœur âgée d'une cinquantaine d'années et qui, chargée de bures, dégageait, il faisait très chaud, une forte odeur. Mais elle avait un calme sourire et des gestes silencieux pour déposer, devant nous, la pitance.

– Tout est très bien, ici, et je peux travailler. On s'occupe aimablement de moi.

Dès le hors-d'œuvre de choses bouillies, Benda se mit à célébrer Renouvier et à embrocher, molle patate au bout de sa fourchette, Bergson et sa maffia d'amoureux de « choses vagues ». Et de la guerre, de l'assassinat d'Henriot, et comment allaient ses voisines turques? Pas un mot. Tout cela n'eût été, je le répète, que de l'insupportable pittoresque. Potins dignes de l'attention d'un André Gide, peut-être, mais non de celle (elle siégeait en tiers invisible à notre table) de l'auguste Raison.

Devant un poteau d'exécution, je suis certain que Julien Benda, si l'officier, avant de commander le feu, s'était avancé vers lui pour lui déclarer d'un ton rogue et en claquant les talons : « Monsieur, avant de faire mon devoir, je tiens à vous dire que je partage votre haine pour Gide, Valéry, Bergson et consorts », je suis certain que l'auteur de *la France byzantine* lui aurait serré la main et serait mort *heureux*.

# 35

# PROVINCE

Et moi, évoquant Julien Benda, Joë Bousquet et « cette époque-là », et moi qui allais oublier de dire l'essentiel et de prononcer, « à l'intention des générations futures » (ainsi Montherlant, soucieux de gloire posthume, parfois s'excusait-il, en note, d'écrire telle évidence qu'une inculte postérité risquait de ne pas entendre...), que l'Occupation fut, pour la province, une extraordinaire occasion, non avouée, de revanche sur Paris. Après tout, pensaient les provinciaux, c'est Paris, avec ses gouvernements, ses combines, ses débauches, « noces » et « bombes », ses parlements, ses émeutes, grèves et « Front popu », ses prodigalités, son luxe, sa belle vie, son orgueil et son accent, c'est Paris cette courtisane, cette « poule », qui a été violée et battue et qui maintenant en est réduite à vendre ses bijoux pour acheter nos haricots et nos jambons. Et, à preuve que la Province, elle, était restée sage et solide, c'est que « le vainqueur de Verdun » avait choisi d'aller s'asseoir, sous un chêne, à Vichy, aux frontières d'une éternelle Auvergne et au cœur de la France. L'Occupation, de ce fait, fut aussi, pour la Province, manière de se libérer de la tutelle de cet insolent Paris qui naguère l'humiliait. Et de voir les Parigots réfugiés mendier l'appartement dans nos villes et villages autrefois considérés comme bleds perdus ou quêter la bonne adresse du croquant vendeur d'œufs, n'était pas fait pour désespérer absolument les « Miladious » languedociens, les Marius provençaux et les Bécassines bretonnes. C'était fini le temps où les Parigots étaient « fiers »! La défaite, en somme, avait décentralisé, dirions-nous aujourd'hui, la France.

On en était même, puisque Byzance-Paris avait perdu sa couronne, à essayer de recoudre les vieux morceaux d'identités culturellement, paraît-il, perdues. (On n'employait pas ces mots – « identité », « culturel » – qui ne furent à la mode que vingt ans plus tard mais la portée sur laquelle on allait un jour les chanter était déjà inscrite.) Du côté de mes Combray languedociens, faute de Celtes, d'Arvernes, de Vikings ou de Germains, nous exhumâmes nos ancêtres cathares et quelques doux intellectuels frottés d'absconse poésie se mirent avec ardeur à jouer les « Parfaits » et même à se faire un nom localement glorieux en pratiquant cet exercice. Je pense ici à l'un de mes exquis professeurs, René Nelli, qui d'ailleurs accumula de savantes études sur le sujet jusqu'à se forger une réputation. Alors, dans tel village, surgissait un vieil érudit dont personne n'avait encore entendu parler, alors un curé retrouvait un manuscrit illisible qu'il maniait non sans frayeur. Et Trencavel de Carcassonne, Raymond de Toulouse, Esclarmonde de Foix, et nos troubadours, princes d'amour courtois, et nos martyrs cramés, pilés et écartelés aux quatre coins de notre Occitanie, retrouvaient une sorte de jeunesse. Nous étions entre nous et ne craignions plus d'être moqués par Paris, englouti là-bas, en haut, quelque part dans le Nord barbare. Et moi-même j'eus des vapeurs cathares qui réchauffèrent mes joues imberbes. Je ne suis même pas tout à fait sûr de n'avoir point rêvé, oh! très vite! d'être « parfait » et plus chaste que Parsifal. On a, à quinze ans, de brèves crises d'ascétisme qui ne sont jamais que des remords d'ardeurs trop folles...

Et chaque année apparaissait un personnage tout enveloppé de mystère et d'une réputation de « grand poète » qui, drapé dans une toge, le front haut et chauve, la barbe blanche et prophétique et le visage éclairé – illuminé serait plus exact – par deux yeux très clairs, rameutait quelques ouailles qu'il entraînait derrière lui pour aller escalader Montségur et accomplir une veille au milieu des ruines du célèbre château où s'immolèrent les derniers chevaliers et Parfaits cathares. Et il allait, Lanza del Vasto, pieds nus, appuyé sur une canne haute qui lui était une crosse, humant l'air du « Camp deï cremats » (« le Champ des brûlés ») où deux cents malheureux, autrefois, s'étaient jetés dans un gigantesque bûcher plutôt que de renoncer à adorer Mazda, Manès, Bogomil et je ne sais qui. Et les pèlerins suivaient, lourds de gnoses et éreintés de fatigue, en humant eux aussi un air qu'ils croyaient encore chargé de cendres.

Il n'empêche que ça catharisait ferme dans quelques salons et studieuses soupentes de ma province. Des professeurs, des érudits maniaques, des curés un brin hérétiques et des instituteurs en mal d'importance n'hésitaient pas à déterrer la croix maudite de nos ancêtres, à déchiffrer les pentagrammes, à commenter Belibaste exposant « à ses humbles fidèles la Vision d'Isaïe » et à se repasser la lettre que Simone Weil avait écrite à Déodat Roché, l'un de nos vivants Parfaits, amant de Pythagore – mais d'un Pythagore chrétien, évidemment. « Jamais, disait Simone à Déodat, il n'a été si nécessaire qu'aujourd'hui de ressusciter cette forme de pensée. Nous sommes à une époque où la plupart des gens sentent confusément, mais vivement, que ce que l'on nommait au XVIIIe siècle les Lumières, constitue, y compris la science, une nourriture spirituelle insuffisante mais ce sentiment est en train de conduire l'humanité par les plus mauvais chemins. Il est urgent de se reporter, dans le passé, aux époques qui furent favorables à cette forme de vie spirituelle dont ce qu'il y a de plus précieux dans les sciences et les arts ne constitue qu'un reflet dégradé... » etc.

Et l'excellent Déodat brandissait cette lettre. Le catharisme, hosannah! avait reçu la bénédiction de Simone Weil et, du coup, de Platon et de Pythagore, sans oublier celle de la rédaction unanime des *Cahiers du Sud*! Elle date de 1940, cette lettre. Dans les rues de Limoux et d'Arques (Aude) Déodat Roché, attelé à ses *Études manichéennes et cathares,* sous les platanes savourait son triomphe. Le fantôme de Simon de Montfort reculait, horrifié, et Paris, Rome corrompue, subissait là-haut, dans le Nord, un châtiment divin peut-être mérité.

Mais si mon propos, ici, était – et une honte me vient – trop léger? Fils de ma terre, de ses ruines et de ses « crémats » et si, quelque part dans mes moelles, un très ancien manichéisme me donnait la nostalgie du blanc qui aveugle et du noir où l'on se perd? Et si quelque ancêtre Parfait, aux tympans crevés pour ne pas entendre l'hérésie et à la langue tranchée pour ne pas la répandre (ce qui arriva à tous les hommes de mon village natal), me murmurait : « Tu oses nous moquer, renégat qui as installé tes pénates dans Babylone, VI^e^ arrondissement? Tu n'as pas honte? » Que répondrais-je? Rien. Je lui montrerais, là, posé sur cette table où j'écris, un bloc de pierre. Tout rond. « Qu'est-ce que c'est? » me demanderait le vieillard. « C'est un boulet de bombarde que j'ai déterré, là-bas, chez nous et qui a fracassé, je l'espère, une tête de croisé. Vous voyez, Père, que, moi aussi, je suis allé à Montségur et que j'y ai creusé, de mes ongles, notre terre. Voyez ce boulet, Père. Il me protège et je reste votre fils. »

## 36

## DE MA GAUCHE

La Gauche ? Le Bien. Et je regardais (croquons ici des souvenirs tout frais...) M. Mauroy, Premier ministre, prononcer le mot de « Droite ». La joue s'enfle, le regard se durcit, la poitrine se gonfle d'un air mauvais qu'expulse une bouche dégoûtée. Il dit, en vérité, Satan, le Diable, le Mal, l'Informe, Léviathan, Belzébuth, Melmoth, Baal, il dit l'Inhumain et l'Incompréhensible. C'est exactement cela : l'incompréhensible. Comment la Droite ose-t-elle et peut-elle exister ? Il a beau heurter ce mystère de son frontal de bœuf, il ne le perce pas et contemple, l'œil rond, cette cuillère maudite pondue par la poule noire de la société française. Hors de l'Église de Gauche, l'infidèle, le Sarrazin, le pestiféré contagieux qu'il est à crime de « fréquenter ». « Untel ? Mais il fréquentait des gens de Droite ! » Ou bien : « Ce groupe, ce mouvement – ces "gens-là" ? Mais ils avaient des *liens* avec la Droite ! » Comme l'on disait, naguère, que X fréquentait des prostituées ou comme on dit, aujourd'hui que Y a des liens avec le Milieu.

La Gauche : une union, un chœur et une communion. La Droite : une maladie et il suffit d'une minuscule égratignure pour que l'infection, si l'on n'y prend garde, gagne le corps tout entier. Alors, Gauche toujours en alerte, toujours « vigilante », tant il faut se méfier des « symptômes », des « résurgences » et des « réveils » de la Droite qui « relève la tête ». Et de ses « avancées » bien que sa principale vertu soit « l'immobilisme ». La Gauche, elle, on l'a remarqué, est toujours en marche. N'importe comment, sur un tapis roulant ou comme un toutou tournant la broche (une broche sans gigot), mais elle marche. Vers plus de liberté, vers le socialisme ou le communisme, les trente-cinq heures, le loisir, le bonheur, la reconnaissance de l'homme par l'homme et vers son avenir qui est la femme – disait sans broncher Aragon! –, vers le dialogue, la table ronde, l'égalité et le Terre promise. Elle adore marcher, la Gauche, tant son inconscient, lui rappelant ses origines d'omelette chrétienne retournée, l'oblige à la procession. Sauf que « le peuple chrétien » allait de l'église à la chapelle de la Vierge, de Notre-Dame de Paris à Chartres, de Vézelay à Jérusalem, d'un sanctuaire l'autre, alors que le « peuple de Gauche » piétine sourdement de la Bastille à la Nation, du Panthéon au Père-Lachaise et de la Gare du Nord à celle de l'Est. A ce propos, il a une préférence marquée pour les gares comme s'il avait désir d'embarquer dans les trains de l'avenir radieux. Va-t-il le faire? Non, les trains, il se contente de les regarder passer puis se disperse. Le grand départ sera pour une autre fois. Marcher, cette manie. La manif est procession et le slogan cantique.

Et toujours je me souviendrai, lorsque M. Mitterrand fut élu, de ce chef-d'œuvre absolu de grotesque que fut la cérémonie du Panthéon. Et de cet homme qui, à pas comptés et raides, une rose à la main, déambulait dans la crypte sinistre devant des blocs de pierre contenant, saintes reliques, des ossements; et invoquait les morts; et demandait une légitimité sacrée à la poussière. Et je regardais ce masque – « pokerface » – du joueur qui enfin ramasse le banco. Qui traîne depuis plus d'un quart de siècle dans le casino politique. Qui sait tricher. Qui n'hésite pas à aller chercher des jetons sous la table. Qui, à force de se faire décaver, a appris à filer les cartes, l'œil mort, à relancer à gauche, à bluffer à droite, à accepter dans son gros pot des mises de petits joueurs et même à leur jeter, en cadeau, une plaque. Le flambeur à la peau blanchie par les veilles. Le vrai pro du « Chemin de Fer » qui, de l'index, sait faire siffler les cartes hors du sabot. Entre deux « tailles », il se lève et va bavarder avec des dames qui l'admirent et l'attendent dans le salon-bar de l'entrée. Il parle très peu aux autres joueurs. Il a un mince cheveu sur la langue. Il zozotte très légèrement et j'ai – personnellement – des poussées d'allergie lorsque j'entends cette voix qui, toujours, sonne musicalement menteuse et ne peut s'empêcher d'avoir des sautillements vers le haut même lorsqu'elle débute dans le grave. Mesure, le plus souvent, à deux temps. Dans le premier, la voix pose le ton, sur le mi – une blanche – tranquille, puis, dans le second, monte vers le sol – deux noires – de l'évidence. Rythme qui m'exaspère, dans son procédé et par sa monotonie. On me dira que tous les hommes politiques ont leur musique vocale qui les dénonce. Giscard, par exemple, nasille une supériorité enrhumée par un vent qui soufflait dans les couloirs du château; Defferre malaxe des fèves entre ses gencives de César marseillais donnant des ordres à ses affidés et Marchais mâche des pâtées de haricots rouges et énormes; Chirac halète son ambition; Barre couine en air de tête ses certitudes comptables. D'accord. Mais Mitterrand chante à deux temps l'air du mensonge.

Je dévorais ce visage. Et le bon peuple applaudissait; et les intellectuels séminaristes, les diacres parlementaires, les cardinaux mangeurs d'autres curés et piétineurs d'autres tombes, affichaient des mines en dévotion confites. Et l'envie me prenait de souffler dans des trompettes en bois, de lancer des boules puantes à travers les pattes des processionnaires et, horrible gamin, de jeter des grenouilles dans les bénitiers du Panthéon. Hélas, je restai sage et ce scandale n'arriva pas. La componction fut de règle et le socialisme en lévitation put accomplir en paix ses déambulations circulatoires.

Accordons à M. Mitterrand qu'il brave héroïquement le ridicule puisqu'il en est arrivé à se fabriquer un pèlerinage rien que pour lui. Et le voilà qui, chaque année, casquette de loup de mer sur la tête, chemise à carreaux, canne à la main, escalade à pas comptés une caillasse pour aller méditer devant un caillou (c'est « Le pèlerinage à la Roche de Solutré ») suivi de quelques « fidèles » (sic). Et tous, dociles moutons, de suivre le pâtre au front lourd de pensées, qui, devant le caillou, invoque en silence les divinités à la fois chthoniennes et socialistes.

Il médite. Il redescend ensuite, tel Moïse, de son Sinaï personnel et, dans la vallée, bénit le paysan qui lui offre le vin. J'aimerais qu'il égorgeât un bouc sur la place du hameau. Il lèverait le couteau du sacrifice que lui offrirait Attali, sur un coussin, et prononcerait ces mots : « Que périsse la Droite comme va mourir cet animal ! » Le commentateur de la télévision dirait que la président de la République, une fois de plus, a affirmé sa confiance dans l'issue victorieuse du combat mené par le socialisme contre son adversaire de toujours, le bouc éternel de la réaction.

La Gauche, ce sérieux! Si au moins, de temps en temps, quelque athéisme joyeux visitait ses prêtres! Si, au moins, ils étaient un peu fous, illuminés, délirants, poètes, prophètes, théosophes et revenaient de quelque Guernesey où ils auraient fait tourner les tables, dialogué avec l'océan démocrate et violé Cosette, sur le tapis des feuillets répandus à terre des *Misérables,* après avoir séché ses pleurs d'enfant du peuple; si, au moins, ils étaient par un « Daïmon » possédés comme, justement, les démons des « Possédés »! Mais non.

Non, dans cette Église, « l'esprit de sérieux » toujours doit garder l'œil ouvert à peine de s'attirer le reproche d'un Sauveur en péril d'être demain crucifié (par la Droite) et qui dirait aux dormeurs : « Ainsi vous n'avez pas eu la force de veiller une heure avec moi ! » (Matthieu. VII. 40).

Je regardai aussi, de nouveau, M. Mauroy qui s'était aventuré dans l'Est ravagé par le chômage. Il y eut quelque agitation parmi les ouvriers venus l'accueillir et des sifflets. Il s'avança vers eux, bomba la poitrine et leur posa sur le mode artabanesque cette question formidable : « Êtes-vous de gauche, oui ou non ? » Stupéfaits, les gars ouvrirent des yeux ronds puis s'écrièrent : « Oui, oui ! – Eh bien, leur dit-il, ce que fait le gouvernement de la Gauche... » Etc. « Êtes-vous chrétiens ? » Voilà quelle était l'antique traduction du « Êtes-vous de gauche ? » mauroyen et le bon peuple, abruti de patenôtres et perclus de génuflexions, depuis des générations, devant la Sainte Gauche, assommé par ses sermons de la naissance à la mort bêla son « Oui, oui ! » comme piaule « Maman ! » une poupée sous le coup de pouce qui presse son ventre en caoutchouc. Je les comprends, ces braves « travailleurs », comment eussent-ils pu répondre « Non » ? C'eût été avouer qu'ils ne croyaient plus en Dieu.

Rêvons. Si encore mai 81 avait vu le triomphe, l'orgie et la danse échevelée d'un peuple et du peuple. Si on avait vu l'Histoire écraser sous ses roues quelque « Ancien Régime » et rire et chanter, effrayante peut-être mais hilare et féroce. S'il y avait eu des Bastilles prises, des piques brandies, des joies vulgaires mais énormes, des tonneaux crevés, des ruts sur les trottoirs, des généraux de vint-cinq ans, de nouveaux calendriers et de mystérieux « Êtres suprêmes » couronnés de lauriers sur nos places. S'il y avait eu Rome, les Gracques, Plutarque, les Jacques, convoqués à ce rendez-vous. S'il y avait eu, après l'orgie, la tyrannie mais Bonaparte et l'épopée, la terreur mais Staline et la puissance, j'aurais regardé « Passer l'Histoire » et sa grandeur dont la violence effraie mais, au moins, fascine. Sur son passage, si je n'avais pas été broyé, je me serais écarté comme devant un torrent de lave mais peut-être aurais-je salué, caché sous un porche, les hurleurs d'une colère, les casseurs de passé, les porteurs de piques avinés mais prêts aussi à marcher, pieds nus, vers des morts héroïques. Une révolution, je peux comprendre qu'elle soulève l'esprit et inonde le cœur. Mais ça! Mais ces jours de mai 81. Mais Dracula, rose à la main, promenant sa statue de plâtre autour des tombes, statue que l'on eût dit montée sur roulettes et halée par d'invisibles esclaves sculptés pour bas-relief de Triomphe, mais Dracula Imperator suivi par une théorie d'instituteurs socialistes, acclamé par des fonctionnaires au foie endommagé, et béatifié par des intellectuels aux rêves déportés vers des rivages morts.

J'ai connu cette église. J'ai rôdé autour de ses piliers et parcouru ses chapelles. Comme le temps passe! Il y aura bientôt un quart de siècle quand, « intellectuel » (moi!) réputé de gauche (ce qu'en vérité je n'étais pas et quelques avisés s'en apercevaient mais passons... Pas si vite puisque voici un bref souvenir en lequel tout se reflète. J'avais écrit un roman – *les Paroissiens* était son nom – et un ami m'aborda. Il me dit : « J'ai lu ton roman. C'est bien mais tu devrais faire attention, il y a des passages de Droite. » Il prononça « il y a des passages de Droite » d'une voix amicale, certes, mais un peu effrayée et au bord d'une répulsion), quand, disais-je, je décidai en un tournemain de boucler ma valise et de prendre congé pour aller, hors de l'église et de ses sacristies, respirer les rudes parfums de *mon* indépendance. Soudain, lié à rien. Tout à fait libre de penser ce que je voulais, ce que je croyais, ce que j'éprouvais. Sans craintes, mentors, tabous, curés, étalonneurs et peseurs de mes idées et passions. Sans me soucier de savoir si cela était conforme aux évangiles, aux derniers sermons des Grands Prêtres, à rien. Soudain libre de voir le monde avec *mes* yeux et avec *innocence.* Évadé, sans prévenir mes gardiens, hors des cellules du « parti intellectuel ». La cheville ailée. Au rendez-vous de la liberté, au bas des murs où j'avais laissé pendre, par dérision et défi, mon échelle de corde. Pour aller où ? Je ne le savais pas tant il est vrai que la liberté ne se soucie pas de prévoir les lendemains de son ivresse. Comme un dormeur réveillé, je m'étirais en faisant craquer les coutures de mes anciennes camisoles. J'étais heureux. Le regain. Tout repoussait en moi. Livres, mots, idées, sentiments, desséchés par les défoliants de la gauche intellectuelle, repoussaient avec une verte ardeur et je pouvais aller les cueillir, dans les forêts, sans être sifflé par un gardien aux boutons d'uniforme luisants de morale, d'amour des « travailleurs » (il n'en avait jamais vu un de sa vie) et d'effusions tiers-mondistes importées d'Hammamet ou de chez ces nègres provençaux que l'on appelle les Tropéziens. Finies les discussions au whisky et à la Dunhill (parfois à la Gauloise, soyons juste) après les spaghetti fraternels (ils furent très à la mode, les grands plats de spaghetti, dans les années 60, sur les tables des intellectuels de gauche) pour savoir si Untel était « un type bien » ou un « salaud », si un autre était un peu, beaucoup, passionnément de gauche, si un troisième avait eu raison de « s'éloigner du Parti » et un quatrième d'y adhérer. Libre. Mais solitaire. On s'y fait, quand on a du caractère. Ça tonifie le nerf, ça dilate le poumon, ça tanne la peau. Tout seul, dans le désert glacé, avec pour unique vêtement une mince veste à carreaux où, dans le dos, on avait dessiné une cible. Non mais, imaginez-vous ce « salaud » ? Je sortais du peuple, des bourses, de la pauvreté, de la gauche, de Sartre, de Saint-Germain-des-Prés... J'étais pas bête, j'avais du talent ou étais capable d'en avoir et voilà que je prenais congé ? Volontairement. Pas chassé. De moi-même, j'ouvrais la porte et bien le bonsoir, mes frères, j'en ai ma claque de vos lendemains chanteurs, de votre « patrie du socialisme », de Staline, Hô Chi Minh, Ben Bella (il n'avait pas été encore emprisonné par son « frère » Boumedienne), Boudiaf, Belkacem Krim, Castro, Thorez, Mollet, Sékou Touré, le bon Nikita, le socialisme, le communisme, l'espoir et l'espérance, la Chine, la reconnaissance de l'homme par l'homme et la femme avenir du susnommé, la « relecture » de Marx, etc.

Arrêtons. Ce serait trop long d'évoquer ce salmigondis d'indignés professionnels, de signataires de manifestes aux doigts durillonnés, d'intellectuels hachant la vertu en bons et bas morceaux, de dames mal coiffées grandes fumeuses, de théoriciens à whisky, de bretteurs ferraillant à coups d' « ismes », etc. Arrêtons! je n'en pouvais plus. Ils étaient trop intelligents. J'avais les mains trop grosses et les doigts trop épais, les gestes trop indociles pour pratiquer avec eux des liftings sur la face ravinée du socialisme, pour les aider à lui limer les dents, à remonter sa poitrine sèche et à effacer les poches de noceur idéologique qu'il avait sous les yeux. Adieu. Et pas à la prochaine. On me menaça dans un hebdomadaire intello-curé (il l'est resté) de « me mettre au ban de la Gauche » (sic). Je répondis que ça n'était pas la peine puisque j'y courais, à toutes jambes, m'y asseoir carrément. Un fou, je devais être un fou et, en URSS, on m'aurait certainement expédié dans un hôpital psychiatrique ou autre part. En France, on se contenta du « ban ». Le plus irritant, pour eux, dans mon cas et qui aggravait mes perversités, c'était que je ne me promenais pas en rasant les murs, mine mâchée, mains tordues, joues gonflées de sanglots mais paraissais vivre sans l'ombre d'un remords. Au lieu de me terrer, je foulais l'asphalte, au lieu de m'exiler au Paraguay, j'avais le toupet de rester à Paris, sur le lieu même de mon crime, au lieu de ramper dans la boue de mes forfaits, je dansais, comme un satyre, sur le gazon. Car la Gauche pardonne, à la rigueur, à ses anciens bidasses de quitter le régiment s'ils ont la politesse de se taire et d'aller se décolorer doucement, très tristes, dans une masure de province. En revanche, ce qu'elle ne supporte pas, c'est qu'on l'abandonne pour aller danser, qu'on se porte bien, qu'on continue de vivre d'une plume non prostituée et qu'on se targue, échappé de son couvent, d'être libre. Tout défroqué – ne le fût-il que d'un slip (c'était là toute ma soutane) – se doit d'être malheureux, de passer son temps à se demander s'il n'a pas choisi l'enfer (de la Droite) et, si possible, d'avouer tôt ou tard « le sortilège bu, dans le flot sans honneur de quelque noir mélange ». « Ah! que voulez-vous, depuis qu'il a perdu les pédales... Hé! quand on quitte la Gauche, on n'a plus de talent... » Oui, nul doute que j'allais mal finir, désespéré, en me suicidant sur la tombe d'Hitler mon amour. Je déçus. Je n'allais pas pique-niquer sur les ruines de la Chancellerie mais, tout gaillard, me promener en liberté là où il me plaisait, le teint vif et la jambe alerte. Je ne filais même pas à droite mais, ici ou là, au hasard de mes bonds et de ma « forme » retrouvée. C'en était trop! Le traître dégoûtant ne se tirait pas une balle dans la tête, comme un Drieu, ne s'inscrivait pas à l'UDR, ne se collait pas d'étiquette sur le front mais folâtrait comme un poulain dans l'herbe jeune et verte. Tirons dessus. On tira. Ces salves! Ça partait de partout. De derrière toutes les dunes, dans mon désert. Aujourd'hui, des voix compatissantes me disent : « Ça n'a pas dû être facile, hein, mon pauvre ? » Si si, ça l'était puisque j'étais libre et que rien, plus rien, plus aucune bigoterie, ne retenait ma voix et ma plume. J'étais sorti d'un *gauchemar*. Évidemment, il n'y avait pas foule dans le désert, sauf les tireurs et moi, et je ne laisse pas de sourire lorsque je le vois maintenant assez peuplé. Mais soyons indulgent. L'église, en hiver, ça réchauffe. En été, il y fait frais. Franchir ses portes et se retrouver seul, sur le parvis, peut effrayer plus d'un. Et même un Luther, partant pour la Diète de Worms se murmure, effrayé : « *Mönchlein, Mönchlein, dù gehst einen schweren Gang!* » (Petit moine, petit moine, quel chemin difficile tu prends!)

L'Église, ce confort. Il était inutile de se demander, pour ses membres, qui ils étaient puisqu'ils « *étaient* », par essence, de gauche et que ce label les créditait, déjà, d'un talent. (Encore qu'il y eût, dans les années 50 et 60, contenue dans chacun, une plus ou moins grande densité d'*être,* selon la violence de l'engagement. D'où la fascination exercée par celui qui, carrément, se disait, lui, communiste. Là, dans ce cas, pas de fissures, pas de suintement suspect, pas le moindre trou de vidange. On était clos. On était plein.) Autre avantage, la Gauche mettait impeccablement, à votre disposition, idées et thèmes prêts à porter, style rodé, « ismes » éprouvés, phrases toutes faites et, à gogo, indignations et justes causes. Quand l'une de ces dernières était usée, ou bien on la ravaudait, ou bien on en sortait une autre de la corbeille en oubliant la précédente un peu trop souillée par l'Histoire, cette rusée. On allait ainsi d'Algérie en Chine, de Chine en Guinée, de Guinée en Cuba, de Cuba en Viet-nam (etc.) et, quand un cheval était fourbu, on sautait sur les reins d'un autre. On était tranquille parce que toujours assuré, en fouillant dans la panière des causes, de trouver dans le lot, pour parler comme Mlle de Scudéry, « Péril de Droite », « Renaissance du Fâchisme », « Complot contre la Démocratie », ainsi que « Idéaux de 89 », « Acquis du Front Populaire », « Justice Sociale », « Relents de Colonialisme » et cent autres articles d'excellente qualité aux prix intellectuellement et moralement imbattables.

Ils revenaient d'Algérie et avaient vu Ben Bella qui leur avait dit que les vignes arrachées deviendraient prairies irriguées où ruminerait le ruminant; de Chine où la distinction de Chou en-Lai les avait éblouis, de Cuba où ils étaient allés couper la canne à sucre en compagnie de « Fidel » – mais oui, ils l'appelaient Fidel – qui leur avait assuré que les vaches cubaines produiraient bientôt tant de lait qu'il serait gratuit. Révolutions, ô fleuves de lait! ô blancs ruisseaux de Chanaan!

Ce qui, pourtant, à mes yeux, reste le plus remarquable, c'est cette certitude – d'ordre religieux, j'y reviens – que possédaient les intellectuels de Gauche d'être les détenteurs ou, mieux encore, les « oints », de la Morale. Cette gravité, ces plis soucieux au front, ces anathèmes, ces excommunications, ces réunions, discussions et conciliabules d'augures, ces sarcasmes, aussi, adressés aux misérables souteneurs (Guy Mollet, par exemple, joua ce rôle...) qui n'hésitaient pas à obliger la Gauche, cette vierge, à se prostituer, comme une vulgaire fille, sur les trottoirs de la Droite. Mais, plus la Gauche politique, « ce cadavre à la renverse et qui pue » (Sartre), roulait au ruisseau, et plus la Gauche intellectuelle, dans le temple, se voulait et s'affirmait gardienne des vraies ampoules contenant le vrai Graal. Contre les moines simoniaques, les purs oblats de Dieu, gémissant sur leur croix. Car nous assistâmes, en ces temps-là (guerre d'Algérie et du Viet-nam, premières années du règne de De Gaulle) à la fabrication à la chaîne, sur un modèle-type qui pourrait être, en sa perfection, le journaliste Jean Daniel, du « crucifié de Gauche ». Christ cloué sur toutes les croix. Saint Sébastien percé de toutes les flèches. Fils de la Gauche et de l'Homme (humaniste) cloué, lardé, troué par la lance, les lèvres humectées par l'éponge de fiel mais toujours murmurant, les yeux au ciel : « Seigneur, ne m'abandonne pas! Seigneur, pourquoi m'as-tu abandonné... » Je me suis promené, dans cette forêt de croix (à l'occasion, par bonté, j'arborais parfois des plaies barbouillées d'hémoglobine et des stigmates dessinés à l'encre rouge) dressées dans le « Circus maximus » parisien où l'Intelligentsia souffrait ses mille morts. Ici, Mendès France, radical et martyr; là Jean Daniel; ici J.J.S.S. (mais sur une croix capitonnée) et Françoise Giroud (mais sur une croix de roses); ici, des journalistes, des écrivains, des comédiens, entrant chez « Lipp » ou « chez Castel » mais laissant croix et clous au vestiaire; là François Mitterrand, en silhouette fuyante, et qui chuchotait sous sa cape : « Et lorsque fut versé le sang d'Étienne, ton témoin, c'est encore moi qui étais là, consentant, et gardant les manteaux de ceux qui le tuaient... » (saint Paul, act. 22). Non, je n'éprouvais aucune douleur. Oui, l'aigle qui dévorait le foie de ces Prométhées m'était gentil moineau. Non, je ne croyais plus. Non, je n'avais nulle vocation à ce martyre que je soupçonnais indolore. En outre, le spectacle offert par notre martyr-prototype, Ecce Daniel, Ecce Homo, aurait suffi à transformer mes douleurs en chatouilles, si d'aventure j'avais souffert, et à faire monter en moi un rire très impie. D'être un saint Sébastien qui, à force de recevoir des flèches, est transformé en hérisson se traînant sur la chaussée où n'importe quel chauffard de l'Histoire risque de vous écraser, voilà qui n'est pas gai pour l'animal. Pour le promeneur que j'étais, c'était moins triste.

J'ai donc quitté l'église, mais n'ai franchi les portes d'aucune autre située sur le trottoir opposé. Comment l'aurais-je pu puisque, ayant parcouru les travées de la première sans dévotion, je ne disposais, pour m'aventurer dans une autre, d'aucune foi qui, comme un manteau, eût été réversible et m'eût enveloppé, à « Droite », de la chaleur perdue à « Gauche ». En bonne vérité, l'âge et l'expérience m'ont fait dériver, politiquement, du scepticisme vers l'athéisme, de l'ironie (qui, en grec – *eironeia* – signifie « Interrogation »...) vers de sages accablements aux profondeurs apaisées et dont je ne bats la surface que pour entretenir, par jeu, ce qui me reste de muscles. Par jeu non pas de la Passion, comme ce Daniel dans la fosse aux lions dont je parle plus haut et qui ne vit sa joie qu'en étant délicieusement dévoré, mais par jeu de mes passions, sans majuscule, et qui ne sont parfois, même lorsque je les scande de coups de cymbales, que des espiègleries considérables.

Théâtre Antoine. On y répétait *le Diable et le Bon Dieu*. Goetz-Brasseur, déguisé en reître cuirassé, rugissait à l'adresse de Jean Vilar, moine transi : « Je vais te faire connaître une espièglerie considérable : Dieu n'existe pas! » Soit. Alors, « tout est permis »? demande Dostoïevski, l'angoisse au ventre. Non, moine, car même si Dieu n'existe pas, je vais te dire une autre espièglerie considérable : reste la comédie.

37

# SARTRE

αὐτός, ὦ Φαίδων, παρεγένου Σωκράτει;

(Platon, Phédon, 57 a)

Quelques notes que je griffonne sur ce bout de papier. Quelques traits, anecdotes « signifiantes » et réflexions miennes. Rien de plus. Le modèle ne m'appartient pas et tremble trop dans les mille miroirs du souvenir et de ma fidélité ; et puis, il ne s'agit que de fragments d'un Sartre. Le mien.

Il y avait en lui, dans la force de son âge, du taureau ou, plutôt, du bouvillon. Il ne marche pas, il fonce, carré, large d'épaules, avec un mouvement du torse jeté en avant et pourtant il y a, dans son allure, une danse. Une succession de chutes rattrapées, sa démarche, en une très légère danse sur ses petits pieds toujours chaussés de mocassins afin de ne pas perdre son temps à faire et défaire des lacets. Il est court de jambes, de cou et de bras. (Plus tard, sur les photos de son grand âge, je verrai naître un cou maigre et décharné, qu'il ne possédait pas et qui jaillira hors d'une carapace de fringues flottantes.) Il a des mains charnues, courtes aussi mais musclées. La peau de son visage est épaisse et piquetée alors que celle de son corps est d'une blancheur lumineuse. Un nez fort, « signalant que cet homme a de vigoureux appétits physiques », aurait écrit Balzac. Vrai et faux. Un Lavater plus subtil dirait que ce nez, cette bouche, ces gros yeux, ce front plat et plutôt étroit, sont plus ceux d'un dévoreur que d'un sensuel. Il fonce comme dans un tunnel dont il ne regarde jamais les parois. Il ne voit personne, dans la rue et, si vous voulez l'aborder pour lui parler ou simplement le saluer, vous devrez carrément y aller de front comme si vous alliez le heurter. Sinon il passera droit, sans vous voir.

Il a un tic qui toujours me fascine. Quand il réfléchit ou qu'il écoute, ce mouvement de l'épaule droite soulevée en même temps qu'il écarte légèrement du corps le bras replié. Les boxeurs, gauche en alerte, ont ce mouvement du bras droit prêt à se déplier et le poing jaillira. Est-ce un tic qui date de ce temps où il a pratiqué la boxe quand il était professeur, au Havre ? Ou est-ce parce que toute discussion, tout dialogue est pour lui un match et qu'il attend les idées et les raisons de l'autre comme le boxeur attend l'adversaire ? L'idée, quand il réfléchit et qu'il est seul ou, en face d'un interlocuteur, lorsque celui-ci la formule, il la laisse venir, guette ses mouvements, ses défauts, ses failles, puis soudain frappe. Des deux mains, en une série (exactement comme sur un ring), je veux dire de toute son intelligence qui foudroie et de toute sa dialectique qui impitoyablement secoue. Quand il veut faire mal, toute la gamme des coups y passe et c'est la correction féroce mais, presque toujours, il dose sa frappe et se contente de sonner l'adversaire ou de le soûler gentiment de coups. C'est un boxeur intellectuel prodigieux et qui ne l'a pas vu au mieux de sa forme championne se faire n'importe qui (ses « petits camarades » Aron ou Maheu – ce dernier fut directeur de l'UNESCO – Camus, Koestler, Lacan, ses collaborateurs des *Temps modernes*, ses visiteurs politiques, ses femmes, ses directeurs de théâtre, ses metteurs en scène, ses acteurs, Genet, Cocteau, n'importe qui...), qui n'a pas vu ce « jeu », n'a rien vu. Il ne redoutait, du côté du verbe et de la verve, personne sauf ses éditeurs et le percepteur, parce qu'il était obligé de demander de l'argent aux premiers et d'en donner au second. Mais comme je me chargeais pour lui de ces basses besognes, il n'avait, avec ces redoutables individus, que de très rares contacts.

L'argent. Le dernier de ses soucis. Il avait les mains complètement trouées et, comme j'étais – aussi – ministre des finances sartriennes, j'en tordais les miennes. A chaque fin de mois tombaient le chèque Gallimard et celui, quand une de ses pièces était jouée, de la Société des Auteurs. Aussitôt, distribution aux membres de la tribu qu'il entretenait, à X qui lui avait demandé une aide, à Y « parce qu'en ce moment il n'a pas un rond », et jusqu'à un clochard, un vrai, qui avait réussi à se glisser sous la corne déversant la manne et dont nous remunérions l'ivrognerie et les aventures hospitalières avec une exacte régularité.

– Le fric est arrivé ?

– Oui.

– Allons-y. Je vais faire les chèques.

Et j'entendais crisser les rectangles détachés avec, toujours, le même ébahissement effrayé.

– Ah! N'oublions pas Monsieur Sény... (Rédaction du chèque. Crissement.) Et voilà pour monsieur Sény! (c'était le nom du clochard.) Que nous reste-t-il ?

– Rien.

– Je suppose que vous allez me parler du percepteur ?

– Eh oui...

– Ne m'en parlez pas. De grâce, ne m'en parlez pas.

– Vous le rendez fou.

– Dites-lui que je ne pense qu'à lui, que je déborde de tendresse pour sa personne et que nous le paierons. Vous avez bien dû devenir copain avec lui, non ? depuis que vous le fréquentez ?

– Il ne me quitte pas.

– Eh bien, vous voyez, vous voyez, tout s'arrangera.

Et il me tendait la liasse de chèques à distribuer à tout le monde sauf à mon « copain ». Nous avions, du coup, des fins de mois souvent très difficiles.

– Dites, Cau, j'ai plus un rond. Il n'y aurait pas quelque chose qui traîne ici ou là ?

– Zéro.

– Merde ! Vous êtes sûr ? Vous avez fait la tournée ?

– Oui, rien à racler.

– Bon, tant pis, je vais emprunter à Eugénie.

Et il fonçait dans le couloir qui menait au fond du petit appartement de la rue Bonaparte.

– Eugénie, est-ce que vous pourriez me prêter cinq ou dix mille francs ?

– Mais pien zûr, monsieur Poulou, répondait avec l'accent de son Alsace la vieille bonne de « ma petite maman ». Pien zûr !

– Je vous les rendrai très vite, Eugénie.

– Fous s'afez le temps, monsieur Poulou.

Et Eugénie, servante au grand cœur et à la fidélité canine, renflouait une fois de plus le navire échoué sur les sables d'une folle générosité. Générosité ? Je ne sais pas. Sartre ne *donnait* pas l'argent. Il le semait. Alors, pendant que la horde des Petits Poucets se jetait sur les cailloux d'or, elle lui fichait la paix.

– Il y a Untel qui voudrait vous voir.

– Qu'est-ce qu'il me veut ?

– Je ne sais pas. Je crois que ça ne va pas, qu'il merdouille...

– Vous croyez qu'il me demandera un peu de fric ?

– A mon avis, oui.

– Bon, je vais lui faire un chèque mais, en échange, pas de rendez-vous. Vous lui filez l'enveloppe et lui dites n'importe quoi, trop de travail, infarctus, etc.

Ministre des Finances, général de l'Armée du Salut, agent de liaison avec éditeurs, directeurs de théâtre, collaborateurs des *Temps modernes* et Cerbère filtrant les quémandeurs de rendez-vous, j'étais, pêle-mêle et dans le désordre, tout cela. Le secrétaire de Sartre ! Jamais titre ne fut plus cocassement porté. Jamais « patron » semblable ne naîtra sous le soleil.

Chaque matin, vers les dix heures, je grimpais les quatre étages de la rue Bonaparte. Eugénie ou « ma petite maman » m'ouvrait la porte. J'entrais et installais mon bizarre personnage de secrétaire derrière une petite table sur laquelle j'étalais des papiers, lisais le courrier et m'occupais de n'importe quoi et de rien en maniant le téléphone.

– Salut, ça va ?

– Ça va.

J'ouvrais la porte vitrée qui séparait la charmante pièce dans laquelle j'officiais de celle où il travaillait, meublée d'un petit bureau, d'un étroit divan transformable en lit et sur lequel il dormait quand il ne découchait pas, de deux chaises et d'un fauteuil en cuir. Aux murs, des étagères remplies de livres (pas plus nombreux que ceux que possède un étudiant. Sartre n'avait pas de « bibliothèque » et, de toute façon, l'exiguïté de la pièce l'aurait empêché d'en posséder une), entre les deux fenêtres, une gravure : *la Mélancolie* de Dürer. Sur le mur, à droite, face au bureau, un tableau offert par Léger. J'ouvrais la porte et une formidable odeur de tabac et de respiration nocturne, répandue dans une atmosphère à couper au couteau, me sautait au visage et à la gorge. C'était l'odeur puissante de Sartre au travail, en robe de chambre toujours mal nouée, pas peigné, pas rasé et le grand thermos rempli de thé à portée de la main. Quand il avait découché, l'atmosphère était plus légère mais, tant sa hâte à se jeter au travail était brutale qu'il lui arrivait de s'asseoir sur la petite chaise dure, derrière son bureau, sans prendre le temps d'ôter veste ou cravate. Il buvait, dans une seule matinée, un bon litre de thé et, pipe d'écume ou cigarette papier maïs, fumait comme une locomotive. Quand il n'avait pas découché mais était tout de même rentré très tard, je le surprenais parfois, lorsque j'arrivais, en train de jouer du piano, seul ou à quatre mains avec « ma petite maman ». Mon arrivée interrompait le concert. On claquait le pupitre. Mme Mancy, la très belle, grande, élégante, adorable « petite maman » au port superbe, aux chevilles si fines, aux yeux si bleus, à la voix claire et musicale, s'envolait vers sa chambre et « mon petit Poulou » vers son établi. Il arrivait aussi que « ma petite maman » et « mon petit Poulou » prissent, lorsque Sartre avait dormi sur le divan-lit de son bureau, le petit déjeuner ensemble. Ou, assez rarement, il arrivait aussi qu'ils déjeunassent en tête à tête. Ces jours-là, la joie de Mme Mancy était sans mélange et des ailes la portaient. Son « Poulou » déjeunait avec elle! Je devais vite débarrasser ma petite table pliante qu'elle convertissait, aidée par Eugénie également radieuse, en autel de son bonheur. De voir Sartre, soit boire sa tasse de thé matinale avec « ma petite maman » ou s'installer en face d'elle pour déjeuner en dépliant posément une serviette, j'étais gagné par un attendrissement toujours étonné. Sartre avait une mère! Sartre sacrifiait à un rite! Sartre acceptait de s'emmerder filialement avec sa pépiante « petite maman ». Sartre se comportait comme un fils affectueux et redevenait un enfant docile! Étrange. Doux et étrange. Ça ne collait pas avec son personnage. Cet homme qui se voulait l'artisan de sa propre création, le maître absolu de son originelle liberté, était donc né de la femme ? Il avait une mère ? Une « petite maman » ? Voilà qui ne manquait pas d'être extraordinaire. Heureusement, il n'avait pas poussé l'incongruité jusqu'à avoir, en sa gloire parvenu, un père. C'eût été un comble. Sartre prenant son thé matinal, jouant du piano ou s'installant à une petite table de poupée pour déjeuner sagement avec son « petit papa », non, voilà qui était proprement inconcevable. Une mère, passe encore qu'il en eût une. Un père, mystérieux saint Joseph, c'était impossible.

Eugénie desservait la table du petit déjeuner.

– Allez, au boulot !

Il s'asseyait, se frottait le nez, manœuvrait son épaule et son bras boxeur, abaissait toutes les manettes et la machine repartait. Il écrivait stylo tenu entre index et majeur, en utilisant par kilos, des rames de papier ligné. Il raturait très peu. Quand ça grinçait, dans la formulation, il ne raturait pas mais recommençait toute la page. Non pas par goût de la propreté manuscrite mais pour reprendre un nouvel élan sur un terrain vierge. Point de surcharges, de rajouts, de phrases complétées en marge. Des plaines blanches à boiser de mots. De la vierge intacte à violer en fonçant. Et c'était un vrai monstre de travail abattu par pans s'écroulant en liasses, par masses soulevées à la force du stylo et cimentées à l'encre, par thé, tabac, Corydrane et volonté et santé de roc. Le Travailleur. Le terrible « bûcheur » khâgneux ou normalien qui, parce qu'on le voit à la terrasse d'un bistrot à trois heures du matin, a une réputation de sauteur doué mais qui, en réalité, défriche, défonce et travaille comme une mule.

– Mais je n'ai pas le temps, Cau, d'écrire cette lettre ! (ou « de recevoir ce con ! » ; ou « de discuter avec cet abruti ! » ; ou « d'aller me faire chier chez ces gens-là ! ») On le voit, nos dialogues ne sacrifiaient pas au style noble, mais que « le plus grand écrivain français vivant », et philosophe, essayiste, brasseur d'idées, normalien, agrégé, ex-prof, etc. donnât ainsi des coups de pied au cul du style fleuri n'était pas pour rien dans la séduction familière exercée par le personnage.

Cette brutalité de langage, aujourd'hui entrée dans les mœurs de l'Intelligentsia, réjouissait les oreilles des disciples parce qu'elle leur donnait, croyaient-ils, accès au grand homme réduit à une très humaine mesure sans qu'il cessât pourtant d'être grand homme. Cela d'autant plus que celui-ci pouvait, sans prévenir, se lancer dans le labyrinthe d'un raisonnement abstrait, jongler avec de teutoniques concepts et laisser sur place l'auditeur qui ne se trouvait rassuré qu'en entendant Sartre déclarer : « C'est là, évidemment, que Husserl déconne... » Ou : « Tout se passe, à partir de là, comme si ce brave Tintoret, malin comme un singe, avait voulu... » Du moment que Husserl déconnait et que Tintoret était brave, il n'y avait aucune raison d'être effarouché même si les arguments sartriens pour prouver ces dires avaient survolé la tête de l'interlocuteur à six mille pieds.

– Ce type me casse les couilles. Pas le temps de le recevoir!

Le temps! Cette peur de le perdre et cette répugnance qu'il avait à le découper en heures car il savait que le travail les dévorerait sans se soucier de leur disposition ordonnée en tranches et qu'il serait, fatalement, en retard. Jeté dans le puits du boulot, comment s'en extraire? Lancé à toute allure sur les rails, comment arrêter le train écraseur d'idées que rien ne stoppait? Ni la fatigue, ni l'asthme, ni un « problème » intime, ni une catastrophe très personnelle. Il écrivait. Il roulait.

Il est assis en robe de chambre, ce matin-là, sur le bras du fauteuil de cuir. L'œil valide est fixe, l'œil mort encore plus mort que d'habitude. Il a la joue gauche horriblement gonflée. Caricaturalement.

– Ben, dites donc...

– Pas beau, hein? Un abcès.

Il parle avec un coin de la bouche.

– Ça vous fait mal?

– Ce n'est pas agréable. Bon, on va essayer...

Il s'assied à sa table de travail.

– Vous allez gratter?

Un filet de voix fuse du coin de la bouche.

– Quoi faire d'autre?

Il a les dents pourries, ébréchées en chicots jaunes et noirs entre lesquels il fiche le tuyau de sa pipe et quand il rit, avec des « Ha! Ha! » très secs, ses lèvres ourlées s'ouvrent sur un gouffre. Mais il n'a pas « le temps d'aller chez le dentiste ». Il n'a de goût pour rien : ni pour la nourriture, ni pour les vêtements. Pour le tabac, le whisky nocture et la Corydrane matinale quand il doit foncer plus encore pour briser l'encerclement de travaux qui l'assiègent? Oui, mais il ne savoure pas et ce ne sont pas des goûts sybarites mais des violences pour soutenir ou doper l'animal.

*Seule*, la « philo » l'intéressait. L'énorme essai truffé d'idées (*Saint Genet* par exemple), ou le parpaing philosophique plus énorme encore. Là, le bonheur de la machine, ronronnant de tous ses moteurs, faisant mouvoir ses bielles, emboîtant ses engrenages, était parfait. Le reste, théâtre ou roman, n'a jamais été que terrain de conquêtes où son élan l'a entraîné pour y effectuer des raids. Une œuvre théâtrale, écrite sous la pression d'amies comédiennes (d'autres offrent des bijoux, lui offrait des pièces), et puis il se repliait à l'intérieur des frontières de la patrie d'origine, d'adolescence et de jeunesse : la philo. Quand il y avait théâtre, il y avait drame. Pour cette simple raison qu'il était obligé de sortir du cercle verrouillé de la « famille », d'aller vers « les autres » (un enfer!) et de les affronter. Directeurs ou directrices de théâtre, comédiens, metteurs en scène lui donnaient l'occasion de se mettre dans de dures colères. Les premiers n'étaient qu'insupportables mouches du coche, les deuxièmes des marionnettes vaniteuses, les troisièmes « ne comprenaient jamais rien à la pièce ». A partir de là, la corvée d'écriture théâtrale n'offrait que deux avantages : une arrivée de « fric » et un emplâtre posé sur les démangeaisons théâtrales des amies.

Alors il décidait d'écrire une pièce. Affaire conclue. Mais les retards s'en mêlaient, mais il fallait lui arracher les tableaux aux forceps, mais on remettait la création à deux, trois ou six mois, mais les directeurs de théâtre en hurlaient de douleur. A prendre ou à laisser. Ils prenaient. Sartre à l'affiche, un événement. Par-dessus le marché, il refusait, sinon chichement et après drames et colères butées contre la coalition formée par directeur, comédiens et metteur en scène respectueux de frousse mais s'efforçant tout de même, par grignotis, d'arriver à leurs fins, il refusait de couper.

– Vous êtes allé au théâtre, hier, à la répétition ?

– Oui. Jouvet aimerait que vous coupiez...

– Ah oui ? Eh bien, j'en ai rajouté et vous lui apporterez ça, cet après-midi.

Et il tapait, du plat de la main, violemment, sur une épaisse liasse. Au théâtre, on m'attendait comme le Messie.

– Il a coupé ? Il a coupé ?

– Non. Et voici même des ajouts.

Je tendais la liasse à Jouvet. Il la regardait, sa bouche de carpe ouverte, les deux yeux arrondis d'effroi, comme si j'avais déposé entre ses mains, extraite de ma serviette, une bombe à la mèche allumée. Les bras lui en tombent. Brasseur brame qu'il va « écrire à ce mec ». Simone Berriau en arrime avec désespoir un éternel chapeau. Terreur dans le théâtre. Seul Brasseur, épouvantablement couard devant Sartre, osait, après s'être piqué au litre de rouge, lui écrire. Lettres incroyables de démence ivre, ruisselantes d'injures et d'une écriture aux hiéroglyphes échevelés. « J'en ai marre, Sartre, vous êtes un con et le roi des connards. J'en ai marre et je chie sur votre pièce avec mes hémorroïdes. Avec mes grappes d'hémorroïdes, je chie sur vos conneries et votre théâtre... » etc. Tant d'excès – et sûr de retrouver à la prochaine répétition un Brasseur filant doux, le torse bombé mais le regard en débine – rassurait Sartre qui n'achevait pas la lecture des lettres.

– Brasseur m'a écrit.

– Ah oui? Et alors?

– Il me chie dessus et me barbouille la gueule avec ses hémorroïdes, je crois.

– Vous n'avez pas lu la lettre?

– Pas jusqu'au bout. Il a le délire trop répétitif. Lisez et vous verrez.

Il n'était pas orgueilleux et moins encore vaniteux, mais absolument assuré de sa supériorité intellectuelle et, en tout cas dans les années 50, de la force de son impérialisme culturel. Mais *Il* était aussi un *Autre.* Expliquons si c'est possible. Ici, un Sartre ne prenant pas au « sérieux » sa *personne* et n'ayant aucune gloriole de son paraître, un homme – jargonnons – dont le « Je » n'était pas « sérieux » par rapport à son être-au-monde; là, un Sartre autre qui s'emmurait dans la forteresse de sa pensée, quitte à en rebâtir aujourd'hui certaines des tours d'angle avec des matériaux qu'il écartait, hier, de son chantier. Et, dans cette forteresse, sans cesse trouée de brèches sans cesse colmatées, un homme qui ne supportait pas que l'on critiquât les successifs avatars de sa dialectique et le dernier état de son édifice remanié.

Le plus gentil, le plus simple, le plus dépouillé d'*attitudes*, le moins putain des hommes. En revers, celui qui ne supportait pas, sur le ring intellectuel, la présence d'un autre champion (d'un Aron par exemple. « Voulez-vous que je vous dise qui est, en réalité, Aron, mon cher Cau ? C'est une supériorité qui tourne à vide et qui ne s'exerce que sur des gens qu'il considère par ailleurs comme des crétins! » Gong! Prière d'évacuer Aron sur une civière) mais, uniquement, des *sparring-partners* pratiquant *sa* boxe à partir de règles édictées *par lui*. Quand le sparring-partner, autorisé tout de même à boxer, se permettait d'accélérer le rythme, alors, je l'ai dit, Sartre fonçait dans le tas et y allait à la conviction par écrasement. Et voici l'une de ses supériorités : il maîtrisait tous les discours et possédait tous les styles, philosophique, familier, polémique rase-mottes, en piqué, en mitraillage, en bombardement, etc. Impossible, pour le challenger, de s'opposer à lui en un combat académiquement serein. Il refusait la règle du jeu. Il imposait la sienne et, de son arsenal, utilisait toutes les armes.

On imagine que je ne me risque pas à engager le fer philosophique ou littéraire. D'une part parce que, freluquet, je ne suis armé que d'un canif, et que la masse d'arme sartrienne m'obligerait à me jeter dans une fuite éperdue, d'autre part, parce que, modeste soigneur assis dans le coin, j'admire totalement le champion. Cependant, parfois, nous nous heurtons à propos de goûts, de passions, de « choses de la vie » et il sent que je résiste. Alors il essaie de mettre en pièces mon raisonnement. Je recule, j'encaisse.

– Vous avez compris?
– Je vous ai compris.
– Et vous êtes convaincu?
– Non.

Et je répète, les quatre fers collés au sol, comme un âne rétif, la phrase qui a déchaîné l'assaut.

– Je n'ai jamais vu quelqu'un d'aussi têtu, d'aussi buté que vous sur certains trucs. Rien à faire! Vous écoutez et on perd son temps. Vous êtes incassable. Vous savez ce que vous êtes? Vous êtes (il tape sur la table, du poing) la pierre d'Horeb! Plus dur que la pierre d'Horeb!

Mais le voici empêtré dans des histoires de femmes. Je ne peux pas ne pas être au courant des slaloms qu'il effectue entre ces dames, mais reste impavide avec mes *in petto*. Il les devine qui tintinnabulent dans ma besace. Il vient de téléphoner à deux « personnes » en racontant à l'une le contraire de ce qu'il a dit à la seconde. Il repose l'appareil.

– Ah! c'est parfois difficile.

– Hé oui, dis-je, hé oui... Je me demande comment vous vous en tirez. Rude situation.

– Mon cher Cau, vous avez dit le mot exact, il y a parfois des situations que j'appellerai *pourries*. Impossible de s'en sortir, si on essaie de les résoudre, extérieurement intact. Vous voyez?

– Oui oui, oh! je vois... Mais alors, intérieurement, comment vous en tirez-vous?

– On est bien obligé, dans ces cas-là, d'avoir une morale provisoire.

Tout Sartre est dans ce bref dialogue.

Démonstration : ce n'est pas lui qui a créé *la situation* (on sait quel rôle cette notion joue dans sa philosophie). Elle lui est tombée dessus et il se trouve qu'elle est *pourrie.* Certes, il est *libre* (on sait quel rôle la liberté, etc.) de la vivre et de l'affronter selon tel ou tel mode mais il y a l'*autre* (on sait quel etc.), ce vivant, qui se colle à vous et vous englue. Ah! comment s'en tirer, quand on est Sartre, c'est-à-dire quand on veut que la liberté se déploie dans un univers moral et qu'on est guetté par le « salaud »? Recette : on se forge dans un coin, à usage personnel et vécu, une morale que l'on qualifie de *provisoire* et grâce à laquelle le gigantesque édifice moral, que l'on a par ailleurs construit, reste inébranlé.

Oui, voilà bien l'ennui et l'engluement : l'existence de l'Autre et les problèmes que cet Autre pose à votre liberté... Pourtant, il ne saurait être question de faire divorcer la liberté de la morale. Alors? Alors on ouvre, pour s'abriter de l'orage d'une situation pourrie, un parapluie dont on fait un usage provisoire.

Cela dit, Sartre est l'objet, pour l'immédiat entourage qu'il a satellisé autour de lui et qui a peu ou prou connaissance de sa vie privée, d'une telle admiration, sa fécondité est si impressionnante, ses virtuosités dialectiques articulées avec une maestria si redoutable, que, pour cet entourage, il est le perpétuel Créateur d'une Création à l'intérieur de laquelle ils vivent et dont le mouvement balaie contradictions et questions. En outre, qui ne vit pas au rythme du mouvement et se désatellise est exclu. Sartre ne se fâche pas, il exclut. Il n'y a pas d'autre choix : ou la satellisation qui sartrise ou, tôt ou tard, l'exclusion. Il ne saurait s'agir d'un compromis et, lorsque l'Autre s'éloigne, ce ne peut être que par rupture. Ça ne se distend pas, dans l'univers sartrien, ça casse.

Et l'entourage approuve bruyamment l'exclusion. Par servilité? Point du tout. Parce qu'il ne respire que l'air sartrien, parce qu'il est composé de planètes tournant, tout naturellement, autour de leur astre. (Une planète n'est pas servile.) Dès lors, au contraire, entre Sartre et satellites règne une atmosphère cordiale, complice, codée, marrante. Un rapport qui n'est pas celui de maître pontifiant à celui de disciples à l'écritoire sur les genoux mais, bien plutôt, de prof « formidable » à élèves totalement irrespectueux de sa fonction (et qu'il invite lui-même à cet irrespect) mais fanatiques de sa personne. Il arrive si souvent qu'on se « marre » avec Sartre tant il est, lorsqu'il lui plaît, irrésistible de verve, d'humour sec qui hache, pile et broie, et d'une « drôlerie » de propos dont l'intelligence enivre. Lors des réunions dominicales de « l'équipe » des *Temps modernes,* entassés dans le bureau de la rue Bonaparte, la complicité était absolue. Et Sartre discourait, démocratiquement souverain, et peut-être en chacun de nous il y avait cet irrespectueux respect fasciné que nous avions éprouvé à l'égard de profs (en général de philo) discutant interminablement le coup, avec les élèves que nous avions été, dans une arrière-salle de café. Sauf qu'on n'appelait pas Sartre « Monsieur », mais... Sartre.

Et notre Sartre, irrésistible, racontait, par exemple, son voyage en URSS, brossait la fresque cocasse du « Congrès de la Paix » auquel il était allé participer, à Vienne, taillait en pièces le « sérieux » des rites dont il avait été le témoin et celui des participants qu'il avait côtoyés. « Soirée avec Simonov. Autrement dit combat à la vodka. Ce que le Russe en général et le Simonov en particulier peut boire, défie tout ce que l'on peut imaginer. Toasts. Autour de la table, tout le monde s'écroulait par molles retombées de quilles mais Simonov, complètement bourré, n'en continuait pas moins d'expédier les toasts à l'amitié entre les peuples, à toute la littérature soviétique et française – je ne suis pas sûr qu'Anatole France n'y soit pas passé –, aux invités assommés, etc. Mais le salaud, évidemment, voulait m'avoir et a commencé à s'étonner de ma résistance héroïque. Et une bourrade! Et encore un toast! Alors, hein! je me suis dit que je représentais la France, la Révolution, la Commune, Anatole France, l'amitié du peuple français tout entier incarné dans votre serviteur bourré jusqu'à la gueule et j'ai décidé de tenir le coup. Alors Simonov a commencé, à travers un nuage d'alcool à couper au sabre, à porter une réelle considération à ma personne et à mes livres qu'il n'a pas lus. Si j'étais capable de lui tenir tête, aucun doute à se faire sur l'amitié entre nos deux peuples et leur réciproque désir de paix. Et encore des toasts! Tout le monde avait quasiment roulé sous la table. Nous restions seuls en présence. J'étais cuit, lessivé... Je voyais se profiler ma défaite honteuse... J'allais lâcher le drapeau lorsque, brusquement, Simonov a vacillé. C'était la fin. J'avais gagné. J'ai pris congé. Il me regardait, complètement abruti mais avec une sorte d'admiration faite d'une vague panique. Ça l'emmerdait mais il y avait de l'admiration, il y en avait... De retour à l'hôtel, j'ai dit au Castor : “ Vous avez vu? J'ai été formidable, non? ” et crac! je me suis écroulé comme une masse, anéanti, raide mort. Sauf que le lendemain, Simonov est venu nous chercher à l'hôtel, frais comme une rose, en pleine forme, alors que moi j'étais réduit à l'état de cadavre. »

« Il aurait fallu voir X... (ici le nom d'un écrivain français), à Vienne, lorsque j'ai débité mon laïus à la tribune. Il avait oublié d'enlever ses écouteurs, ce con, et moi je parlais et, manque de pot, je ne sais pas pourquoi, j'avais choisi de le regarder. C'est un truc. On regarde quelqu'un et, comme on s'adresse à une personne, on en oublie la salle. Alors je parlais et, au fur et à mesure que j'y allais de mon intervention, n'est-ce pas, je voyais mon X... rougir, se cramoisir, je voyais sa tête et son crâne déjà roses littéralement cuire entre les écouteurs, rougir de bonheur, bouillir d'extase, et je me disais : “ Merde, il cuit! Il a atteint le rouge langouste. Il va exploser. ” C'était épouvantable... Vous voulez que je vous dise la terrible vérité? Je crois qu'il a joui!

Rarement vu spectacle plus obscène. J'ai fait l'amour avec X...! Obscène, non? Heureusement, il ne sait pas que je le sais... »

Ainsi Sartre moquait son *personnage* politique? Oui. Mais alors pourquoi s'embarquait-il dans ses URSS et ses « Congrès de la Paix »? Par obligation moralement stricte mais à la lucidité ironique intacte. La *personne* Sartre regardait le *personnage* Sartre. Difficile à comprendre? Je le sais.

La politique? La corvée. L'ennui noir. La nausée. Il faut bien comprendre que Sartre ne lisait pas les journaux et ne s'intéressait pas du tout, mais alors pas du tout, « à la politique », comme l'on entend à l'ordinaire ce mot. Il ne s'y plongeait, en vérité, que *poussé.* Sans résister aux pousseurs, au bord de la piscine, mais vraiment, aussi, sans grimper aux échelles des plongeoirs et lancer le cri de Tarzan. Une fois dans le bain, en revanche, il nageait avec une bonne volonté – et une feinte ardeur – étonnante sur des distances (« Les communistes et la paix », préfaces compactes, etc.) d'une essoufflante longueur. A grand renfort d'informations brusquement rassemblées et de textes lus à la volée pour les besoins de la cause, il nageait vigoureusement en soulevant des gerbes d'eau. Et entraîné par sa vitesse, fouaillé par la résistance à vaincre, possédé par le fonctionnement de sa propre machine dans cet élément qui pourtant n'était pas le sien – et qu'il n'aimait pas mais... – il crawlait bravement.

Il ne disséquait pas (autre image) la chose-animal politique, ne l'auscultait pas, ne rôdait pas autour, comme un

Aron par exemple, n'en avait aucune connaissance quotidienne. Il y allait, lui, à l'assommoir polémique, non sans user des armes de sa dialectique personnelle et moins d'une information que d'une culture (disons d'une connaissance du marxisme) que sa virtuosité assimilatrice croyait imparable. L'animal abattu en trente ou deux cents pages, Sartre se lavait les mains et revenait à ses plus secrètes et vraies amours. Mais qu'il s'agît de politique ou de Genet, ou de Flaubert (etc.), il opérait par déblaiements en désirant ne rien laisser à glaner à ceux qui oseraient s'aventurer, après lui, sur les terrains que son bulldozer avait parcourus.

– Après mon *Flaubert,* il ne restera plus rien à dire sur le bonhomme.

Et stupeur, à moitié ravie, à moitié terrorisée, de Genet lorsque Sartre déposa entre ses mains la masse de son pesant essai. Monument ou dalle funéraire ? Genet s'interrogea.

Restait, certes, la politique quotidienne. Forcément, au spectacle de Sartre maniant de temps en temps les haltères *du* politique, d'innocentes et innombrables personnes et personnalités croyaient que c'était là son exercice favori et sa préoccupation essentielle. Et de l'accabler avec des demandes de signatures, de suppliques pour qu'il prît « position », de prières afin qu'il appuyât un « manifeste »... C'est d'Astier (de la Vigerie) qui un jour me dit sur telle affaire dont j'ai oublié l'objet :

– C'est très grave. Il faut réagir. Sartre doit pousser un cri.

J'exposai à Sartre quelle était « l'injustice » (ou « le crime », ou « l'infamie », je ne sais plus) en train de se perpétrer.

– Et alors ?

– Alors, d'Astier estime que vous devez pousser un cri.
– Poussons, poussons! Il faut que je signe?
– C'est ça.
– Je signe!

De ce jour, « pousser un cri » devint, dans le vocabulaire utilisé entre Sartre et moi, une scie.

– Rien de neuf ce matin?
– Non, ça roule.
– Vous avez vu « Tape-dur » et « Beurre sur Tête » pour le fric? (Un de nos bailleurs de fonds, personnage à accent d'Europe centrale, aimait répéter, pour éliminer ses rivaux dans la course aux signatures de contrats: « Attention, méfiez-vous. Untel a beurre sur tête... » Mystérieuse expression sur laquelle Sartre et moi nous étions penchés pour en conclure qu'avoir « beurre sur tête » devait s'appliquer à de louches individus, bohémiens, tsiganes, voleurs de chevaux, qui dans la mythologie des steppes, s'oignaient le chef de lard, de beurre... D'où, nouvelle scie. « Vous croyez, Cau, qu'on peut se fier à ce type? Il n'aurait pas beurre sur tête, par hasard? »)
– Oui, ça va.
– Bon, je vais me raser.
– Ho! Attendez! J'oubliais! Il y a X... qui vous demande de pousser un cri. Il faudrait signer...
– Signons, signons. De quoi s'agit-il?
– D'un Espagnol qui...

Ou d'un Grec, d'un Noir américain, d'un manifeste pour..., d'une lettre ouverte à...

– D'accord. Poussons un cri.

Et mon homme disparaissait en coup de vent dans la salle de bains pour y effectuer ses ablutions en chantonnant, d'une voix grave, des airs à l'indiscernable musique.

Il ne va jamais au cinéma, jamais au théâtre. Il ne lit pas de romans. Il lit d'ailleurs très peu. Il feuillette. Il n'a pas le temps. Il travaille. Il faut écrire, écrire.

– J'ai quelqu'un, ce matin ?

(Il reçoit les visiteurs que je fiche sévèrement selon des critères éprouvés et une méthode en laquelle je suis passé maître, connaissant les humeurs, les élans, les répulsions de Sartre sur le bout du doigt, pesant l'intérêt du rendez-vous, fléchi par l'insistance du quémandeur et aussi par la sympathie que je lui porte, bref, usant de mon influence manœuvrière et rodée par ma baroque et protéiforme « fonction », il reçoit les visiteurs, disais-je, entre treize heures et quatorze heures, avant le déjeuner.)

– Oui, il y a X... qui va rappliquer.

– X... ? Quoi ? J'ai pas lu son manuscrit ! Il faut que j'y jette un coup d'œil. Vous le retenez une petite demi-heure, je feuillette et je le reçois. On ferme les portes. Vous lui dites que je suis en retard et vous lui tenez la jambe. Merde ! Et il faut encore que je me rase !...

On ferme les portes et du malheureux je tiens la jambe.

– Sartre a lu mon manuscrit ?

– Oui...

– Vous ne savez pas ce qu'il en pense ?

– Non, je crois qu'il l'a lu hier, mais il ne m'en a pas encore parlé.

De ce temps, derrière la porte, mon ouïe exercée entend mon Sartre qui file sur la pointe des pieds se raser à toute allure. Nouveaux bruits. Et qui se reglisse dans son bureau pour feuilleter fébrilement le manuscrit du visiteur plus vert d'attente angoissée que s'il était assis dans le salon d'un dentiste. Sartre le reçoit enfin. Il a lu cinquante phrases mais, habile maïeuticien, il lance une balle que l'autre attrape avidement.

– Oui, je vois ce que vous avez voulu faire...

L'autre s'en explique surabondamment. Sartre commente. C'est du Bernard Pivot génial et à la technique accoucheuse diabolique. Une haute voltige dont l'interlocuteur ne soupçonne pas au-dessus de quel abîme d'ignorance elle s'exerce et qui le laisse, trois quarts d'heure plus tard, transi de reconnaissance. Sartre l'a reçu et lui a parlé de manière extraordinairement intelligente de son travail, etc. « Et allez donc, c'est pas mon père! » comme dit la môme Crevette, pense, *in petto,* le secrétaire.

Il n'aimait pas « les hommes ». Il n'avait pas de contact avec eux. Il adorait, en revanche, le papotage des femmes. Un jour...

– Je vous ai pris un déjeuner avec X.

– Qui?

– Y'a des jours et des jours qu'il me tanne.

– Mais je ne veux pas déjeuner avec lui!

Je vante les mérites de l'individu, son intelligence, ses idées, et qu'il voudrait avoir une discussion... Alors Sartre :

– Mais qu'est-ce que j'en ai à foutre de ses idées? Mais qu'est-ce que vous voulez qu'il m'apprenne?

– Ah! Vous n'aimez pas les hommes. Étrange...

– Je n'aime pas, eh bien non, je n'aime pas. Qu'est-ce que vous voulez qu'une discussion avec ce type m'apporte? Je les connais ses idées! Et vous voulez savoir ce qu'elles m'apportent les discussions avec des hommes, comme vous dites? Rien! Rien! Je perds mon temps.

– Et avec les gonzesses?

– Elles m'amusent et, au moins, elles m'apprennent quelque chose. Je ne veux pas voir ce con. Démerdez-vous.

Le brutal aveu, ce jour-là : « Les hommes – comme vous dites – ne m'apprennent rien! » Orgueil? Non. Autre chose. Ennui irrité du numéro un du tennis mondial à qui l'on annoncerait qu'il doit, par bonté de cœur, échanger des balles avec le révérend de sa paroisse ou l'instituteur de ses gosses.

Ou bien, et, ici, mon souvenir est d'une précision gravée au burin dans ma mémoire, ou bien, nous étions dans un taxi et qui roulait rue des Saints-Pères. Une fois de plus, je gémissais pitoyablement sur l'état de nos finances, adjurais, mettais en garde. Alors, lui :

– Ne vous en faites pas, Cau, on s'en tirera. J'ai une cervelle d'or.

Moi, sidéré. Sur le coup, assommé. Quoi ? Sartre pris en flagrant délit de vantardise ? De superbe ronflante ? Réfléchissons. Non, ce n'était pas cela. Il parlait en vérité de sa « cervelle » comme d'un outil qu'il aurait eu par hasard entre les mains, comme d'un paysan que l'on féliciterait pour sa moisson et qui répondrait : « Oui, c'est une bonne terre. Aucun voisin n'a la pareille. Aucune n'est meilleure. »

Autre choc ? Celui-ci.

– Mais c'est pas possible ! J'ai envoyé cette lettre, moi ? Je lui ai dit ça ?

– Eh oui. Ce n'était pas une lettre mais un mot et vous le lui avez bel et bien écrit. Je l'ai vu.

– Bon, d'accord, je deviens gâteux.

– Pas encore.

– Merci.

– Pas de danger.

– Mais si, mais si, mon bon ami. Je deviendrai gâteux. Vous aussi. Vous verrez, vous verrez... Préparons-nous à nos gâtismes de vieillards.

– Il n'y a pas d'âge.

– Si si, un jour, il y en a un.

Il n'a aucune « sensibilité ». Pas l'ombre d'une. Pas une once. Il en est, par une sorte d'hypertrophie intellectuelle ou de je ne sais quoi, complètement récuré. Cet homme qui vous paraît si avenant, si simple, si généreux d'idées lorsqu'on a réussi à accéder jusqu'à lui, a banni de sa vie toute sensibilité et sentimentalité apparente, toute affectivité abandonnée. Toutes ses générosités sont de tête et ne répondent qu'à des signaux moraux, qu'à des codes cérébralement élaborés. Son amitié n'est pas chaude mais sèche, comme sa voix, comme son rire. D'ailleurs, ce n'est jamais une amitié mais une ancienne « camaraderie » ou la réponse à une fidélité qui lui est – ou lui a été – donnée. Les enfants, les animaux pour lui, par exemple, appartiennent littéralement à un autre monde, vivent sur une autre planète. Sa puissance de désintérêt à l'égard des « autres » éloignés de son cercle, est inhumainement vaste. Il y a des potins, des anecdotes qui l'amusent? C'est vrai mais le temps d'un rire sec ou à condition qu'il y flaire un sens ou, tous les rouages de l'incroyable machine en marche soudain « amusés », en loge un dans l'anecdote et la fasse, très drôlement, « signifier ». En somme, « le lait de la tendresse humaine » ne lui est même pas une boisson imbuvable mais inconnue, et s'il en avalait une gorgée, il croirait prendre une drogue. Il ne serait plus, je vais dire le mot, *libre.* Affection manifestée, tendresse, chaleur sont des pièges, des glues, des terrains glissants qui dissimulent des trappes moites. Y chuter ce serait entraîner avec soi sa liberté. Ce serait mettre une mauvaise huile dans la machine. Injecter de la poix dans la cervelle aux engrenages d'or.

Il avait, des autres, une idée totalisante, bien vissée, absolument close. Par exemple, il lit (ça lui arrive) un article qui doit paraître dans *les Temps modernes,* écrit par l'un des collaborateurs de la revue.

– Dites, j'ai lu l'article de X... Il devient fou ou quoi ? Il est en train de filer un sacré mauvais coton.

Mais pourquoi, alors que l'article de ce collaborateur n'est ni meilleur ni plus mauvais que ceux que la revue a déjà publiés, pourquoi Sartre estime-t-il que l'infortuné « file un mauvais coton » ? Tout simplement parce que la compréhension totalitaire – je veux dire totale – que Sartre avait de lui, parfaitement bâtie et ordonnée, a été dérangée. Il y a donc non pas une faute objective dans le raisonnement personnel de ce malheureux mais une sorte de crime par rapport à l'idée que Sartre se faisait de lui en tant qu'irréprochable sartrien. Soyons plus précis encore car « sartrien » n'est pas exact et disons, en tant que satellite tournoyant autour du soleil, ce qu'il est naturel de faire puisqu'il n'y va pas de la faute de Sartre s'il a toujours raison. C'est une donnée. C'est normal. Et l'autre est coupable (et s'il continue, il sera exclu) de ne pas penser comme cet homme que je suis – et dont Sartre est le nom de hasard, avec un physique de pure rencontre et une existence contingente et d'occasion – et qui, par rayonnement naturel, et au gré de ses émissions, est source de vérité totale. Au gré de ses émissions ? Erreur ! Il n'y a pas caprice et passion d'un « caractère » – ça n'existe pas les caractères, non plus que la « nature » –, il y a des « situations » qu'affronte ma « liberté ». Oui, sauf que la liberté de Sartre était ainsi faite qu'elle justifiait toujours les situations dans lesquelles il se mettait.

Il croyait, hors du cercle des fidèles et de « la famille » (c'est-à-dire des quelques proches qui l'entouraient), qu'existait une vaste zone peuplée de créatures incertaines se mouvant de manière louche dans une atmosphère de conspiration tordue contre sa personne. Si bien que lorsqu'il était obligé d'aller, hors du cercle, vers le monde par le simple fait de faire jouer une pièce de théâtre, par exemple, ou de se retrouver collé comme une mouche à un engagement politique l'obligeant à des contacts avec des gens, il était en proie à une humeur vite irritée et bientôt accusatrice.

– Rassurez-vous, j'ai bien compris. Il y a un complot au théâtre mais je ne céderai pas.

– Mais non, il n'y a pas de complot.

– Si!

Colère. Une main posée sur l'œil douloureux. L'autre me regarde sans aménité. En serais-je, moi aussi, de cet infâme complot? *Tu quoque...*

Je battais en retraite. Impossible de le convaincre de l'inexistence d'une autre vaste machine fonçant contre la sienne.

Toujours, il y avait peu ou prou du complot dans l'air. C'était, là, le « stalinisme » de Sartre, sa crainte de quelque poison et, à la limite, du contact même et de la rencontre du porteur de fioles. « L'autre », dès qu'il était exclu, était infecté comme d'une peste. Camus, Merleau-Ponty, Malraux, Koestler, Heiddegger qu'il alla tout de même voir, à l'occasion d'une rencontre philosophique au sommet, etc. n'échappèrent pas au diagnostic du mal qui, selon Sartre, les rongeait.

– Heiddegger? Il a l'air d'un colonel à la retraite. C'est la Montagne magique, son bled. En bas, les étudiants, plus haut les baraques des profs, plus haut encore celles des autorités de la Fac et, au sommet, la villa du Vieux. Le Vieux de la montagne, c'est exactement ça.

– Il est intact?

– Pas du tout. Il philosophe pur, n'est-ce pas. Il vomit l'engagement. Je lui en ai parlé. Il me regardait avec une infinie pitié. A la fin, je parlais à son chapeau. Il a un chapeau vert de chasseur de chamois. Enfin... Grand tra-la-la des Doktors... Mais figurez-vous que quand je suis parti, qu'est-ce que je trouve dans mon compartiment de chemin de fer? Des bouquets de roses! Des brassées! Tout juste s'ils ne m'avaient pas offert des coussins brodés et des bonbons.

– Des roses? Et qu'est-ce que vous en avez fait?

– J'ai attendu que le train démarre et, en catimini, je les ai balancées par la fenêtre.

Et voilà ce que Sartre fait de la germaine « Gemütlichkeit »! Par la fenêtre, roses empoisonnées!

Il n'aime pas, il déteste sa famille Schweitzer (sa mère était née Schweitzer), dite « la tribu », empoisonnée elle aussi puisqu'elle est famille...

– Si vous saviez comme Poulou était un gentil petit garçon, doux, facile. Il jouait au diable mais vite se repentait et me disait : « Quand je serai grand, ma petite maman, je serai ce que tu voudras... Qu'est-ce que tu veux que je sois? » Je lui répondais : « Rien que mon petit garçon. » Il était rieur, malin, heureux. Mais j'aurais tant voulu qu'il reste professeur, se marie, ait des enfants. Mais il y a eu cette... Enfin, n'en parlons pas.

Or, voici que la tribu, en Alsace, terre des aïeux (je n'ai jamais entendu parler des ancêtres Sartre), organise un grand rassemblement de ses membres dispersés. Tout est prévu, dans la lettre-prospectus : le voyage, les festivités, les discours, le prix de participation au banquet et même le concert d'orgue que donnera « notre illustre parent Albert Schweitzer, venu tout exprès de Lambaréné ». La lettre a été envoyée à tous les Schweitzer, parents et alliés, de France, de Navarre et du monde. Et à Sartre qui la flanque au panier. Mais oncle Albert est à Paris.

– Il faudrait que tu déjeunes avec lui, Poulou.

– Non, ma petite maman. Déjeune si tu veux, mais moi

jamais. Je veux bien le voir, ce vieux grigou et ce vieux filou, mais ce sera tout.

Le lendemain, arrive oncle Albert, vieillard en forme de santon géant, veste froissée, pantalons tirebouchonnés et moustache de druide gaulois surgi des forêts tropicales. Dans son bureau, Sartre bavarde avec lui pendant une petite heure puis file.

– Alors, il est sympa, oncle Albert ?

– Figurez-vous que je m'en tape. C'est le plus grand filou qui soit. Il a bâti son Lambaréné grâce au pognon de la mère Eleonor Roosevelt. Cette conne visitait l'Afrique pour ses bonnes œuvres et a vu le vieux qui lui a fait le coup du saint ermite qui joue de l'orgue sous les palmiers. Immédiatement, le fric américain est arrivé et c'était parti pour la légende, alors que le vieux fait trimer les Noirs et a dans son hôpital à la gomme trois ou quatre toubibs exilés qui ne pourraient pas travailler ailleurs et qu'il mène à la baguette. Mais le voilà vedette, à travers le monde. Savez-vous que, lors de ses voyages, quand il descend du train, il arrache les valises à sa pauvre femme le temps de se faire photographier ? Puis, c'est elle qui les trimballe. Il joue au pèlerin fauché. Hier, en regardant l'heure et en sortant son oignon de la poche, il s'est démerdé pour sortir aussi, vous ne devineriez jamais quoi, une petite bourse en cuir. Prodigieux, non ?

– Il vous a tapé ?

– Pas un rond. Il n'aura pas un rond !

Comme les roses allemandes, par la fenêtre oncle Albert ! Ça lui apprendra à être le symbole chenu de la famille abhorrée, de la charité, de la calotte certes protestante mais non moins vicieuse et du colonialisme paternaliste. Les colons, même toubibs, oncles, vieux et jouant de l'orgue, puent le soufre et le diable. Par la fenêtre, vous dis-je. Un matin, Roger Stéphane, essayiste et journaliste qui parfois collabore aux *Temps modernes*, discute avec Sartre. Stéphane n'est pas sartrien orthodoxe mais, vif comme un furet, ne déteste pas se glisser dans les terriers des grands hommes et se poster sur le passage de la gloire pour en recevoir quelques éclaboussures. C'est un agile et intelligent bourdon qui sait admirablement butiner de fleur en fleur et Sartre ne déteste pas sa conversation précipitée, crépitante de potins, d'informations et pleine de miel politique partout recueilli. Et Stéphane a une vertu : son franc-parler qu'il ponctue de grands rires. Il a lu le texte que Sartre a écrit pour préfacer le livre de Frantz Fanon qui deviendra bientôt une bible-manifeste de la décolonisation par la violence.

– Écoutez, dit Stéphane, c'est bien, votre préface, mais quand même, vous charriez un peu.

Discussion. Sartre réplique. A la fin...

– Écoutez (Stéphane a ce tic), je vais vous dire quelque chose. Je peux ?

– Mais oui. Allez-y.

– Écoutez, vous traînez un regret terrible. Vous voudriez être à la fois noir, juif, femme, coco et pédé. Vous ne croyez pas que c'est un peu trop ? Moi qui ne postule que modestement à deux de ces distinctions, je vous assure que c'est pas commode du tout. Vous avez trop d'ambition.

Sartre rit. Sacré Stéphane !

A l'évidence il se méfiait *intellectuellement* de moi, sachant qu'il n'arriverait jamais à sculpter « la pierre d'Horeb » en disciple, mais il avait franchi le pas : soit ! j'étais le fils indocile auquel il pardonnait des incartades et des brutalités de raisonnement qui souvent le divertissaient. Il riait. Il prenait à témoin une amie présente : « Écoute-moi ça ! Écoute-moi ces délires ! Et le plus fort c'est qu'il croit qu'il a raison ! » « Mais non, disait l'amie, il dit ça pour te faire enrager... » « Pas du tout ! Ça, ça ne serait pas grave. Je ne risquerais que l'apoplexie. Il y croit! Il y croit, le misérable! Cet individu que tu vois là est un désastre de passions ambulantes et durcies. » « Un désastre de vie! » « C'est ça! Et moi, je suis un mort? » « Non, mais vous râlez quand la vie ne vous obéit pas et vous cognez dessus. Moi, j'épouse. » « Et vous êtes cocu. » « M'en fous, je suis volage. » « Ça y est, disait-il à l'amie, il va nous parler des femmes. Fuyons! Viens déjeuner! » Mais il savait que ma fidélité l'aimait.

Il est mort. J'écrivais ce livre et un ami me demanda : « Tu parleras de Sartre? – Oui... – On t'attendra au tournant. – Je crois que je n'y serai pas. – Mais enfin, tu as longtemps été près de lui, tu l'as entendu parler, tu sais des choses, il y aura des dialogues ou monologues passionnants, non? » L'ami sera, je l'espère, déçu. Je n'ai pas voulu me dresser au tournant, bras en croix, au milieu de la route, pour arrêter, armé d'un balai de concierge ou d'un plumeau de domestique, le flot des souvenirs. Je me suis contenté, avec une épuisette, de pêcher quelques mots, quelques sens, quelques signes afin de donner à revivre un peu de la vie de cet homme. Il a été admiré, il a été – et reste – haï. Je l'ai, moi, beaucoup aimé. « Sartre, poulou et martyr. » Et sa folle, sa « sainte » – oui – *générosité* dont tous ceux qui l'ont connu peuvent témoigner et qui consistait d'abord en une volonté d'évanouissement de son « personnage » glorieux, en une sorte d'ascèse (d' « endura », diraient les Cathares) poussée à la limite d'une étrange destruction de la machine qui l'avait hissé au sommet. Au fond, le cœur, un cœur immense, lui était... *monté à la tête.* Et comme ce n'est pas sa place, on (je) ne comprenait (comprenais) pas toujours, ce que ce cœur faisait là et le rythme de ses pulsations désordonnées. Stéphane avait raison. Noir, juif, pédé, femme, coco, puis gaucho, puis encore plus noir, encore plus juif, encore plus clodo, dans son méchant blouson, et enfin juché sur un tonneau, Sartre avait trop d'ambition et le tonneau se renversa.

Je ne lui dois rien mais je lui dois tout. Qu'ai-je appris de lui, par imprégnation et non par leçons et discours ? A me tenir à longue distance des honneurs qui vous désagrègent dans le « sérieux » et vous transforment en porteur de reliques des vanités d'un milieu – littéraire en l'occurrence – et de ce monde. A ne peser personne au poids de l'argent mais de secrètes et souvent impalpables qualités. A n'avoir moi-même d'autre qualité que celle dont je me veux le responsable et le juge. A ne pas m'aimer et à ne pas me respecter dans mes apparences. A résister, casqué de je ne sais quel acier, aux coups les plus durs de son influence. En somme, à jeter les roses par la fenêtre.

J'ai dit sa définition cruelle de Raymond Aron : « Une supériorité qui tourne à vide et s'exerce sur des gens qu'il considère par ailleurs comme des crétins. » Une définition, en balance, de Sartre : « Une supériorité que je vis tourner à plein régime et qui s'exerçait sur des gens dont on ne savait s'ils étaient fascinés par le bruit du moteur ou l'étendue des champs par ce bonhomme labourés ou, au hasard de sa puissance souvent zigzagante, défoncés. »

Il est mort. L'affection, le respect, l'admiration, la fidélité, la reconnaissance que je lui ai voués pendant de longues années et qui furent parfois indociles mais immenses, la tristesse que provoquèrent en moi, à distance cette fois, les déroutes de ses dernières années, mon amer chagrin d'avoir deviné des fissures qui laissaient pressentir des effondrements, la déchéance physique que j'avais lue, sur des photos, et le souvenir de ce pauvre et vieil et cher Œdipe que j'avais vu, soutenu par un bras ami, entrer dans un restaurant, amaigri et vêtu d'un méchant blouson... « C'est Sartre » murmuraient les clients attablés, comme avec une frayeur et moi, le cœur malheureux, je le regardais errer vers sa table, et j'aurais voulu me lever pour lui servir de guide...

Et tout cela, après sa mort, a longtemps retenu ma plume pour écrire ce nom. Sartre.

TABLE

*Croquis de mémoire*

# LA PETITE VERMILLON

| | |
|---|---|
| 1. Adrien Baillet | *Vie de Monsieur Descartes* |
| 2. Jean Freustié | *Auteuil* |
| 3. Ernst Jünger | *La Paix* |
| 4. Jean Lorrain | *Monsieur de Phocas* |
| 5. Frédéric H. Fajardie | *La Nuit des Chats bottés* |
| 6. Michel Déon | *Les Gens de la nuit* |
| 7. Henry Jean-Marie Levet | *Cartes postales* |
| 8. Antoine Blondin | *Certificats d'études* |
| 9. Eugène d'Auriac | *D'Artagnan* |
| 10. Ernst Jünger | *Voyage atlantique* |
| 11. La Rochefoucauld | *Mémoires* |
| 12. Madame de Lafayette | *La Princesse de Montpensier* |
| 13. Jean-Claude Pirotte | *Un été dans la combe* |
| 14. Richard Millet | *Le Sentiment de la langue* |
| 15. Barbey d'Aurevilly | *Memoranda* |
| 16. Frédéric H. Fajardie | *Tueurs de flics* |
| 17. Tarjei Vesaas | *Le Vent du nord* |
| 18. Gabriel Matzneff | *Nous n'irons plus au Luxembourg* |
| 19. Arnould de Liedekerke | *Talon rouge* |
| 20. Paul Valéry | *Vues* |
| 21. Henri Garcia | *Les Contes du rugby* |
| 22. Denis Lalanne | *Le Grand Combat du XV de France* |
| 23. Gabriele D'Annunzio | *L'Innocent* |
| 24. Jean Racine | *Abrégé de l'Histoire de Port-Royal* |
| 25. Louis Chadourne | *Le Pot au noir* |
| 26. Marc Chadourne | *Vasco* |
| 27. Gilberte Périer | *La Vie de Monsieur Pascal* |
| 28. Robert Louis Stevenson | *Ceux de Falesa* |
| 29. Robert Marteau | *Fleuve sans fin* |
| 30. François Mauriac | *La Rencontre avec Barrès* |
| 31. Alexandre Dumas | *Antony* |
| 32. Pol Vandromme | *Le Monde de Tintin* |

| | |
|---|---|
| 33. Paul Bourget | *Le Disciple* |
| 34. Marguerite de Navarre | *Trois Contes* |
| 35. Paul Gauguin | *Avant et Après* |
| 36. Gabriel Matzneff | *Le Taureau de Phalaris* |
| 37. Alexandre Dumas | *La Jeunesse des Mousquetaires* |
| 38. Jacques Ellul | *Exégèse des nouveaux lieux communs* |
| 39. Alphonse Allais | *La Vie drôle* |
| 40. André Fraigneau | *Le Livre de raison d'un roi fou* |
| 41. Jean de La Fontaine | *Poésies et œuvres diverses* |
| 42. Paul Vidal de La Blache | *Tableau de la géographie de la France* |
| 43. Henry de Montherlant | *Carnets* |
| 44. Alexandre Micha | *Fabliaux du Moyen Âge* |
| 45. Roger Judrin | *Boussoles* |
| 46. Françoise Joukovsky | *Images de la femme au XVIe siècle* |
| 47. Dominique de Roux | *Immédiatement* |
| 48. Frédéric H. Fajardie | *La Théorie du 1 %* |
| 49. Cyrano de Bergerac | *La Mort d'Agrippine* |
| 50. Frédéric H. Fajardie | *Le Souffle court* |
| 51. Sylvia Plath | *Le jour où Mr. Prescott est mort* |
| 52. Jacques Chardonne | *Romanesques* |
| 53. Boris Pahor | *Pèlerin parmi les ombres* |
| 54. Félicien Marceau | *Chasseneuil* |
| 55. Jude Stéfan | *Chroniques catoniques* |
| 56. Emmanuel Bove | *Un homme qui savait* |
| 57. Yves Martin | *Le Partisan. Le Marcheur* |
| 58. Antoine Blondin | *Sur le Tour de France* |
| 59. Pierre Benoit | *Erromango* |
| 60. Jean Anouilh | *Œdipe ou le Roi boiteux* |
| 61. Frédéric H. Fajardie | *Polichinelle mouillé* |
| 62. Stendhal | *Notes d'un dilettante* |
| 63. Victor Hugo | *Torquemada* |
| 64. Gabriel Matzneff | *Le Carnet arabe* |
| 65. Jean-Louis Guez de Balzac | *Le Prince* |

| | | |
|---|---|---|
| 66. | Francis Carco | *Le Roman de François Villon* |
| 67. | Gustave Lanson | *L'Art de la prose* |
| 68. | Erckmann-Chatrian | *Histoire d'un conscrit de 1813* |
| 69. | Pol Vandromme | *Georges Brassens, le petit père* |
| 70. | Jack Kerouac | *Avant la route* |
| 71. | Sylvia Plath | *Carnets intimes* |
| 72. | Frédéric H. Fajardie | *Au-dessus de l'arc-en-ciel* |
| 73. | Léon Bloy | *Le Désespéré* |
| 74. | Jean-Claude Pirotte | *La Légende des petits matins* |
| 75. | Denis Tillinac | *Spleen en Corrèze* |
| 76. | Julie de Lespinasse | *Lettres* |
| 77. | Boris Nicolaïevski & Otto Mænchen-Helfen | *La Vie de Karl Marx* |
| 78. | Alphonse Allais | *Le Captain Cap* |
| 79. | Charles Baudelaire | *Les Fleurs du mal* |
| 80. | William Shakespeare | *Trois Comédies* |
| 81. | Molly Keane | *Un beau mariage* |
| 82. | Jean Anouilh | *Médée* |
| 83. | Frédéric H. Fajardie | *Brouillard d'automne* |
| 84. | Maurice Barrès | *Greco ou le Secret de Tolède* |
| 85. | Geoffroy de La Tour du Pin | *Chateaubriand, lequel ?* |
| 86. | Guy Lagorce | *Les Héroïques* |
| 87. | Émile Nelligan | *Poésies complètes* |
| 88. | Jean de La Ville de Mirmont | *Les Dimanches de Jean Dézert* |
| 89. | Frédéric H. Fajardie | *Jeunes femmes rouges toujours plus belles* |
| 90. | Jules Renard | *Mille neuf cent* |
| 91. | Chateaubriand | *Analyse raisonnée de l'Histoire de France* |
| 92. | Jacques Chardonne | *Le Ciel dans la fenêtre* |
| 93. | Chateaubriand | *Napoléon* |
| 94. | Pol Vandromme | *Jacques Brel* |

| | | |
|---|---|---|
| 95. | Jean Racine/ Pierre Corneille | *Bérénice/Tite et Bérénice* |
| 96. | Jacques Ellul | *Anarchie et christianisme* |
| 97. | Jacques Ellul | *Métamorphose du bourgeois* |
| 98. | Jim Harrison | *L'Éclipse de lune de Davenport* |
| 99. | Jean de La Ville de Mirmont | *L'Horizon chimérique* |
| 100. | Gabriel Matzneff | *Maîtres et complices* |
| 101. | Molly Keane | *Et la vague les emporta…* |
| 102. | Paul-Jean Toulet | *Mon amie Nane* |
| 103. | Charles Simmons | *Rides* |
| 104. | Alphonse Boudard | *L'Hôpital* |
| 105. | Alphonse Boudard | *Les Combattants du petit bonheur* |
| 106. | Charles Le Quintrec | *Poètes de Bretagne* |
| 107. | Charles Le Goffic | *Poètes de la mer* |
| 108. | Sicca Venier | *Poètes d'Italie* |
| 109. | P. Dauzier & P. Lombard | *Poètes délaissés* |
| 110. | Frédéric H. Fajardie | *Sniper* |
| 111. | Michael Jenkins | *Un été dans les Flandres* |
| 112. | Pascal Jardin | *Je te reparlerai d'amour* |
| 113. | Denis Tillinac | *Rugby blues* |
| 114. | Christian Péchenard | *Proust et les autres* |
| 115. | Donald Prater | *Stefan Zweig* |
| 116. | Oswald Wynd | *Une odeur de gingembre* |
| 117. | Frédéric H. Fajardie | *Le Faiseur de nuées* |
| 118. | Jean-Claude Perrier | *Le Rap français* |
| 119. | Alphonse Boudard | *La Métamorphose des cloportes* |
| 120. | Alphonse Boudard | *La Cerise* |
| 121. | Louis Brauquier | *Je connais des îles lointaines* |
| 122. | Guy de Maupassant | *La Vie errante* |
| 123. | Jean-Claude Perrier | *De Gaulle vu par les écrivains* |
| 124. | Ferdinand Alquié | *Plans de philosophie générale* |
| 125. | Michel Maffesoli | *Le Temps des tribus* |
| 126. | Max Stirner | *L'Unique et sa propriété* |

| | |
|---|---|
| 127. Caroline Haedens | *La Cuisine de Caroline* |
| 128. Frédéric H. Fajardie | *L'Adieu aux Anges* |
| 129. Conrad Aiken | *Un cœur pour les dieux du Mexique* |
| 130. Charles Pinot-Duclos | *Histoire de Madame Luz* |
| 131. Frédéric Beigbeder | *Mémoires d'un jeune homme dérangé* |
| 132. Calvin Tomkins | *Tendre était la vie* |
| 133. Matthew J. Bruccoli | *F.S. Fitzgerald* |
| 134. André Jean Festugière | *Socrate* |
| 135. Denis Tillinac | *Le Bonheur à Souillac* |
| 136. Karl Marx | *Les Luttes de classes en France*<br>*Le 18 Brumaire de Louis Bonaparte* |
| 137. Michel Déon | *Je me suis beaucoup promené…* |
| 138. Philippe Guillard | *Petits Bruits de couloir* |
| 139. Daniel Herrero | *L'Esprit du jeu, l'âme des peuples* |
| 140. Sonia Faessel | *Poètes de Tahiti* |
| 141. Raymond Radiguet | *Œuvre poétique* |
| 142. John Hopkins | *Adieu, Alice* |
| 143. Aldous Huxley | *L'Éminence grise* |
| 144. Éric Neuhoff | *Précautions d'usage* |
| 145. Jacques Ellul | *La Subversion du christianisme* |
| 146. Alain | *Minerve ou de la Sagesse* |
| 147. André Reszler | *Le Pluralisme* |
| 148. Bernard Charbonneau | *Prométhée réenchaîné* |
| 149. Denis Lalanne | *La Guerre à l'envers* |
| 150. Josepha et Claude-Jean Launay | *Poètes de la Loire* |
| 151. Paul Morand | *Entretiens* |
| 152. Pierre Joannon | *Antibes, ou l'Éden retrouvé* |
| 153. Jean-Paul Kauffmann | *L'Arche des Kerguelen* |
| 154. Gabriel Matzneff | *Le Défi* |
| 155. Cécile Sauvage | *Œuvres complètes* |
| 156. Muriel Spark | *Le Banquet* |
| 157. André Dhôtel | *Saint Benoît Joseph Labre* |
| 158. Jean-Claude Pirotte | *La Pluie à Rethel* |

159. Alfred de Musset — *Les Deux Maîtresses*
160. Benvenuto Cellini — *Vie de Benvenuto Cellini écrite par lui-même*
161. Denis Lalanne — *Le Temps des Boni*
162. Michel Maffesoli — *La Transfiguration du politique*
163. Jean-Claude Perrier — *Nouvelle Vague*
164. Patrick Besson — *Vous n'auriez pas vu ma chaîne en or ?*
165. Augustin Thierry — *Vie et mort de Thomas Becket*
166. Stéphane Denis — *Le Cœur net*
167. Yves Charnet — *Proses du fils*
168. Xavier Patier — *Reste avec moi*
169. Henry Muller — *Trois pas en arrière*
170. Hamidou Dia — *Poètes d'Afrique et des Antilles*
171. Chantal Delsol — *L'Irrévérence*
172. Ferdinand Alquié — *La Philosophie des sciences*
173. Georges Gusdorf — *Le Crépuscule des illusions*
174. Roger Géraud — *Les Vaches rouges*
175. Jacques Borel — *Le Versant nocturne*
176. Jean Lorrain — *Les Noronsoff*
177. Michel Host — *Les Attentions de l'enfance*
178. Pierre Mac Orlan — *Chansons pour accordéon*
179. Pol Vandromme — *Un été acide*
180. Paul Clavier — *Dieu sans barbe*
181. Pierre George — *Le Temps des collines*
182. Denis Tillinac — *Le Mystère Simenon*
183. Louis Lavelle — *L'Erreur de Narcisse*
184. Louis Bromfield — *La Colline aux Cyprès*
185. Gabriel Matzneff — *Isaïe réjouis-toi*
186. Bernard Delvaille — *Poètes symbolistes*
187. G.-E. Clancier — *Terres de mémoire*
188. Stephen Hecquet — *Faut-il réduire les femmes en esclavage ?*
189. Michel Fauré — *Histoire du surréalisme sous l'Occupation*

190. H.-E. Kaminski — *Bakounine. La vie d'un révolutionnaire*
191. Jacques Ellul — *Sans feu ni lieu*
192. Jean Bobet — *Louison Bobet : une vélobiographie*
193. Jean Prévost — *Plaisirs des sports*
194. Benoît Duteurtre — *À propos des vaches*
195. Muriel Spark — *À cent lieues de Kensington*
196. Jean de Tinan — *Penses-tu réussir !*
197. Henri Pourrat — *Les Jardins sauvages*
198. Patrick Besson — *La Maison du jeune homme seul*
199. Jean-Marie Dallet — *Je, Gauguin*
200. Jacques Peuchmaurd — *Le Plein Été*
201. Xavier Patier — *Horace à la campagne*
202. Jean-Paul Caracalla — *Vagabondages littéraires dans Paris*
203. Frédéric H. Fajardie — *Patte de velours*
204. Richard Millet — *Le Sentiment de la langue*
205. Jean-Claude Perrier — *Petite Mythologie du havane*
206. Dominique Folscheid — *L'Esprit de l'athéisme et son destin*
207. Ferdinand Alquié — *Leçons sur Spinoza*
208. Michel Maffesoli — *L'Instant éternel*
209. Olivier Poivre d'Arvor — *Flèches*
210. Muriel Spark — *Portobello Road*
211. Yannick Haenel — *Les Petits Soldats*
212. Anatole France — *Histoire contemporaine*
213. Xavier Darcos — *Mérimée*
214. Jacques Ellul — *L'Illusion politique*
215. José Sarney — *Capitaine de la mer océane*
216. François Taillandier — *Les Nuits Racine*
217. Michel Adam — *Essai sur la bêtise*
218. Pol Vandromme — *Les Gradins du Heysel*
219. Régis Debray — *Journal d'un petit bourgeois entre deux feux et quatre murs*
220. André Dhôtel — *Rimbaud et la révolte moderne*
221. Chantal Delsol — *Le Souci contemporain*

| | | |
|---|---|---|
| 222. | Gabriel Matzneff | *Mamma, li Turchi !* |
| 223. | Jean-Paul Caracalla | *Petite anthologie de la poésie ferrovaire* |
| 224. | Andres Trapiello | *D'un vaisseau fantôme* |
| 225. | Angélique de Saint Jean Arnaud d'Andilly | *Aux portes des ténèbres* |
| 226. | G.-E. Clancier | *L'Éternité plus un jour* |
| 227. | Ferdinand Alquié | *Leçons sur Descartes* |
| 228. | Ferdinand Alquié | *Leçons sur Kant* |
| 229. | Jacques Perret | *Articles de sport* |
| 230. | Richard Millet | *Un balcon à Beyrouth* |
| 231. | José Sarney | *Au-delà des fleuves* |
| 232. | Denis Tillinac | *L'Été anglais* |
| 233. | Jean-Paul Caracalla | *Montparnasse. L'âge d'or* |
| 234. | René Schérer | *Zeus hospitalier* |
| 235. | Georges Gusdorf | *Les révolutions de France et d'Amérique* |
| 236. | Ferdinand Alquié | *Qu'est-ce que comprendre un philosophe* |
| 237. | Michel Maffesoli | *Éloge de la raison sensible* |
| 238. | Gemma Salem | *Thomas Bernhard et les siens* |
| 239. | Gabriel Matzneff | *L'Archimandrite* |
| 240. | Balzac | *Sur Catherine de Médicis* |
| 241. | Raymond Dumay | *La Mort du vin* |
| 242. | Alexandre Najjar | *L'École de la guerre* |
| 243. | Frédéric H. Fajardie | *Un pont sur la Loire* |
| 244. | Jean Baechler | *Les Phénomènes révolutionnaires* |
| 245. | Sainte-Beuve | *Mes poisons* |
| 246. | Jacques Ellul | *L'Idéologie marxiste chrétienne* |
| 247. | Vladimir Dimitrijevic | *La vie est un ballon rond* |
| 248. | Patrice Delbourg & Benoît Heimermann | *Plumes et crampons* |
| 249. | Robert Margerit | *Mont-Dragon* |
| 250. | Denis Lalanne | *Rue du Bac* |
| 251. | Hélène Strohl | *Un amour menaçant* |
| 252. | Lucien Becker | *Rien que l'amour* |

| | |
|---|---|
| 253. Gabriel Matzneff | *Boulevard Saint-Germain* |
| 254. Pierre Rey | *Bleu Ritz* |
| 255. Pierre Magnard | *Le Dieu des philosophes* |
| 256. Hervé Gaymard | *Pour Malraux* |
| 257. Michel Maffesoli | *Au creux des apparences* |
| 258. Balzac | *Adieu. Les Marana. Le Réquisitionnaire* |
| 259. Jean-Paul Caracalla | *Montmartre. Gens et légendes* |
| 260. Jean-Paul Kauffmann | *Raymond Guérin, 31, allées Damour* |
| 261. France Quéré | *La Famille* |
| 262. Olivier Frébourg | *Roger Nimier, trafiquant d'insolence* |
| 263. Richard Millet | *L'Amour mendiant* |
| 264. Pierre Gripari | *Pierrot la lune* |
| 265. Françoise de Maulde | *Petits États d'Amérique* |
| 266. Marc-Édouard Nabe | *L'Âme de Billie Holiday* |
| 267. Jean Cau | *Croquis de mémoire* |
| 268. Antoine Blondin | *Les Enfants du bon Dieu* |
| 269. Denis Tillinac | *Elvis, balade sudiste* |

*Cet ouvrage a été achevé d'imprimer*
*par l'Imprimerie Darantiere (Quetigny)*
*en juin 2007 pour le compte des*
*Éditions de La Table Ronde.*

Dépôt légal : juin 2007.
N° d'édition : 144220.
N° d'impression : 27-0636.

*Imprimé en France.*